牛宏岩◎编注

中国历代状元文章 精选

台海出版社

图书在版编目（CIP）数据

中国历代状元文章精选 / 牛宏岩编注. -- 北京：
台海出版社, 2024. 10.（2025.6重印）-- ISBN 978-7-5168-3979-9

Ⅰ. D691.46

中国国家版本馆CIP数据核字第2024D3Y309号

中国历代状元文章精选

编　　注：牛宏岩

责任编辑：徐　玥　　　　　　　　　　策划编辑：棠　梨
封面设计：言　成

出版发行：台海出版社
地　　址：北京市东城区景山东街20号　　　　邮政编码：100009
电　　话：010-64041652（发行，邮购）
传　　真：010-84045799（总编室）
网　　址：www.taimeng.org.cn/thcbs/default.htm
E－mail：thcbs@126.com

经　　销：全国各地新华书店
印　　刷：天宇万达印刷有限公司
本书如有破损、缺页、装订错误，请与本社联系调换

开　　本：710毫米×1000毫米　　　　　　1/16
字　　数：383千字　　　　　　　　　　　印　　张：19
版　　次：2024年10月第1版　　　　　　　印　　次：2025年6月第3次印刷
书　　号：ISBN 978-7-5168-3979-9

定　　价：69.00元

科举制度是隋唐至清以考试选拔官吏的制度，自隋炀帝时始置进士科，至清光绪三十一年（1905年）废止科举考试为止，在中国历史上存续了一千三百多年。历代有诸多学子参与乡试、会试、殿试等各级考试。其中，殿试高中第一名者，便称为状元。殿试题型经过了一个从策问到诗赋，再由诗赋转回策问的变化过程，文体也经历了从骈文到律赋、律诗，再到散文的变化过程。北宋时期，在王安石变法以后，废除了诗、赋、论三题，取而代之的是重视现实的时务策论。朝廷通过殿试策问，提出有关经义或政事等问题，以简策问难，征求对答，用来考察应试者的学术水平和对国家政务的理解能力。

状元殿试卷的内容博古通今，包罗万象。其中有对历史典故、时事政务，甚至是天文、地理等自然知识的见解。但其形制决定了它侧重于政事的特征，展现了对当时政治的关注，对儒家传统之学的研究。文章中多是对历代兴衰经验、教训的解析，对社会上一些不公之事的无情揭露等，字里行间充溢着中国古代优秀士子的报国热情和满腔豪气。尤其是在国家艰难时刻，某些状元的殿试卷，更是慷慨陈词，不乏治国、安邦的良策，体现了他们的卓绝才能、强烈的社会责任感。所谓"高山仰止，景行行止，虽不能至，心向往之"，历代状元的殿试卷不仅是一份珍贵的历史文化遗产，更是一部凝结了政治智慧和爱国为民思想的历史教科书。

书中收录了26位状元的文章，通过篇章开篇的人物小传，考查他们的生平，可以了解到不是每一位状元都非常辉煌、官运亨通。因为命题作文和平时的写作有所不同，在考场上所写的作文要有一定的规范性，并且有严格的时间限制，所以通过对状元殿试卷的研读，我们可以直观地感受到这些人具有深厚的文学素养和功底，具备相当的文章才华和经史造诣，从中得到启发。文后附文学常识，总结文章中出现过的文学基础知识，希冀读者可以开拓思维、培养情感，提高个人的文化修养和综合素质。

本书精选历代状元文章，汇编成集，将繁体字化为简体字，异体字改为通行简化字，补充标点符号进行断句，方便读者阅读。因为时间间隔越远，辑录内容的难度就越大。唐宋时期留存的资料较少，明清保存的较为完整，获取较容易。因此书中选取的篇目亦有所区别。编者希望能通过这小部分的文章，来反映中国科举制度的概貌，以便读者阅读欣赏。由于编者能力有限，难免有疏漏之处，还望专家、读者批评指正。

目录

吴师道

唐垂拱元年（685）乙酉科

状元文章

　　吴师道，在《文苑英华》作吴道古，而在《元和姓纂》卷三、《唐尚书省右司郎官考》卷八则作吴道师，其籍贯已失考，依照现存资料，可得知其生活在高宗至玄宗时期。

　　垂拱元年（685）吴师道参加进士科考试，作时务对策五条，被点为状元。在武则天时期，历任司勋员外郎、仓部员外郎、户部郎中、吏部侍郎等职。睿宗太极元年（712），为银青光禄大夫、检校秘书监，奉敕重修浑仪，至玄宗开元二年（714）完成。

殿试题 唐大圣则天皇后武则天

　　问：欲使吏洁冰霜，俗忘贪鄙，家给人足，礼备乐和，庠序交兴，农桑竞劝。善师期于不阵，上将先于伐谋。未待干戈，遽清金庭①之祲②；无劳转运，长销玉塞③之尘。利国安边，伫闻良算。明言政要，朕将亲览。（第一道）

　　问：朕闻运海抟扶④，必藉垂天之羽；乘流击汰⑤，必伫飞云之楫。是知席萝黄屋⑥，握镜紫微⑦，诚资献替⑧之功，必待弼谐⑨之助。所以轩辕抚运，遂感大风之祥；伊帝乘时，遽致秋云之兆。朕虽惭古烈，而情切上皇，未校滋泉⑩之占，犹虚傅野之梦⑪。欲使岁星⑫入仕，风伯⑬来

---

① 金庭：山名，在今浙江嵊州市东南。
② 祲（jìn）：不祥之气。
③ 玉塞：玉门关的别称，故址即今甘肃敦煌西北小方盘城，此处代指边境。
④ 抟（tuán）扶：积聚风力，乘风盘旋而上。
⑤ 击汰：拍击水波，指划船。
⑥ 黄屋：帝王车盖。
⑦ 紫微：指紫官，古以紫微垣比喻皇帝的居处，因称皇宫为"紫官"。
⑧ 献替：献，进也；替，废也。臣对君劝善规过、议论兴革为"献可替否"。
⑨ 弼谐：辅佐以使和谐。
⑩ 滋泉：亦作"兹泉"，泉名，相传为姜太公遇周文王时的钓鱼处。
⑪ 傅野之梦：由于梦兆，商高宗武丁在傅岩之野得到贤相傅说。
⑫ 岁星：木星，旧谓主祥瑞的星。
⑬ 风伯：神话中的风神。

朝，河荐萧、张^①之名，山降申、甫^②之佐。垂衣伫化，端拱^③仰成，多士溢于周朝，得人过于汉日。行何政道，可以至斯？思闻进善之言，以副求贤之旨。（第二道）

问：朕闻明王阐化，化感人灵之心；圣后宣风，风移动植之性。遂使翔龙荐检，鸣凤司农，兽解触邪，草能指佞。仰惟前烈，何德而臻^④此乎？朕逖^⑤听遂初^⑥，载钦神化，每欲反斯茕^⑦薄，景彼上皇。欲使瑞蓍^⑧司庖，仙蓂^⑨候月，游四灵^⑩于翠苑，集五老^⑪于荣河。致此休征^⑫，良由政感。伫闻启沃^⑬，以副虚襟。（第三道）

---

① 萧、张：指萧何和张良。萧何（？—前193），西汉初期大臣。沛县丰邑中阳里（今属江苏丰县）人。张良（？—前186），西汉初期大臣。字子房，相传为城父（今河南襄城西南）人。

② 申、甫：指申伯与仲山甫。申伯，周宣王母舅。为周卿士，佐宣王中兴有功。仲山甫，西周宣王时大臣。食采邑于樊，亦称"樊仲山""樊穆仲"。曾劝谏宣王不可"料民"，反对宣王干预鲁国君位继承，皆为宣王拒绝。

③ 端拱：旧时指帝王无为而治。

④ 臻（zhēn）：至，到。

⑤ 逖（tì）：远。

⑥ 遂初：一本作"邃初"。谓辞去官职，实现隐退的初愿。

⑦ 茕（qióng）：同"惸"，本指没有兄弟，泛指孤单无靠。

⑧ 蓍（shà）：古代传说中的一种神异的草。《说文解字·艸部》："蓍，蓍莆，瑞草也。尧时生于庖厨，扇暑而凉。"

⑨ 蓂（míng）：古代传说中的一种瑞草。《艺文类聚》卷十一引《帝王世纪》曰："又有草荚阶而生，随月生死，王者以是占日月之数。惟盛德之君应和而生，故尧有之，名曰蓂荚。"

⑩ 四灵：相传四种灵异的动物，指苍龙、白虎、朱雀、玄武。《三辅黄图·未央宫》："苍龙、白虎、朱雀、玄武，天之四灵，以正四方。"

⑪ 五老：传说中的五星之精。《竹书纪年·帝尧陶唐氏》："择良日，率舜等升首山，遵河渚，有五老游焉，盖五星之精也。"

⑫ 休征：吉祥的征兆。

⑬ 启沃：开诚忠告，旧指以治国之道开导帝王。

问：朕闻三微①递代，哲后所以承天；五运因循，明王由之革命。或金水而鳞次，应火木以还周。或寅子变正，天人之统斯辨；骊②骤③改色，昏旦之用有殊。兹乃涣汗④图书，昭彰历数。受位出震⑤，以迄于今，莫不母子相承，终始交际。然而都君⑥土德，翻乃尚青；天乙水行，宁宜用白？深明要旨，其义何从？若以秦氏霸基，便有符于紫色，则魏人鼎足，岂复应于黄星？缅镜前修，又以矛盾。张苍⑦之议，既颇反于公孙⑧；贾傅⑨之谈，复远乖于刘向⑩。子大夫学包群玉⑪，

① 三微：三正。中国古代历法有以建子、建丑、建寅三个月的朔日为首的，依次叫作周正、殷正、夏正，合称为"三正"。"建"指"斗建"，即北斗所指的时辰，由子至亥，每月迁移一辰。此时万物动于黄泉之下，微而未著，故三正又称三微。

② 骊（lí）：纯黑马。

③ 骤（yuán）：赤毛白腹的马。

④ 涣（huàn）汗：指皇帝发布号令。

⑤ 出震：八卦中的"震"卦位应东方。出震，即出于东方。后以"出震"指帝王登基。

⑥ 都君：舜的别称。《孟子·万章上》："谟盖都君咸我绩。"孙奭疏："都君，即象称舜也。然谓之都君者，盖以舜在侧微之时，渔雷泽，一年所居成聚，二年成邑，三年成都，故以此遂因之为之都君。"

⑦ 张苍（？—前152）：西汉历算学家。阳武（今河南原阳东南）人。秦时为御史，主四方文书，通晓律历。汉初，任代相、赵相，封北平侯。迁为计相，以列侯主持郡国上计。后为丞相。景帝时卒，年百余岁。曾改定律历。

⑧ 公孙：指公孙弘（前200—前121），西汉丞相。菑川国薛县（今山东滕州南）人。少为狱吏。年四十余始治《春秋公羊传》。建议设五经博士，置弟子员。以熟习文法吏治，被武帝任为丞相，封平津侯。

⑨ 贾傅：贾谊（前200—前168），西汉政论家、文学家。洛阳（今属河南）人，时称贾生。少有博学能文之誉，文帝初召为博士。不久迁太中大夫，好议国家大事，为大臣周勃、灌婴等排挤，贬为长沙王太傅。后为梁怀王太傅。所著政论有《陈政事疏》《过秦论》等，为西汉鸿文。原有集，已散佚，明人辑有《贾长沙集》。

⑩ 刘向（前77—前6）：西汉经学家、目录学家、文学家。本名更生，字子政，沛郡丰邑（今江苏徐州）人，汉皇族楚元王（刘交）五世孙。曾任谏大夫、宗正等。成帝时，任光大夫，终中垒校尉。曾校阅群书，撰成《别录》，为中国目录学之祖，又编有《楚辞》。所作辞赋三十三篇，今多亡佚，唯存《九叹》为完篇。原有集，已佚，明人辑有《刘中垒集》。

⑪ 学包群玉：学识披金揽玉。

文擅锵金①。既听南史②之篇，方伫东堂③之问。详敷事实，靡得浮词，商榷前儒，谁为折衷。（第四道）

问：朕以紫极④暇景，青史⑤散怀，眇⑥寻开辟之源，遐览⑦帝王之道。或载纪遥邈，无其处而有其名；或坟籍⑧丧亡，有其号而无其事。将求故实，以伫多闻。至如化被柱州，创基刑马⑨，两代之事谁远，五德⑩之运何承？石楼⑪之都，见匪均霜之地⑫；穷桑⑬之壤，元非测景之区⑭。时将城彼偏方，惟一隅而独王；轻兹中土，弃九洛⑮而不营。大夏之时，化臻禁甲⑯；隆周之日，道致韬戈⑰。而七十一征，翻在凤凰之运；五十二战，更属云官⑱之期。斯则偃伯⑲之人，无闻于太古⑳；摧锋之弊，反

① 锵金：比喻音节响亮，诗句优美。
② 南史：春秋时齐国史官。
③ 东堂：东厢的殿堂或厅堂，古代多指皇宫或官舍。
④ 紫极：星名，借指帝王的宫殿。
⑤ 青史：古代以竹简记事，因称史书为"青史"。
⑥ 眇（miǎo）：眯着眼睛看，仔细地看。
⑦ 遐览：广泛阅览。
⑧ 坟籍：坟典，泛指古书。
⑨ 刑马：指刑马山，传说中的仙山。
⑩ 五德：古代阴阳家把金、木、水、火、土五行看成五德，认为历代王朝各代表一德，按照五行相克或相生的顺序，交互更替，周而复始。
⑪ 石楼：《艺文类聚》卷十一引《遁甲开山图》曰："石楼山在琅琊，昔有巢氏治此山南。"
⑫ 均霜之地：寒暑均分之地。
⑬ 穷桑：传说中古帝少昊所居处。
⑭ 测景之区：可以测度日影的区域。
⑮ 九洛：九州。
⑯ 禁甲：武装的禁军。
⑰ 韬戈：收藏兵器，引申指息兵。
⑱ 云官：相传黄帝受命有云瑞，故以云纪事，以云名官。
⑲ 偃（yǎn）伯：亦作"偃霸"，指休战。偃，停止，停息。
⑳ 太古：亦作"大古"，远古，上古时代。

息于中叶。浇淳①之道，名实何乖！欲令历选前圣，远稽上德，采文质之令猷②，求损益之折衷。何君可以为师范，何代可以取规绳③？迟尔昌言，以沃虚想。（第五道）

状元殿试卷　吴师道

　　臣闻栖培塿④者，不睹嵩泰之干云；游泞潆⑤者，讵⑥识沧溟之沃日。臣蒿莱⑦弱质，衡泌⑧鲰生⑨，未识广厦之居，安知太牢⑩之味。不量蕞尔⑪，轻从褎然⑫，谬达天聪⑬，兢惶圣问。粤惟皇家出震，累叶重辉，天人归七百之期，宗祊⑭联亿兆之庆。太宗以明一察道，括珠囊而总万

---

① 浇淳：淳厚质朴。
② 令猷：好的法度。
③ 规绳：规矩绳墨。比喻法度。
④ 培塿（lǒu）：小土丘。
⑤ 泞潆（nìng yíng）：泥泞的小水坑。
⑥ 讵：岂。
⑦ 蒿莱：野草，杂草。
⑧ 衡泌：隐居之地。
⑨ 鲰（zōu）生：犹小生，自称的谦辞。
⑩ 太牢：亦作"大牢"。古代帝王、诸侯祭祀社稷时，牛、羊、豕三牲全备为"太牢"。
⑪ 蕞尔：小貌。
⑫ 褎（xiù）然：出众的样子，后以指人的才能超出同辈。
⑬ 天聪：对天子听闻的美称。
⑭ 宗祊（bēng）：宗庙，家庙。祊，宗庙门内设祭的地方。

方①。高宗以通三御宸②，转金镜而清九服③。用能肃清天步，夷坦帝途，垂莫大之鸿基，托非常之元圣。伏惟皇太后陛下，道超炼石，化轶扪天，被子育之深仁，弘母仪之博爱。星阶已正，尚虽休而勿休；宸极既安，犹损之而又损。方欲还淳返朴，振三古之颓风；缉正④苍生，降四海之昌运。拔幽滞，举贤良，黜谗邪，进忠谠。故得鸿⑤嵇⑥接轸，和宇宙之阴阳；龙武分曹⑦，节风雨之春夏。礼乐备举，学校如林，俗知廉让之风，人悦农桑之劝。犹复旁求谋议⑧，虚伫刍荛⑨。既属对扬，敢陈庸瞽⑩。诚愿察洗帻⑪布衣之士，任以台衡⑫，擢委金让玉之夫，居其

① 万方：万邦，各方诸侯。《尚书·汤诰》："诞告万方。"引申指全国各地。

② 宸（chén）：北极星所居，借以指帝王的宫殿。

③ 九服：京畿以外的九等地区，即侯服、甸服、男服、采服、卫服、蛮服、夷服、镇服、藩服。后泛指全国各地区。

④ 缉正：整合安顿。

⑤ 鸿：指梁鸿，东汉文学家。字伯鸾，右扶风平陵（今陕西咸阳西北）人。家贫而博学，与妻孟光隐居霸陵山中，以耕织为业。章帝时经过洛阳，见宫室侈丽，作《五噫歌》，感叹讽刺，为朝廷所忌，遂改变姓名，东逃齐鲁。后往吴，为人佣工舂米。每归，孟光为具食，举案齐眉，以示敬爱。不久病死。著书十余篇，今不传。

⑥ 嵇：指嵇康（223—262，或224—263），三国时期曹魏文学家、思想家、音乐家。字叔夜，谯郡铚县嵇山（今属安徽涡阳）人。娶魏宗室女，官中散大夫，世称嵇中散。崇尚老庄，讲求养生服食之道。"竹林七贤"之一，与阮籍齐名。其文"思想新颖，往往与古时旧说反对"（鲁迅语），《与山巨源绝交书》《难自然好学论》等为其代表作。诗长于四言，风格清峻。善鼓琴，以弹《广陵散》著名，并曾作《琴赋》，对琴的奏法和表现力，做了细致而生动的描写。有《嵇中散集》，今人有《嵇康集校注》。

⑦ 分曹：犹分部。与近世分处、分科略同。

⑧ 谋（xiǎo）议：谋，小。谋议，小的不重要的议论。

⑨ 刍荛（chú ráo）：割草打柴的人。

⑩ 庸瞽（gǔ）：平庸愚昧。瞽，比喻人没有观察能力。

⑪ 帻（zé）：包头发的巾。

⑫ 台衡：犹台辅。台，三台；衡，玉衡。都是星名，位于紫微宫帝座之前，故用来比喻宰辅大臣。

令守，则俗忘贪鄙，吏洁冰霜矣。旌好学之流，赏力田之伍，则家罕贫惰，位列文儒矣。降通亲之使，喻彼枭心①，发和戎之官，收其鸡肋②，则四夷③左衽，颠倒来王，三边元恶，讴谣仰化矣。自然笼羲驾昊，六五帝④而四三皇⑤；远肃迩安，飞英声而腾茂实。谨⑥对。（第一道）

　臣闻立极膺乾⑦之君，当宁御坤之主，欲臻至道，将隆景化⑧，莫不旁求俊彦，广命英奇，疑庶绩⑨以安人，绥万邦而抚俗。是故轩邱膺箓⑩，委四监⑪以垂衣；丹陵⑫握图，举八元⑬而光宅。于是齐桓拟之于飞翼，殷武兴之以羹梅⑭，克赞人谋，实宣神化。陛下功包邃古，道逸上

---

① 枭心：野心。
② 鸡肋：鸡的肋骨。比喻无多大意味，但又不忍舍弃的东西。
③ 四夷：古指华夏族以外的四方少数民族。《尚书·大禹谟》："无怠无荒，四夷来王。"
④ 五帝：中国古代神话中的五方之天帝，即"五方神"。
⑤ 三皇：传说中的远古帝王。最早见于《吕氏春秋·贵公》等篇。有七种说法：（1）天皇、地皇、泰皇（《史记·秦始皇本纪》）；（2）天皇、地皇、人皇（《补史记·三皇本纪》引《河图》《三五历记》）；（3）伏羲、女娲、神农（《风俗通义·皇霸》引《春秋运斗枢》）；（4）伏羲、神农、祝融（《白虎通》）；（5）伏羲、神农、黄帝（《帝王世纪》）；（6）伏羲、神农、共工（《通鉴外纪》）；（7）燧人、伏羲、神农（《风俗通义·皇霸》引《礼纬含文嘉》）。最后一说反映原始社会经济生活的发展情况。
⑥ 谨：表示郑重和恭敬。
⑦ 膺乾：承担天命。
⑧ 景化：犹敬仰。
⑨ 庶绩：各种事功。
⑩ 膺箓：帝王承受符命。
⑪ 四监：古代掌管山、泽、林、川的官员。
⑫ 丹陵：地名，传说为尧的诞生地。
⑬ 八元：传说中的八位才德之士。《左传·文公十八年》："高辛氏有才子八人，伯奋、仲堪、叔献、季仲、伯虎、仲熊、叔豹、季狸，忠肃共懿，宣慈惠和，天下之民谓之八元。"孔颖达疏："元，善也，言其善于事也。"后用以称颂有才德的人。
⑭ 羹梅：调和羹汤的佐料，用以比喻宰辅。

皇，受授惟明，谋谟克序。弼辅之任，总风力于前驱；爕理①之司，列伊周于后乘。振鹭翔鸾之客，毕凑天阶②；乘箕降昴之英，咸趋日路③。且犹虚心卜兆，托想旁求，冀山谷之无遗，庶贤良之毕萃④。俯访愚鲁，敢述明扬。诚愿发德音，下明诏，咨列岳，访群公。举尔所知，不遗于侧陋⑤；知人不易，无轻于慎择。下僚必录，上赏频沾，则叶县游龙，自九天而下降，燕郊骏马，赴千金而遥集。汉未为得，周岂能多，尽善尽美，于斯为盛。谨对。（第二道）

臣闻化洽乾枢⑥，景纬⑦呈其灵贶⑧；泽周坤络，卉木效其祯祥⑨。是以若雾非烟，必应文明之后；九茎三秀⑩，允符光宅⑪之君。陛下应期纳箓，抚运登皇，孝道格于玄穹，仁心光于紫极。自临万域，辑御群方，灵瑞屡臻，休征荐至。五蹄仁兽，乐君囿⑫而来游；六象威禽，拂帝梧而萃止。岂直银黄玉紫，雉白马丹，翻部上之二秭，拔江间之三脊。固亦巡河受检，拜洛披图，降五老于星躔⑬，归四神于云路。盛矣美矣，巍

---

① 爕（xiè）理：此处指宰相的政务。
② 天阶：宫殿的台阶。
③ 日路：太阳视运动的轨道。古人谓太阳运行之路。
④ 萃：聚集。
⑤ 侧陋：身处微贱而有才德者。
⑥ 乾枢：乾轴，即天的中轴。
⑦ 景纬：日与星。
⑧ 灵贶（kuàng）：神灵赐福。
⑨ 祯祥：吉兆。
⑩ 九茎三秀：灵芝草的别名。禾类、草类开花叫秀，灵芝草每年开花三次，故名。
⑪ 光宅：光，广；宅，安。犹言普遍安定。
⑫ 囿（yòu）：古代帝王畜养禽兽的园林。
⑬ 星躔（chán）：星宿运行的轨迹。

乎焕乎！躏①三五以腾徽，吞八九而高视。尚且崇谦让之道，守冲㧑②之德，抑斯天瑞，访此人谋。陛下虽不宰其成功，微臣亦不知其所谓。谨对。（第三道）

臣闻方圆既阙③，帝王斯建，四游④将六气⑤交驰，五德与三微递变。自摄提⑥著纪，出震登皇，循木火而相承，用骊骟而继作。虽复武功文德，揖让干戈，御旒扆⑦以高居，握图箓而深视，莫不垂天人之统，顺寅子之正。始终之际，何莫由斯。暨乎运偶都君，时云上德，道钟天乙，数叶水行，子胜母而尚青，母生金而尚白。略言其美，斯穷奥旨。至若秦居闰位⑧，紫实非正之符；魏得中区，黄标应星之纪。未有矛盾，允惬随时。汉祖承天，人多异议，张苍言水而黑时方兴，公孙据土而黄龙复应。逮二刘之父子，推五运之相沿，较彼前谈，斯为折衷。臣学非博古，识昧知新，轻陈管穴之窥，猥奉天人之问。惭惶靡地，悚越兼深。谨对。（第四道）

---

① 躏：通"凌"，凌驾。

② 冲㧑（huī）：冲和谦逊。

③ 阙（quē）：毁，除。

④ 四游：古人认为大地和星辰在一年的四季中，分别向东、南、西、北四极移动，称"四游"。

⑤ 六气：春秋时秦国医和称"阴、阳、风、雨、晦、明"为"六气"。

⑥ 摄提：古代年名"摄提格"的简称。战国、秦汉时代有一种星岁纪年法，假想有一速度和木星平均速度（一年走十二分之一周天，即一辰）相等而运动方向相反的天体叫"太岁"，当木星在丑位时，太岁在寅位，这一年就叫"摄提格"。

⑦ 旒扆（liú yǐ）：旒，古代冕冠前后悬垂的玉串；扆，帝座后的屏风。借指帝王。

⑧ 闰位：指非正统的帝位。

臣闻一剖为三，始鸿濛①于太易②；九变于七，渐茫昧于无为。既分清浊之仪，乃列君臣之位。则有天皇③首出，瞰柱州而宅土；地皇④革命，俯刑马以开都。年匪异于万八千，号稍殊于七十二。既云木德，亦曰火行。开于天地之初，录自帝皇之纪。至若石楼远界，穷桑延壤，非万邦之土中，为二代之天邑。斯乃时犹鷇饮⑤，道尚鹑居⑥，谁知风雨之均，能建皇王之宅。亦分长于九域⑦，岂独王于偏方。乃观象垂衣，化穆羲、轩之代；剪商伐扈，人浇周、夏之年。而皇德方隆，未弭⑧战争之患；王道才著，复存韬偃之日。是则怀柔伐叛，取乱侮亡，虽钟大道之行，终伫胜残⑨之战。是故劣于太古，非事优于中代。陛下选芳列辟，垂范千年，王化既平，能事斯毕。亦何必损益今辰之政，师谟往帝之规。扶和琴而促柱⑩，御夷途而止辙，因循勿失，臣谓其宜。谨对。（第五道）

---

① 鸿濛：宇宙形成前的混沌状态。

② 太易：古代指原始混沌的状态。

③ 天皇：传说中的三皇之一。司马贞《补史记·三皇本纪》："天地初立，有天皇氏，十二头，澹泊无所施为，而俗自化。木德王。岁起摄提。兄弟十二人，立各一万八千岁。"

④ 地皇：传说中的三皇之一。

⑤ 鷇（kòu）饮：鷇，待哺的雏鸟。"鷇饮"亦作"鷇食"，谓雏鸟仰母哺食而足，喻无心而自足。

⑥ 鹑居：野处，谓如鹑之居处无常。鹑居鷇食，比喻生活简约。

⑦ 九域：九州。

⑧ 弭（mǐ）：消除。

⑨ 胜残：遏制残暴的人，使之不能作恶。

⑩ 促柱：指移近支弦的柱，以使弦紧。

二十八星宿：分布于黄道、赤道带附近一周天的二十八个星官。中国古代选作观测日、月、五星在星空中的运行及其他天象的相对标志。分为四组，每组七宿，与四方和四种动物形象（称"四象"）相配。二十八宿以北斗星斗柄所指的角宿为起点，由西向东排列，它们的名称和四象的关系是：东方青龙，角、亢、氐、房、心、尾、箕；北方玄武，斗、牛、女、虚、危、室、壁；西方白虎，奎、娄、胃、昴、毕、觜、参；南方朱雀，井、鬼、柳、星、张、翼、轸。

轩辕：黄帝名，传说中中原各族的共同祖先。姬姓，号轩辕氏、有熊氏，少典之子。相传炎帝为扩大领地，与黄帝的部落发生冲突，黄帝得到各部落的拥戴，在阪泉（今地有河北涿鹿东南、山西阳曲东北、山西运城南、河南扶沟四说）打败炎帝。后蚩尤扰乱，他又率领各部落在涿鹿（今河北涿鹿东南）击杀蚩尤。从此他由部落首领被拥戴为部落联盟领袖。传说有很多发明创造，如养蚕、舟车、文字、音律、医学、算数等，都创始于黄帝时期。

伊帝：舜帝，传说中父系氏族社会后期部落联盟领袖。姚姓，一作妫姓，号有虞氏，名重华，史称"虞舜"。相传因四岳推举，尧命他摄政。他巡行四方，除去共工、驩兜、三苗、鲧四人。尧去世后继位，又咨询四岳，挑选贤人，治理民事，并选拔治水有功的禹为继承人。

禹：亦称"大禹""夏禹""戎禹"，夏朝建立者。姒姓，名文命，鲧之子。原为夏后氏部落领袖，舜时为司空，奉舜命治理洪水。据后人记载，他领导人民疏通江河，兴修沟渠，发展农业。在治水十三年中，三过家门不入。后以治水有功，被舜选为继承人，舜死后即位。传曾铸造九鼎。又传曾克平三苗之乱。其子启继位，确立君主世袭的制度。

天乙："汤"，建都于亳（今地有河南商丘、山东曹县、河南偃师等说）。原为商族领袖，与有莘氏通婚，任用伊尹、仲虺为辅佐，陆续攻灭邻近的葛国（今河南宁陵东北）、夏的联盟韦（今河南滑县东南）、顾（今山东鄄城东北）、昆吾（今河南濮阳）等国，经十一次出征，成为当时强国。后一举灭夏，建立商朝。

齐桓公（？—前643）：春秋时齐国国君，襄公之弟，前685—前643年在位。姜姓，名小白。襄公当政，齐国内乱，他离齐至莒（今山东莒县）。襄公被杀，齐大夫迎立为君。即位后任用管仲进行改革，国力富强。以"尊王攘夷"相号召，助燕国打败山戎；营救邢、卫两国，制止戎狄对中原的进攻；联合中原诸侯进攻蔡、楚，与楚国会盟于召陵（今河南漯河市召陵区）；并安定东周王室内乱。多次大会诸侯、订立盟约，成为"春秋五霸"之首。

武丁（？—前1192）：商朝国君，名昭，小乙之子，前1250—前1192年在位。少时生活在民间，即位后重用傅说、甘盘为大臣，商朝大治，国复强盛。先后对北方的舌方、土方、鬼方，西方的羌方，东方的夷方，南方的虎方用兵。对羌方曾一次出兵一万三千人以至三万人，对鬼方用兵三年才攻克。死后尊为"高宗"。

《诗经》：中国最早的诗歌总集。本只称《诗》，儒家列为经典之一，故称《诗经》。编成于春秋时代，共三百零五篇。分为"风""雅""颂"三大类：《风》有十五国风，《雅》有《大雅》《小雅》，《颂》有《周颂》《鲁颂》《商颂》。大抵是西周初年至春秋中叶的作品，产生于今陕西、山西、河南、山东及湖北等地。据《史记》等记载，系孔子删定，近人多疑其说。诗篇形式以四言为主，运用赋、比、兴的手法。其优秀篇章，描写生动，语言朴素优美，声调自然和谐，富有艺术感染力。《诗经》对中国两千多年来的文学发展有深广的影响，而且是很珍贵的古代史料。

张柬之

唐永昌元年（689）已丑科

状元文章

张柬之（625—706），字孟将，襄州襄阳（今湖北襄樊）人。襄阳张氏为汉留侯张良之后，世为大族。其举进士后任清源县丞。永昌元年（689）以贤良征试，擢为监察御史。后出为合州、蜀州刺史。

武周长安四年（704）任宰相。次年，乘武则天病，与桓彦范、敬晖等发动政变，杀张昌宗、张易之，恢复中宗帝位，擢天官尚书，封汉阳郡王。旋遭武三思排挤罢相，被贬为新州司马，流泷州（今广东罗定东南），愤恨而死。

殿试策问 唐大圣则天皇后武则天

问：朕闻体国经野①，取则于天文；设官分职，用力于人纪。名实相副，自古称难；则哲②之方，深所不易。朕以薄德，谬荷昌图，思欲追逸轨③于上皇，拯群生于季俗④，澄源正本，式启惟新。俾⑤用才委能，靡失其序，以事效力，各得其长。至于考课之方，犹迷于去取；黜陟⑥之义，尚惑于古今。未知何帝之法制可遵，何代之沿革可衷？此虽戋戋⑦束帛，每贲于丘园⑧；翘翘⑨错薪，未获于英楚⑩。并何方启塞，以致于兹？伫尔深谋，朕将亲览。（第一道）

问：朕闻轨物垂训，必随正于因生；开国承家，理崇光于敦本⑪。故七叶貂珥⑫，表金室之荣；十纪羽仪⑬，峻班门之躅。保姓受氏，义先

---

① 体国经野：体，划分；国，都城；经，丈量；野，田野。古代把都城划分为若干区域，由"国人"分别居住；把田野划分为方块耕地，使"野人"居住、耕作；设官管理，不准随便迁徙。后亦泛指治理国家。

② 则哲：《尚书·皋陶谟》："知人则哲，能官人。"后以"则哲"为知人的代语。

③ 逸轨：高洁的轨范。

④ 季俗：指末世颓败的风俗。

⑤ 俾（bǐ）：使。

⑥ 黜陟（chù zhì）：指官吏的进退升降。

⑦ 戋（jiān）戋：浅少貌。

⑧ 丘园：家园，乡村。后以"丘园"指隐居之处。

⑨ 翘翘：高出貌。

⑩ 英楚：高而挺拔。

⑪ 敦本：本，古时多指农业。崇尚根本。

⑫ 貂珥：貂，貂尾；珥，插。指侍中、常侍之冠，因插貂尾为饰，故称。

⑬ 羽仪：古时仪仗队中用鸟羽装饰的旌旗之类。

于睦亲；翼子谋孙，事隆于长发①。朕以寡昧，叨奉先灵，坠典咸新，遗章必睹。思欲甄明谱系，澄汰②簪居，派别淄、渑，区分士庶。至如陈、田互出，虢、郭俱开。束皙③改汉传之宗，辅果④易晋卿之号。巨君⑤之姓，曾非驭鹤之苗；元海之家，谅非扰龙之族。永言纰谬，良用忾然⑥。子大夫十室推英，三冬富学，允迪⑦襃然之举，宣扬锵尔之词。至若北郭、南宫，本因何义？三乌⑧、五鹿⑨，起自何人？公孙之由，司马之姓，咸加辨析，且显指归。式副对扬，朕将亲览。（第二道）

---

① 长发：《诗经·商颂》篇名。诗中对商统治者的祖先契、契孙相土、建立商朝的成汤及其相伊尹，皆进行歌颂，并谓自契以来已有受天命的祯祥，即诗中所言"长发其祥"。《诗序》以为是大禘之诗。禘祭范围较大，故设祭者的"远祖先君"等均及于祭。一说大禘和祫祭并无分别，合祭群庙谓之祫，此诗所述者众，可以证明"大禘"就是"祫祭"。

② 澄汰：谓澄去泥滓，汰除沙砾。多用以指甄别、拣选。

③ 束皙：西晋阳平元城（今河北大名东）人，字广微。博学多闻。张华召为掾，寻为贼曹属，转佐著作郎、博士，官至尚书郎。赵王司马伦为相国，请为记室。束皙辞疾归，教授门徒。著《五经通论》《发蒙记》等。有集已佚，今存《束广微集》。

④ 辅果：一作"智果"。春秋战国间人。晋知伯之族。晋出公二十年（前455），知伯以索赵地不得，率韩、魏之师围赵晋阳（今山西太原西南），三年不下。他认为韩、魏二主"色动而意变"，必反，劝知伯杀之，知伯不听，遂自更其姓为辅氏，去而不见。后韩、魏果反，联赵共灭知伯，三分其地，知氏尽灭，唯辅氏存。见《战国策·赵策一》。

⑤ 巨君：指王莽（前45—23），新朝建立者。字巨君，魏郡元城（今河北大名东）人，原籍东平陵（今山东章丘西）。汉元帝皇后之侄。9—23年在位。

⑥ 忾然：怅然若失貌。

⑦ 允迪：认真履践或遵循。

⑧ 三乌：复姓。汉有三乌群。

⑨ 五鹿：复姓。晋公子重耳封舅犯于五鹿，子孙遂以邑为氏。汉有少府五鹿充宗。

贤良方正科第一名殿试卷 张柬之

　　臣闻仲尼①之作《春秋》也，法五始②之要，正王道之端，微显阐幽③，昭隆大业。瀍、洛④之功既备，范围之理亦深。伏惟陛下，受天明命，统辑黎元，载黄屋，负黼扆⑤，居紫宫之邃，坐明堂⑥之上。顺阳和以布政，摄三吏而论道，雍容高拱⑦，金声玉振。征求无厌，误及厮贱。微臣材朽学浅，诚不足以膺严旨，扬天休。虽然，敢不尽刍荛，罄狂瞽⑧，悉心竭节，昧死上对。

　　臣闻天者，群物之祖，王者受命于天，故则天而布列职。天生蒸人⑨，树之君长，以司牧之，自非聪明睿哲，齐圣广深⑩，不能使人乐其生，家安其业。陛下德自天纵，慈悯元元⑪，既乐其生，且安其业。臣闻

---

① 仲尼：指孔子（前551—前479），春秋时期思想家、政治家、教育家，儒家学派的创始者。名丘，字仲尼，鲁国陬邑（今山东曲阜东南）人。自汉以后，孔子开创的儒学成为两千余年传统文化的主流，孔子在传统社会被尊为"圣人"。《论语》一书，记有孔子的言行以及孔子与门人的问答，是研究孔子学说的主要资料。
② 五始：《春秋》纪事，始以元年、春、王、正月、公即位等五事，谓之"五始"。
③ 微显阐幽：显现微妙之处，阐明幽深之理。
④ 瀍（chán）、洛：指瀍水和洛水。洛阳为东周、东汉、魏、西晋等朝都城（今河南洛阳，地处瀍水两岸、洛水之北）。故多以二水连称谓其地。此处当指代朝廷中枢，京畿所在。
⑤ 黼（fǔ）扆：古代帝王置于座后的屏风，上有斧形花纹。
⑥ 明堂：古代天子宣明政教的地方。凡朝会及祭祀、庆赏、选士、养老、教学等大典，均于其中举行。
⑦ 高拱：两手相抱，高抬于胸前。安坐时的姿势。
⑧ 狂瞽（gǔ）：愚妄无知。多用作自谦之辞。
⑨ 蒸人：民众，百姓。
⑩ 齐圣广深：四种美好的德行。
⑪ 元元：庶民，众民。

瑞者，上天所以申命人主也。故使麒麟游于囿，凤皇①集于庭，庆云出，神龙见。其余草本烟露之祥，不可胜纪。陛下日慎一日，虽休勿休，故天申之以祯石②，告之以神文。大矣哉！圣人之鸿业也。

臣闻河图、洛书之不至也久矣。孔子曰："凤鸟不至，河不出图，吾已矣夫。"师说曰："圣人自伤己有能致之资，而天不致也。"陛下有能致之资而天蕴者，所以扶助圣德，抚宁兆人也。臣观今朝廷含章③赡博④之士，鲠言⑤正议之臣，陛下诱而进之，并践丹地⑥，伏青规⑦颙颙昂昂⑧，云属雾委，驾骞凤振。佩金鸣玉，曳珠绂⑨，扬翠緌⑩，充牣⑪于阶庭者矣。昔舜举十六相⑫，去四凶⑬人，有大功二十，而为天子。前史美之，称曰尽善尽美。虽甚盛德，无以加此。陛下彰善去恶，昭德塞违，万万于虞舜。自托薄德，愚臣何足以望清光，而敢有议哉！

制策曰："思欲追逸轨于上皇，拯群生于季俗，澄源正本，式启惟新。"臣闻善言古者，必考之于今；善谈今者，必求之于古。臣窃以当

---

① 凤皇：亦作"凤凰"，传说中的百鸟之王。雄的叫"凤"，雌的叫"凰"，通称为"凤"或"凤凰"，常用来象征祥瑞。

② 祯石：吉祥的石头。祯，吉祥。

③ 含章：包含美质。

④ 赡博：丰富广博。

⑤ 鲠言：坚决直率地言说，直言。

⑥ 丹地：古代帝王宫殿中涂饰着红色的地面，因用以指朝廷。

⑦ 青规：指宫庭禁地或御前所铺蒲草之席，是进谏奏事的场所。

⑧ 颙（yóng）颙昂昂：形容体貌庄重恭敬，器宇轩昂。

⑨ 珠绂（fú）：古代礼服上的红色蔽膝，后多借指官服。

⑩ 翠緌（ruí）：翠羽所制的緌。緌，古代冠带在颔下打结后的下垂部分。

⑪ 充牣（rèn）：亦作"充仞"，充满。

⑫ 十六相：指八元八恺。前文已介绍了"八元"，此处只解释"八恺"，八恺亦作"八凯"。传说中的八位才德之士。《左传·文公十八年》："昔高阳氏有才子八人：苍舒、隤（tuí）敳、梼戭、大临、龙降、庭坚、仲容、叔达，齐圣广渊，明允笃诚，天下之民谓之八恺。"

⑬ 四凶：传说舜所流放的四人或四族首领。

今之务而稽之往古，以往古之迹而比之当今，以为三皇神圣，其臣不能及。故于阙见之。陛下刊列格，正爰书[1]，修本业，著新诚，建总章[2]以申严配[3]，置法匦[4]以济穷冤，此前圣所不能为。非群臣之所及也。今朝廷之政，上令下行，如身之使臂，臂之使手。百僚师师[5]，罔不咸乂[6]。此群臣之所能奉职也。《书》曰："元首明哉，股肱[7]良哉，庶事康哉。"故臣以为陛下有三皇之位，而能隆三皇之业也。臣以今之刺史，古之十二牧也。今之县令，古之百里君也。有官联[8]焉，有社稷焉，可谓重矣。任非其材，其害亦重矣。昔周宣王欲训其人，问于樊仲曰："吾欲训人，诸侯谁可者？"仲曰："鲁侯肃恭明神，敬事耆[9]老，必咨于故实，问于遗训。"乃立之。晋之名臣亦言，舍人、洗马，一时之高选，台郎、御史，万邦之俊哲。若出于宰牧[10]，颂声兴矣。由此言之，则古牧州宰县者，不易其人也，自非惠训不倦，动简天心者，未可委以五符之重，百里之寄。今则不然多矣，门资擢授，或以勋阶莅职，莫计清浊，无选艺能。负违圣诚，安肯肃恭明神？轻理慢法，安肯敬事耆老？取舍自便，安能求之故实？举错纵欲，安能问之遗训？异一时之高材，非万

---

① 爰（yuán）书：中国古代记录人犯供词的文书。

② 总章：古代天子明堂之西向室，取西方总成万物而章明之之意。

③ 严配：谓祭天时以先祖配享。

④ 法匦（guǐ）：匦检制度，由武则天所创立，成为广开言路和自我举荐的一大途径，是对古代信访制度的创新发展。匦检制度通过铜匦实施。任何人都可根据意愿将文字投入其中一匦，于是民情大多被朝廷知悉。

⑤ 百僚师师：百官相互师法。

⑥ 乂（yì）：安定。

⑦ 股肱（gōng）：大腿和胳膊，常比喻辅助帝王的大臣。

⑧ 官联：官吏联合治事。

⑨ 耆（qí）：古称六十岁曰耆，亦泛指老。

⑩ 宰牧：宰相与州牧的并称，泛指高官。

邦之俊杰。欲是多其仆妾，广其资产，齿角①两兼，足翼双备，蹈瑕②履③秽，不顾廉耻，抵网触罗，覆车相次。孔子曰："既得之，患失之。苟患失之，无所不至矣。"故臣以为陛下有三皇之人，无三皇之吏也。

制策曰："俾用才委能，靡失其序，以事效力，各得其长。至于考课之方，犹迷于去取；黜陟之义，尚惑于古今。未知何帝之法制可遵，何代之沿革斯衷？"臣闻皇王之制，殊条共贯，虽有改制之名，无不相因而立事。孔子曰："殷因于夏礼，所损益可知也。周因于殷礼，所损益可知也。其或继周者，虽百代可知也。"然则虞帝之三考黜陟④，周王之六廉察士，虽有沿革，所取不殊，期于不滥而已。陛下取人之法甚明，考绩之规甚著。臣以为犹舟浮于水，车转于陆，虽百王无易也。今丘园已贲，英楚云集，启塞之路，岂愚所能轻云也。谨对。（第一道）

臣闻保姓受氏，明乎典训⑤。或因地以赐姓，或因官而受氏。或官以代功，亦以官族。或所居之地，因以为氏。诸侯之子称为公子，公子之子称为公孙，公孙之子乃以其王父字为氏。后代因之，亦以为姓。田、陈、虢、郭，以声近而遂分；辅果、束皙，以避难而更改。王莽以田王为氏，元海因汉甥立族。骚括分南北之号，充宗为五鹿之先。应氏著书，具表三乌之始。司马、司徒，是曰因官。公孙、叔孙，《春秋》备

---

① 齿角：指象牙与犀角或鹿角。
② 蹈瑕：利用过失。
③ 履（lǚ）：踩踏。
④ 三考黜陟：舜时的官吏考绩制度，每三年为一考，考其功绩。九年为三考，政绩好者升，差者退。
⑤ 典训：准则性的训示。

载。陛下尽六艺之英，穷百代之要，淑问①扬天地，元情贯幽显。黄竹②清歌，词穷五际③；白云高唱，文苞万象。昔曹门二祖，道媿由庚；刘氏四叶，仁非解愠。岂若睿思琼敷④，同雨露之沾渐；神机苕发，等曦望之照临。起帝典⑤而孤立，孕皇坟⑥而独秀。臣沐浴淳和，叨承至训，名闻于圣听，言奏于阙前。谨对。（第二道）

文学常识

考课： 中国古代按一定的标准考察官吏的功过善恶，分别等差，升降赏罚。三国魏明帝令刘劭作都官考课之法七十二条。见《通典·选举三》。唐代考课之法，有"四善""二十七最"。见《新唐书·百官志一》。宋代置审官院，考课中外职事，后掌京朝官考课事，置考课院，掌幕职、州县官考课事。见《宋史·选举

---

① 淑问：美好的名声。
② 黄竹：指黄竹诗，传为周穆王所作诗。据《穆天子传》载，周穆王往蘋泽打猎，"日中大寒，北风雨雪，有冻人，天子作诗三章以哀民"。盖出于后人伪托。诗为四言，每章以首句为"我徂黄竹"，故名。
③ 五际：诗经学术语。汉代《齐诗》学者翼奉所传，以为：午亥之际为革命，卯酉之际为改正（一本作"革正"。正，同政）。卯为《天保》，酉为《祈父》，午为《采芑》，亥为《大明》。又以为亥为革命，是一际；亥又为天门，出入候听，是二际；卯为阴阳交际，是三际；午为阳谢阴兴，是四际；酉为阴盛阳微，是五际。《天保》《祈父》《采芑》《大明》，都是《诗经》篇名。它把《诗经》中的篇章和阴阳五行相配合，用以推论政治得失，是今文诗学的一种说解。
④ 琼敷：喻佳句。
⑤ 帝典：《尧典》，《尚书》篇名。《礼记·大学》："《帝典》曰：克明峻德。"近人以为由周代史官根据传闻编著，又经春秋、战国时人用儒家思想陆续补订而成。记载尧、舜禅让的事迹，反映了中国原始社会末期的一些历史情况。
⑥ 皇坟：指《三坟》，相传为古书名，泛指古代典籍。

志六》。

《春秋》：儒家经典，编年体史书，相传孔子依据鲁国史官所编鲁史加以整理修订而成。起于鲁隐公元年（前722），终于鲁哀公十四年（前481）。以"纪元年，正时日月"而成为编年史的始祖。《春秋》文字简短，相传寓有褒贬之意，后世称为"春秋笔法"。

三吏：三公，官名合称。周代已有此称，为最高辅政大臣。一说指太师、太傅、太保，一说指司徒、司马、司空。战国至秦习称辅佐君主执掌军政之最高官员。

舍人：官名。始见《周礼·地官司徒》，战国及汉初王公贵官均有舍人。秦、汉置太子舍人；汉代皇后、公主的属官亦置；唐、宋太子属官中沿置中舍人和舍人，均为亲近属官。隋、唐时，中书舍人撰拟诏旨，以有文学资望者充任，名称常有变更，如隋和唐初称"内史舍人"，隋炀帝时称"内书舍人"，武则天时曾称"凤阁舍人"，简称"舍人"。

洗马：官名。太子属官，秦始置，汉沿置，亦作"先马"。职如谒者，太子出则为前导。晋时改掌图籍。南朝梁、陈有典经局洗马，均由世族担任。北齐称"典经坊洗马"。隋改为"司经局洗马"。唐高宗时一度改为"司经大夫"，寻复旧称。清代不设太子官属，仍存此名，以备翰林官升转。清末废。

台郎：尚书郎。《后汉书·虞诩传》："台郎显职，仕之通阶。今或一郡七八，或一州无人，宜令均平，以厌天下之望。"按东汉尚书郎以诸郡孝廉选充，故云。

御史：官名，西周为侍从属吏，春秋、战国置为史官。因侍从君主左右，常执行临时性差遣。秦、韩等国常奉遣监察郡、县、军队。秦代置御史大夫为其长官，御史监郡并执法。汉代为御史大夫属官，部分留御史府，由御史丞统领，监察考课百官政务，或受遣出使；部分由御史中丞统领，称"侍御史"，职权尤重。因职务差遣不同，又有"侍御史""符玺御史""治书御史""监军御史"等名。东汉有侍御史，掌纠察；治书侍御史，察疑狱。魏、晋、南北朝时有督军粮御史、禁防御史、监察御史等，均随事立名。唐代有侍御史、殿中侍御史和监察御史三种。中唐以后，常为外官所带宪衔。

王莽（前45—23）：西汉末年，以外戚掌握政权，成帝时封新都侯。元始五年（5），平帝去世，自称"假皇帝"。次年立年仅两岁的刘婴为太子，号"孺子"。初始元年（8）称帝，改国号为"新"，年号"始建国"。地皇四年（23），新王朝在赤眉、绿林等农民起义军的打击下崩溃，他在绿林军攻入长安时被杀。

贾　稜

唐贞元八年（792）壬申科

　　贾稜，生平、籍贯失考，郡望长乐（今河北冀县）人。贞元八年（792）参加进士科考试，高中状元。历官至大理评事。

　　本年由兵部侍郎陆贽知贡举，试以《明水赋》，以"玄化无宰，至精感通"为韵，诗题则为《御沟新柳》。史称陆贽"搜罗天下文章，得士之盛，前无伦比"。

　　本科共取进士23人，陈羽、欧阳詹分居榜眼、探花之位，李观、冯宿、庾承宣、崔群、邢册、王涯、韩愈、许季同、侯继、张季友、齐孝若、李绛等名彦俊士皆列榜中，故时有"龙虎榜"之称（《新唐书·欧阳詹传》）。

殿试题 唐德宗李适

明水赋

以"玄化无宰，至精感通"为韵

御沟新柳诗

状元殿试卷 贾稜

明水^①赋

祭祀上洁，精诚克宣。伊明水之为用，谅至诚以为先。积阴^②以成符^③，嘉应^④于冥数。以鉴而取感，无私于上玄^⑤。将假以表敬，式彰乎告虔。皎皎泛月，瀼瀼^⑥降天。既禀气在阴，亦成形于夜。有无虽系于恍惚，融结宁随于冬夏。明者诚也，我则暗然^⑦而彰；水惟信焉，吾非

---

① 明水：古代祭祀所用的净水。《周礼·秋官司寇》："以鉴取明水于月。"孙诒让正义："窃意取明水，止是用鉴承露。"《新唐书·志第二·礼乐二》："凡祀，五齐之上尊，必皆实明水。"

② 积阴：谓阴气聚集。

③ 符：符应，古时以所谓天降"符瑞"，附会与人事相应，叫作"符应"，又称"瑞应"。

④ 嘉应：祥瑞。

⑤ 上玄：指上天。

⑥ 瀼（ráng）瀼：波涛开合貌。

⑦ 暗然：隐晦深远，不易为人所见。

倏尔①而化。徒观其清霄雾敛，朗月轮孤。鉴清荧②而类镜，水滴沥而疑珠。混金波③而共洁，迷玉露而全无。感而遂通，配阳燧④之为火；融而不涸，异寒冰之在壶。彼既无情，此何有待。始同方而合体，宁望远而功倍。故能佐因心⑤于霜露，均润下于江海。有形有实，徒加以强名；无臭无声，孰知其真宰⑥。是以昭其俭，洁其意。含水月之淳粹，修粢盛⑦于丰备。作玄酒⑧而礼崇，登清庙⑨之诚贵。嗤潢污⑩之野荐，陋甘醴⑪之莫致。祀事孔明，其仪既精，无朕⑫而有，不为而成。二气相临，本自蟾蜍⑬之魄；三危⑭莫比，殊非沆瀣⑮之英。至道自玄而兆，醴泉因地而生。原夫月丽于天，水习乎坎。物有时而出，故方诸而夜呈；事有朕而因，故阴灵而下感。大满若冲，其来不穷⑯。风尘莫染其真质，天地不隔

---

① 倏（shū）尔：迅疾貌。

② 清荧：明洁而又微弱的光亮。

③ 金波：指月光。

④ 阳燧（suì）：亦作"阳遂"。古代利用太阳光取火的器具，用铜制成，略像镜子。

⑤ 因心：谓亲善仁爱之心。

⑥ 真宰：天地万物的主宰者，造物。

⑦ 粢盛（zī chéng）：盛在祭器内以供祭祀的谷物。

⑧ 玄酒：古代称行祭礼时当酒用的水。

⑨ 清庙：古代帝王的宗庙。

⑩ 潢（huáng）污：停聚不流的水。

⑪ 甘醴（lǐ）：甘甜的泉水。

⑫ 无朕（zhèn）：没有征兆。朕，通"朕"，征兆，迹象。

⑬ 蟾蜍：指月。传说月中有蟾蜍，因以为月的代称。

⑭ 三危：指三危山，俗称"升雨山"，在甘肃敦煌东南，属祁连山脉。三峰耸峙，其势欲坠，故名。

⑮ 沆瀣（hàng xiè）：夜间的水气，露水。

⑯ 大满若冲，其来不穷：化用老子《道德经》"大盈若冲，其用不穷"句，意为最充盈的东西，好似是空虚一样，但是它的作用是不会穷尽的。

其幽通。况国家崇仪礿祀①，荐敬旻穹②，方欲行古道，稽淳风。客有赋明水之事，敢闻之于閟宫③。

御沟新柳

御苑阳和早，章沟柳色新。

托根偏近日，布叶乍迎春。

秀质方含翠，清阴欲庇人。

轻云度斜景，多露滴行尘。

袅袅④堪离赠，依依独望频。

王孙如可赏，攀折在芳辰。

文学常识

四时之祭：《礼记·王制》载："天子、诸侯宗庙之祭：春曰礿，夏曰禘，秋曰尝，冬曰烝。"

社稷： 古代帝王、诸侯所祭的土神和谷神。

《白虎通·社稷》："王者所以有社稷何？为天下求福报功。人非土不立，非谷不食。土地广博，不可遍敬也；五谷众多，不可一一祭也。故封土立社，示有土尊；稷，五谷之长，故立稷而祭之也。"

---

① 礿（yuè）祀：古代祭名。

② 旻穹：苍天。

③ 閟（bì）宫：神庙。

④ 袅袅：摇曳貌。

五祀： 古代祭祀的五种神祇。

《周礼·春官宗伯·大宗伯》："以血祭祭社稷、五祀、五岳。"按，即春神句芒、夏神祝融、中央后土、秋神蓐收、冬神玄冥。

牺牲： 古时祭祀用牲的通称。色纯为"牺"，体全为"牲"。

《周礼·地官司徒》："凡祭祀，共其牺牲。"

《左传·庄公十年》："牺牲玉帛，弗敢加也，必以信。"

宋庠

宋天圣二年（1024）甲子科

状元文章

宋庠（996—1066），北宋文学家。初名郊，字公序，开封雍丘（今河南杞县）人，幼居安陆（今属湖北）。与弟宋祁并有文名，时称"二宋"。二人同于天圣初举进士，庠名列第一。官兵部侍郎同平章事，谥"元宪"。文章典雅，诗多秾丽之作，著有《宋元宪集》。

殿试题 宋仁宗赵祯

德车结旌赋

以"车结旌者，昭德之美"为韵

状元殿试卷 宋庠

德车^①结旌赋

君有至德，时乘大车。当偃革以无外，仍结旌而有初。奉驾陈仪，采物虽资于备设；鸣鸾^②示礼，旂^③旒非俟于垂舒。顺考^④前经，铺闻往说。谓戎事以既息，贵君车之有结。雍容抚轼^⑤，盖藏饰以尚纯；肃穆展铃，讵垂旓^⑥而就列。盖由抑乃盛饰，昭夫令名，虽冠品于舆服^⑦，蔑扬威于旆旌^⑧。肃轸^⑨无哗，方敛藏于旂厉；驰轮有度，靡赫奕于绥缨^⑩。且夫礼有质文，器随用舍。车号乎德，则崇化于邦本；旌结其表，则示人

---

① 德车：指古代帝王所乘五路（辂）中的玉、金、象、木四路（辂）。路，车。
② 鸣鸾：鸣銮，銮声似鸾鸟之鸣，因称。
③ 旂（qí）：古时旗帜的一种，旗上画有龙形，竿头系有铜铃。
④ 顺考：谓考校古事，择善而行。
⑤ 轼：古时设在车厢前面供人凭倚的横木，形如半框，有三面。
⑥ 旓（shāo）：旌旗下边悬垂的饰物。
⑦ 舆服：车舆冠服和各种仪仗。古代车子和衣冠都有定式，以表尊卑等级。
⑧ 旆（pèi）旌：亦作"旆旌"，泛指旗帜。旆，古时旗末状如燕尾的垂旒。
⑨ 轸（zhěn）：车厢底部四面的横木。
⑩ 绥缨：古代冠带在领下打结后的下垂部分。缨，系在领下的冠带。

于天下。意自象见，名非人假。君轩弭节^①，孰讶乎卷而怀之；国乘^②制容，益显乎素为贵者。是知车之用兮，充德以成大；旌之饰兮，辅威而孔昭。既武怒之不作，信军容而外销。组辔^③启行，陋邦旄^④之子子^⑤；错衡^⑥遵路，殊风旆之摇摇。若然则动有彝仪^⑦，文无异色。虽严驾以备物，终去华而表德。故使礼典攸言而戾止^⑧，殊幅裂^⑨以藏之。升降惟寅^⑩，仅比非心之屋；章明尽屏，宁同止猎之绥。大矣哉！邦礼是崇，帝仪资始。实务德以垂教，必收旌而昭理。宜乎国容备而兵器销，率由兹而尽矣。

---

① 弭节：节，车行的节度。按节缓行，后泛指驾车或停车。

② 国乘：国史。

③ 组辔（pèi）：辔绳。

④ 邦旄（máo）：邦国的旗帜。旄，古时旗杆头上用牦牛尾做的装饰，因即指有这种装饰的旗。

⑤ 子子：特出貌。

⑥ 错衡：以金涂饰成文采的车辕横木。

⑦ 彝仪：常礼，一定的仪式。

⑧ 戾止：同"莅止"，来临。

⑨ 幅裂：谓如布幅的撕裂。

⑩ 寅：敬。

黄 裳

宋元丰五年（1082）壬戌科

黄裳（1044—1130），字冕仲，一作勉仲，号演山，又号紫玄翁，南剑州（今福建南平）人。熙宁末年，权澶州州学教授。元丰五年（1082）壬戌科殿试，宋神宗以礼、法为问，黄裳以"礼以义起，法以时行"，"以义起礼，以法趋时"为对，举进士第一。

元丰六年（1083）为太常博士。元祐元年（1086）为大宗正丞，六年（1091）为集贤校理。绍圣四年（1097）试兵部侍郎，元符二年（1099）兼吏部侍郎。崇宁中历知青、颍、郓州。政和三年（1113）以龙图阁学士知福州，再任。累迁端明殿学士、礼部尚书。建炎四年（1130）卒，年八十七。著有《演山集》。

殿试策问 宋神宗赵顼

问：礼所以辨上下，法所以定民志。三王①之时，制度大备，朝聘②、乡射③、燕享④、祭祀、冠婚⑤之义，隆杀⑥、文质⑦、高下、广狭、多少之数，至于尺寸铢黍⑧，一有宜称。

贵不以偪⑨，贱不敢逾，所以别嫌明微，释回增美⑩。制治于未乱，止邪于未形。上自朝廷，下逮闾里⑪，恭敬樽节⑫，欢欣交通⑬，人用不逾，国以无事。降及后世，陵夷⑭衰微，秦汉以来无足称者。庶人处侯

---

① 三王：指夏禹、商汤、周文王；一说夏禹、商汤和周代文王、武王。

② 朝聘：古代诸侯定期朝见天子。《礼记·王制》："诸侯之于天子也，比年一小聘，三年一大聘，五年一朝。"郑玄注："比年，每岁也。小聘，使大夫；大聘，使卿；朝，则君自行。谓周制侯服一年一朝，甸服二年，余递加一年。"又春秋时诸侯朝见霸主也称"朝聘"。

③ 乡射：古代射箭饮酒的礼仪。乡射有二：一是州长春秋于州序（州的学校）以礼会民习射，一是乡大夫于三年大比贡士之后，乡大夫、乡老与乡人习射。

④ 燕享：亦作"宴飨"，古代帝王饮宴群臣或国宾。

⑤ 冠婚：行加冠、结婚礼。

⑥ 隆杀：隆重和简省。《荀子·乐论》："贵贱明，隆杀辨，和乐而不流。"

⑦ 文质：中国古代美学思想，文采与实质、形式美与内容美的统一。

⑧ 铢黍（zhū shǔ）：古代的重量单位。说法不一：（1）《汉书·律历志上》："一龠容千二百黍，重十二铢。"故一铢重一百黍。（2）《说苑·辨物》："十六黍为一豆，六豆为一铢。"故一铢重九十六黍。

⑨ 偪（bī）：通"逼"，逼迫、强迫。

⑩ 释回增美：去除邪僻，增加美善。

⑪ 闾（lú）里：乡里，民间。

⑫ 樽节：抑止，约束。樽，通"撙"。

⑬ 交通：彼此相通。

⑭ 陵夷：亦作"凌夷"，坡度渐缓，引申为衰颓。

宅，诸侯乘牛车，贫以不足而废礼，富以有余而僭^①上，宫室之度，器服之用，冠婚之义，祭享之节，率皆纷乱苟简，无复防范，先王之迹因以熄焉。

《传》曰："礼虽未之有，可以义起也。"而后之学者，多以谓非圣人莫能制作。呜呼！道之不行也久矣，斯文之不作也亦已久矣。抑将恣其废而莫之救欤，将因今之才而起之也？

状元殿试卷 黄裳

臣闻致道则求诸人，以人者善之所在也。及其行道也，不可以求人，惟人求道。置法则从诸人，以人者情之所在也。及其行法也，不可以从人，惟人从法。圣人之为天下，合众善以为道，合群情以为法。其为教也，则宜民下无异习；其为政也，则宜臣下无异说。若夫蠡管之见^②，涓埃^③之善，奚足以致哉！圣人以为物态有新故，民情有好斁^④，俗有盛衰，时有彼此，事有变常，道有升降，法有损益。以道应时，以法制俗。当与万物之理相得于无穷，则夫善之所在，未可以废也；当与万物之变相适于无常，则夫情之所在，未可以废也。陛下所以三岁一诏，旁集天下之士，亲降圣问，而使一介草莱^⑤，类得发其涓埃之情，以助太山之崇高，沧溟之深远。如臣之愚，何足以与此！

---

① 僭（jiàn）：超越本分。旧指下级冒用上级的名义、礼仪或器物。
② 蠡（lí）管之见：比喻所见狭小，见识短浅。蠡，瓢。
③ 涓（juān）埃：涓，细流；埃，轻尘。比喻微末细小。
④ 好斁（yì）：喜好和厌弃。
⑤ 草莱：在野的，未出仕的。

然而，臣闻大道之世，货恶其弃于地也，不必藏于己，则俗之于物轻矣；力恶其不出于身也，不必为己，则俗之于我轻矣。不以我累道，不以物累我。天叙①之中，夫妇之情，父子之性，君臣之义，兄弟之序，所谓有物者也。天秩②之中，父厚于义而薄于仁，母厚于仁而薄于义，君无为而尊，臣有为而累，所谓有则者也。方是之时，上下之分乌用辨哉！不必持衡与之为轻重，而人自以为平；不必探筹③与之为得失，而人自以为公。其正不必规矩而天与之为方圆，其信不必符契④而天与之为取与。方是之时，上下之志乌用定哉！以故天之象，地之器，鸟兽之文，土地之宜，未有仰观而俯察者，则象与器，其孰制而用哉？法无所始，亦无所成；礼无所益，亦无所损。道之下降，在乎众器之间而已。人能轻物与我，而相与为天游，未有过礼而逾，不及礼而偏者，圣人盖未有患也。

　　然而，污尊而饮，捭⑤豚而食，遂以为礼；搏土为桴⑥，筑土为鼓，遂以为乐。营窟橧巢⑦，羽皮毛血，圣人恶其鄙野太甚，贵贱之分，长幼之序，饮食居处，几与鸟兽草木无以异焉。以故圣人作为礼法以乂其实。营窟橧巢未利于居也，为之台榭⑧宫室；草木血毛未利乎食也，为之炮燔烹炙⑨；羽皮未利于服也，为之丝麻布帛；污尊抔⑩饮未利于饮也，

---

① 天叙：天然的次第、等级。
② 天秩：上天规定的品秩等级，礼法制度。
③ 探筹：计较，算计。
④ 符契：凭证。
⑤ 捭：通"擘"，分开。
⑥ 桴（fú）：同"枹"，鼓槌。
⑦ 橧（zēng）巢：聚集柴薪造成的巢形居处。
⑧ 台榭：泛指楼台等建筑物。榭，建在高土台上的敞屋。
⑨ 炮燔（fán）烹炙：炮，一种烹饪法，把鱼、肉等物用油在旺火上急炒。燔，焚烧、烧烤。烹，烧煮食物。炙，一种烹饪法，烤。
⑩ 抔（póu）：用双手捧。

为之范金合土①。网罟②之利佃③渔，耒耜④之利稼穑⑤，刳剡⑥之利于川，服乘之利于涂⑦，弧矢⑧之利御寇，击析之利待暴，利用之法详于此矣。然后制礼之文，施于饱食逸居之时，使远于禽兽。朝聘之礼，所以和君臣；冠婚之礼，所以正男女；祭祀之礼，所以交鬼神。为之射礼以观其志体，为之乡礼以辨其齿位⑨。合其欢也为之燕礼，致其钦也为之享礼。

虽然，昔时鄙野之风，稍趋于文，而文之弊，使人役有涯之生，随无穷之情，忘不可乱之分，徇不可必之物，其性失中，其心失性。以菲废礼也偏，以美没礼也僭，遂丧天礼之自尔者。性命之情，日入于衰薄，有如横流之冲，失其大防，汗漫⑩而难制。是以朝聘之礼，不足以和君臣；冠婚之礼，不足以正男女；祭祀之礼，不足以交鬼神；射乡之礼，不足以仁州乡；食飨⑪之礼，不足以乐宾客。

然则，礼之数岂可废哉？有数而无义，则其制礼也不足以因情⑫；有义而无数，则其制礼也不足以定分。"朝聘、乡射、燕飨、祭祀、冠婚之义，高下、隆杀、文质、广狭、多少之数"，所以见于圣问。而臣

---

① 范金合土：用模子浇铸金属、和泥，多用兴建宫室。

② 罟（gǔ）：网的总名。

③ 佃（diàn）：旧时农民向地主或官府租种土地。

④ 耒耜（lěi sì）：古代耕地翻土的农具。耜是直接作用于土壤的铲状部件，也有用骨、石制作的，耒是扶持耜的把柄。

⑤ 稼穑（sè）：播种曰稼，收获曰穑，泛指农业劳动。《尚书·无逸》："厥父母勤劳稼穑，厥子乃不知稼穑之艰难。"

⑥ 刳剡（kū yǎn）：营造舟楫。语本《周易·系辞下》："刳木为舟，剡木为楫。"

⑦ 涂：通"途"，道路。

⑧ 弧矢：弓和箭。《周易·系辞下》："弦木为弧，剡木为矢。弧矢之利，以威天下。"

⑨ 齿位：按年龄大小定宴会的席次。

⑩ 汗漫：漫无边际，漫无标准。

⑪ 飨（xiǎng）：用酒食款待人。

⑫ 因情：利用情况。

以为，礼法之行，自圣与贵者始。贤者，先王以率愚；贵者，先王以率贱者也。数度存焉。其在宫室也，庙各有数，堂各有尺；其在衣服也，冕各有章，旒各有寸；其在车旗也，常①各有斿，车各有乘；其在器皿②也，所食之豆③，所献之爵④。其数有多寡，其用有贵贱。

虽然，礼数之于天下，岂特进其不及之才，敛其不平之气，以就绳约⑤，然后以为得哉！有以多为贵者，以文为贵者，以大为贵者，以高为贵者，以其外心者也。有以少为贵者，以质为贵者，以小为贵者，以下为贵者，以其内心者也，内之为尊，外之为乐，少之为贵，多之为美。是故先王之礼不可多也，故常不丰；不可寡也，故常不杀。惟其称而已。

天下之人顾其教则谨其分，明其义则进其德，此其所以致治⑥于未乱，止邪于未形欤？不然。而礼之近者适人之情，礼之远者，明德而反本。刍豢⑦稻粱，庶羞⑧酸碱，以养其口；椒兰⑨芳苾⑩，以养其鼻；雕琢

---

① 常：古旗帜名。

② 器皿（mǐn）：盛食品的用具。

③ 豆：中国古代食器。形似高足盘，或有盖，用以盛食物。

④ 爵：中国古代酒器。青铜制，有流、柱、鋬和三足，用以温酒和盛酒，盛行于殷商时期和西周初期。

⑤ 绳约：绳索。亦比喻拘束，约束。

⑥ 致治：使国家在政治上安定清平。

⑦ 刍豢（chú huàn）：泛指家畜。《孟子·告子上》："故理义之悦我心，犹刍豢之悦我口。"朱熹注："草食曰刍，牛羊是也；谷食曰豢，犬豕是也。"

⑧ 庶羞：多种美肴。

⑨ 椒兰：椒与兰，均为芳香之物。

⑩ 芳苾（bì）：芬芳。

刻镂，黼黻①文章，以养其目；钟鼓管磬②，琴瑟③笙竽④，以养其耳；疏房安车⑤，越席⑥床笫，以养其体。此适其情者也。圣人以此救上古之鄙野，不能使后世无文之弊。目之于色，耳之于声，鼻之于臭，口之于味，四肢之于安佚⑦，未有能克己复礼以为仁焉，则礼之近者，适足使人流而为淫泰⑧，乘而为诈伪耳。山蒸之僭，浣濯⑨之陋，岂可废哉！是故圣人之制礼也，酒醴之美，而玄酒明水之尚；黼黻文章之美，而疏布之尚；莞簟⑩之美，而蒲越稿鞂⑪之尚；丹漆雕镂之美，而素车⑫之尚。是故礼虽道德之下，及忠信之薄，而道德忠信所以不丧者，礼实明之也。礼之近者，适人之情，而人情之适未常放者。礼之所尚，不在乎美者而已。

二帝三代，以法趋时，以义起礼，不能有异于此，特其详略未可

---

① 黼黻（fú）：古代礼服上所绣的花纹。黼，黑白相间，作斧形，刃白身黑；黻，黑青相间，作亞形。

② 磬（qìng）：击奏体鸣乐器，"八音"分类中"石"的代表乐器。

③ 琴瑟：琴，拨奏弦鸣乐器，"八音"分类中"丝"的代表乐器。历史悠久，故亦称"古琴"。有7根弦，故亦称"七弦琴"。瑟，拨奏弦鸣乐器，"八音"属"丝"。发音原理同筝，通常有25根弦。

④ 笙（shēng）竽：笙，最早使用自由簧的乐器，"八音"分类中"匏"的代表乐器。下端有簧片的若干笙管插于笙斗（用瓠、木或铜制成）而构成。竽，吹奏乐器，"八音"属"匏"。发音原埋与笙同，形似笙而较大，管数亦较多。

⑤ 疏房安车：敞亮的房间和安逸舒适的小车。安车，古代一种小车，因可坐乘，故名。

⑥ 越席：用蒲草编织的席。

⑦ 安佚：同"安逸"，舒服，闲适。

⑧ 淫泰：亦作"淫太""淫汰"，骄侈过度。

⑨ 浣濯：洗涤。

⑩ 莞簟（guān diàn）：蒲席与竹席。

⑪ 蒲越稿鞂（gǎo wà）：用蒲草编的席子和用草做的袜子。稿，通"稿"，草。鞂，同"袜"。

⑫ 素车：古代帝王居丧时所乘的车子，以白土涂刷，白色的麻和缯为饰。后亦泛指有凶、丧之事时用的车子。

同耳。故臣尝言，道无常也，未始有弊焉，必有升降者，礼法为之也；时无止也，未始有弊焉，或有彼此者，习俗为之也。继道以致用者，善也；制善以致治者，法也。异法者，彼此之时；异时者，盛衰之俗；异俗者，新故之物。物之新故，俗之盛衰，未始有常也。则以法趋时，以义起礼，岂有一定之论哉！是故圣人之在下者，或清或和，以矫一时之俗，而救其弊焉，则有三子之行。圣人之在上者，或损或益，以应一时之俗，则救其弊焉，则有三王之礼。然而道失而后德，则二帝之趋时也，致隆于德，未能以为皇；德失而后仁，仁失而后义，义失而后礼，则三代之趋时也，致隆于业，未能以为帝。道也，德也，业也，皆圣人所能有者也，其用之异者，以制俗异之也。皇也，帝也，王也，皆圣人所能为者也，其名之异者，以应时异之也。

臣谓有成与亏者，法也；无成与亏者，道也。无成与亏之中，注之不盈，酌之不竭，万法之造，费之弥多，资之愈有。唐而后成，周而后备，于形色名声，不可以为量数。若夫制于礼者为之，非特①不可以致治也，必待数百岁，其智足以相备者而后全。若夫休道者，虑后而致隆，则尧之所成，周之所备，伏羲旦暮而陈之，奚必俟唐与周哉！臣谓时之所缓，圣人不以为急，俗之所恶，圣人不以为好。是故五帝而上，其书谓之《三坟》②，言大道也。二帝而下，其书谓之《二典》③，言常道也。然而常道之用，又其大道之降者欤？不然。而忠质之过也，周以极盛之文而救之，盖自夏商之末，仁义失尽矣，则周之所以救其弊者，其有礼欤？尽仁之数以制礼，尽礼之数以制法，辨等之仪，教节之度，

---

① 非特：不仅，不只。
② 《三坟》：相传为古书名。今存《三坟书》，分山坟、气坟、形坟，以《连山》为伏羲作，《归藏》为神农作，《乾坤》为黄帝作，各衍为六十四卦，系之以传，且杂以《河图》，实系宋人伪造。
③ 《二典》：《尚书》的《尧典》《舜典》。

尤详于二代，则大道之降者，未足以为怪也。后世之难治，惟其物我大重。我重而逾，物重而偪，无穷之欲，不测之变，不可以略制也。行法之吏，至于三百六十而后已，岂其好详哉！礼以义起，法以时行而已。

臣观三代之盛，忠质文之不同道，服器官之不同法，相沿以情，相革以迹。朝聘之勤，燕享之欢，祭礼之诚，婚姻之好，欢然有恩以相爱，粲然有文以相接。彰之以车服，扬之以声音，光之以诗书，明之以藻色。其犹一元^①之散，遂华万物而为春软。和气之中，声色万类，飞者翔，走者伏，潜者跃，并行而不相悖，并育而不相害，莫知为之者。三皇之世，未著于德义，其犹一元之含万物软，二帝之喻则向乎春矣。陛下体道在上，造化群材，因革庶政，教令刑禁，下行上施，其犹天道之运四时软。作者使复，枯者使荣，则春之风雷；散者使敛，华者使实，则秋之霜露。将与有生之类，还淳反一，而为太古之游，固陛下之志也。若夫宫室之度，器服之用，冠婚之义，祭飨之节，率皆纷乱苟简，未复三代之遗法，岂可望哉！念此宜圣策之所及也。

臣闻不能以礼趋时，则其为法也无功；不能以义起礼，则其为法也无道。礼乐之情同，明王以相沿知礼有所因，三王异世不相袭礼，则礼有损益。商因于夏，礼所损益可知也，损其文而益之以质故也；周因于商，礼所损益可知也，损其质而益之以文故也。其或继周者，虽百世可知也。文弊则质救之，质弊则文救之，文质相代而趋于中，盖虽百世不能易也。伪者文之过，野者质之过，继文之过必过于质而救之，此孔子所以欲从先进软！时也，惟夏之从；车也，惟商之从；服也，惟周之从；乐也，惟舜之从。郑声^②之淫，非所可欲者也。文弊之俗，皆溺于此乐，则惟舜之从，然后郑声可以放焉。

---

① 一元：宇宙混沌未开的原始状态和天地万物的本原。
② 郑声：指"郑卫之音"，春秋战国时郑、卫两国的民间音乐。

自秦继周，礼之情不能有所因，乃滋法令以酷天下，礼之文不能有所损，乃极奢侈以穷其欲。不能以智出义，以义明德，不能以仁出礼，以礼明分。苟以徒法而制天下，礼之近者又从而充之，古远而难行者类弃而不为，遂使天下之俗，流而为淫泰，乘而为诈伪①。淫为郑声，殆为佞人②，则其制天下也，适足以为乱焉。岂能辨上下、定民志，使恭敬樽节、欢欣交通以戴其上哉！若夫诸侯乘牛车，庶人处侯宅，贫以不给而废礼，富以有余而僭上，宫室之度，器服之用，冠婚之义，祭享之节，率皆纷乱苟简，未足以为怪也。汉文帝③好道家之学，以为繁礼饰貌，无益于治，皆罢去之，专务④朴素。然而文帝岂能鉴周之弊而致然哉！会其所好，适近圣人继周之意。故其屋壁得为帝服⑤，倡优⑥得为后饰⑦，卖僮婢妾，富人大贾⑧皆得以上僭，莫之制焉，斯亦文帝不能以义起礼之过也。呜呼！文帝畏甚高论，而释之与言秦汉间事而已。唐太宗好三代之

① 诈伪：欺诈虚伪。
② 佞（nìng）人：巧言献媚的人。
③ 汉文帝（前203—前157）：刘恒，西汉皇帝，汉高祖之子。前180—前157年在位。吕后死后，周勃等平定诸吕之乱，他以代王入继皇帝。后世史家将其与景帝统治时期并举，称为"文景之治"。
④ 专务：专心致力。
⑤ 帝服：天帝或天子的服饰。此句指汉文帝的服饰选取周代房屋墙壁纹饰为图案来设计。
⑥ 倡优：古代以乐舞、戏谑为业的艺人。《汉书·灌夫传》："所爱倡优、巧匠之属。"颜师古注："倡，乐人也；优，谐戏者也。"古本有别，后常合称。
⑦ 后饰：皇后的饰品。
⑧ 大贾（gǔ）：大商人。

礼乐，房杜①不能对者，故其为礼也，沿秦故以为汉，沿隋故以为唐，其治卒愧乎三代，而使三代本数末度，寂寥数千载间，未有能振之者，可胜惜哉！陛下慨然有志于此，将欲贫者不至于废礼，富者不至于犯义，文不至于野，趋乎文质之中，非特天下后世受其赐也，斯文不亦幸乎！

臣闻有其德而无其位，不敢作礼乐焉，为其无行礼乐之权也；有其位而无其德，不敢作礼乐焉，为其无立礼乐之道也。而今陛下尊为天子，有其权矣；德为圣人，有其道矣。何惮而不为！然而不能因俗则礼失人，不能制俗则人失礼。礼失人也，无情；人失礼也，无分。陛下以义起礼，而臣言其所以因俗，所以制俗而已。寒暖燥湿异气，刚柔轻重异齐，器械②异制，衣服异宜，饮食异和，此天理之所异者，俗之所宜，先王之所因。析言破律③，乱名④左道⑤，淫声异服，奇技奸色，行伪而坚，言伪而辨，学非而博，顺非而泽，有疑于众，圭璧金璋⑥，锦文珠玉，或不中度，或不中幅，或不中量，或不中仪，有行于市，此人伪之所异者，俗之所病，先王之禁。因其所宜，而弗禁其所异。天下之人，

---

① 房杜：指房玄龄、杜如晦。房玄龄（579—648）：唐初大臣。字乔（一说名乔，字玄龄），齐州临淄（今山东淄博）人。隋末举进士，任隰城尉。唐兵入关中，归李世民，任秦王府记室。协助李世民筹谋大事，取得帝位。贞观元年（627）为中书令。后任尚书左仆射，监修国史。与杜如晦、魏征等同为唐太宗的重要助手，后封梁国公。杜如晦（585—630）：唐初大臣。字克明，京兆杜陵（今陕西西安东南）人。少聪悟，好谈文史。隋末任滏阳县尉。唐兵入关中，助李世民筹谋，临机善断，任天策府从事中郎，兼文学馆学士。武德九年（626），参与玄武门之变，助世民夺取帝位。太宗时，累官至尚书右仆射，与房玄龄共掌朝政，引拔人才，制定各种典章制度。史称"玄龄善谋，如晦善断"，言良相则必曰"房杜"。
② 器械：武器。
③ 析言破律：巧说诡辩，曲解律令。
④ 乱名：混淆名称。
⑤ 左道：邪道。《礼记·王制》："执左道以乱政，杀。"郑玄注："左道，若巫蛊及俗禁。"
⑥ 圭璧金璋：古代王侯朝聘、祭祀时所用的贵重玉器。

心与物化，志逐利往。譬如新生之犊，猖狂而趋，未知其所向，则虽以义明法，以数定分，敛其放肆，以就绳约，亦已劳矣。是故大司徒①施十有二教，所以因俗者一，所以制俗者四。太宰②以八则治都鄙③。以礼驭其民，则其制俗者也；以俗驭其民，则其因俗者也。盖惟圣人以道出法，以德制行，然后能为因俗而与之同，能为制俗而与之异。其因俗而与之同也，则能使之欢欣交通；其制俗而与之异也，则能使之恭敬樽节。礼之远者，使之知所尚焉，则能明德反本而不溺于忠信之薄，道德之下衰，三代之礼可得而终始也。此臣之计也。

文学常识

加冠：古代男子二十岁行冠礼，表示成年。《说苑·修文》："君子始冠，必祝成礼，加冠以厉其心。"因以指二十岁。宋濂《送东阳马生序》："既加冠，益慕圣贤之道。"

① 大司徒：官名。（1）相传为周天子执政三官之一。（2）春秋、战国置。宋国为六卿之一，执国政。（3）《周礼》六卿之一，为地官之长。西魏末、北周仿《周礼》建六官，复置。亦称"大司徒卿"。（4）汉代为三公之一。汉哀帝时罢丞相，置大司徒，与大司马、大司空，并称"三公"。东汉时称"司徒"。历代因之。（5）明、清户部尚书别称。

② 太宰：官名。（1）亦作"大宰"，简称"宰"。商置，为掌王室家务之总管。西周、春秋王室及诸国皆置，为执掌国政的主要大臣。（2）西晋因避晋景帝司马师讳，改太师为"太宰"，与太傅、太保为上公，位在三公之上，执掌朝政。权位甚重，不常置，一品。东晋、南朝沿置，多用于安置元老勋臣，位尊而无职掌。北魏、北齐在太师、太傅、太保之上别置太宰，一品。（3）北宋政和二年（1112）改尚书左仆射置，兼门下侍郎，行宰相职权。（4）吏部尚书别称。吏部侍郎则称"少宰"。

③ 都鄙：周公卿、大夫、王子弟的采邑、封地。

六礼：中国古代婚姻成立的六道手续。其名目见于《礼记·昏义》，具体内容见于《仪礼·士昏礼》。包括：（1）纳采，男方家请媒人去女方家提亲；（2）问名，男方家请媒人问女方的名字与出生年月日；（3）纳吉，男方家将女方情况进行占卜，得吉兆后，备礼通知女方家，决定缔结婚姻；（4）纳征，亦称"纳币"，男方家以聘礼送给女方家，女方一接受聘礼，婚姻即告订立；（5）请期，男方家择定婚期，备礼告女方家，求其同意；（6）亲迎，新郎亲至女方家迎娶。六礼始于西周。历代法典都有类似规定。后世缔结婚姻时，男方付给女方一定的财物作为"聘财"，就渊源于六礼中的纳采与纳征。

《尚书》：亦称《书》《书经》。儒家经典。"尚"即"上"，上代以来之书，故名。中国上古关于尧、舜和夏、商、周至秦穆公的历史文件和部分追述古代事迹著作的汇编。相传由孔子编选而成，事实上有些篇如《尧典》《皋陶谟》《禹贡》《洪范》等是后来儒家补充进去的。西汉初存二十八篇，即《今文尚书》。另有相传汉武帝时在孔子住宅壁中发现的《古文尚书》和东晋梅赜所献的伪《古文尚书》两种。

王十朋

宋绍兴二十七年（1157）丁丑科

王十朋（1112—1171），南宋温州乐清（今属浙江）人，字龟龄，号梅溪。初在梅溪乡间讲学。秦桧死后应试，绍兴二十七年（1157）进士第一。任秘书郎、侍御史等职。屡建议整顿朝政，力图恢复。孝宗立，力陈恢复大计，历官国史院编修、起居舍人、侍御史等。隆兴元年（1163），张浚北伐失利，主和派非议纷起。他上疏称恢复大业不能以一败而动摇，未被采纳。出知饶、湖等州，救灾除弊，颇有治绩。官至龙图阁学士。著有《梅溪集》。

殿试策问 宋高宗赵构

问：盖闻监于先王成宪，其永无愆①。遵先王之法而过者，未之有也。仰惟祖宗以来，立纲陈纪，百度著明，细大毕举，皆列圣相授之谟②，为万世不刊之典。朕缵绍③丕图④，恪守⑤洪业，凡一号令一施为，靡不稽⑥诸故实，惟祖宗成法是宪是若。然画一之禁，赏刑之具，犹昔也，而奸弊未尽革；赋敛之制，经常之度，犹昔也，而财用未甚裕；取士之科，作成之法，犹昔也，而人才尚未盛；黜陟之典，训迪之方⑦，犹昔也，而官师或未励。其咎安在？岂道虽久而不渝，法有时而或弊，损益之宜有不可已耶？抑推而行之者非其人耶？朕欲参稽典册之训，讲明推行之要，俾祖宗之治复见于今，其必有道。

子大夫学古入官，明于治道，蕴蓄以待问久矣。详著于篇，朕将亲览。

---

① 愆（qiān）：过失，罪咎。
② 谟（mó）：计谋，谋略。
③ 缵（zuǎn）绍：继承，承袭。
④ 丕图：犹大业，宏图。
⑤ 恪（kè）守：恭谨遵守。
⑥ 稽：考核，计数。
⑦ 训迪之方：教诲开导的方法。

状元殿试卷 王十朋

　　臣对：臣闻有家法，有天下法。人臣以家法为一家之法，人君以家法为天下之法。人君之与人臣，虽名分^①不同，而法有大小之异。至于能世守其法者，则皆曰"权"而已。人臣能执一家之权，守一家之法，以示其子孙，则必世为名家；人君能执天下之权，守其家法以为天下法，贻厥^②子孙而施诸罔极^③，则必世为有道之国。盖法者，治家治天下之大具^④；而权者，又持法之要术也。今陛下亲屈至尊，廷集多士，访治道于清问之中。首以监于先王成宪，恪守祖宗之法为言，是则陛下欲守家法以为天下法者，固已得之矣。臣获以一介草茅^⑤与子大夫之列，仰承圣诏，其敢不展尽底蕴，茂明大对，以为陛下遵祖宗守成^⑥法之献耶？臣之所欲言者无他焉，亦曰揽权而已。

　　尝谓君者，天也。天之所以为天者，以其聪明刚健，司庆赏刑威之权而不昧^⑦也；君之所以为君者，以其能宪天^⑧聪明，体天刚健，司庆赏刑威之权而不下移也。天执天之权而为天，君执君之权而为君，故天与君，同称大于域中，而君之名号，必以天配。以天道而王天下也，则谓

---

① 名分：名位及其应守的职分。
② 贻厥（yí jué）：亦作"诒厥"。厥，犹其。《尚书·五子之歌》："有典有则，贻厥子孙。"《诗经·大雅·文王有声》："诒厥孙谋，以燕翼子。"后以"贻厥"为子孙的代称。
③ 罔极：无穷，久远。
④ 大具：重要的方法。
⑤ 草茅：在野未出仕的人，平民。
⑥ 守成：保持已有的成就和业绩。
⑦ 不昧：不湮灭。
⑧ 宪天：旧时上诉案件，希望上一级官员能平反冤情，称之为"宪天"。

之"天王"；以天德而子兆民也，则谓之"天子"；居九五^①正中之位，则谓之"天位"；享万寿无疆之禄，则谓之"天禄"；五服^②五章^③者，谓之"天命"；五刑^④五用^⑤者，谓之"天讨"；就之如日者，谓之"天表"；畏之如神者，谓之"天威"。居曰"天阙"，器曰"天仗"，法曰"天宪"，诏曰"天语"。天之大不可以有加，君之大亦不可以有加者，以其咸能司域中之权而已矣。恭惟陛下，蕴聪明之德，体刚健之资，躬亲听断，动法祖宗。一诏令之下，而万民莫不鼓舞者，如天之雷风；一德泽之布，而万民莫不涵泳^⑥者，如天之雨露；开众正之路，杜^⑦群枉^⑧之门，而万民莫不悦服者，如天之清明；为政日新，日日新，又日新，而万民莫不拭目以观者，如天之运行而不息。巍巍乎！荡荡乎！固不可以有加矣！而臣犹以法天揽权为言者，盖陛下之德，虽不可以有加，而臣子之心，每以有加无已而望陛下，此臣所以昧死尽言而不知讳也。

---

① 九五：《易经》中的卦爻位名。九，阳爻；五，第五爻。《周易·乾卦》："九五，飞龙在天，利见大人。"孔颖达疏："言九五阳气盛至于天，故飞龙在天……犹若圣人有龙德，飞腾而居天位。"后以"九五"指帝位。

② 五服：古代的五等服式。《尚书·皋陶谟》："天命有德，五服五章哉。"孔传："五服：天子、诸侯、卿、大夫、上之服也。"

③ 五章：谓服装上五种不同的文采，用以区分尊卑。《尚书·皋陶谟》："天命有德，五服五章哉。"孔传："五服：天子、诸侯、卿、大夫、士之服也。尊卑采章各异，所以命有德。"

④ 五刑：中国古代的五种刑罚。最早见于《尚书·舜典》："流宥五刑。"早期五刑的具体名称，见于《尚书·吕刑》的为墨、劓（yì）、剕（fèi）、宫、大辟；见于《周礼·秋官司寇》的为墨、劓、宫、刖（yuè）、杀。自商周时起即已实行，后略有变化，屡加更定。隋代至清代改为笞、杖、徒、流、死，是为后期五刑。

⑤ 五用：施用于五种不同的人。

⑥ 涵泳：浸润，沉浸。

⑦ 杜：堵塞，断绝。

⑧ 群枉：众奸邪。

臣伏读圣策，首以监于先王成宪，其永无愆，遵先王之法而过者，未之有为言；次及于祖宗立纲陈纪，列圣相授之道；又次以今日奉行，而不能无四者之弊为问。臣有以见陛下知致治之道在乎守成宪、遵祖宗，欲革今日之弊也。臣窃谓陛下能揽威福之权，率自己出，则成宪有不难守，祖宗有不难法，时弊有不难革，天下有不难治。凡所以策臣者，皆不足为陛下忧矣。不然，陛下虽勤勤①问之，臣虽诹诹②诵之，无益也。臣观自古善言治之人，未尝不以揽权为先。自古善致治之君，亦未尝不以揽权为先。惟辟③作福，惟辟作威，惟辟玉食，臣无有作福、作威、玉食者，箕子④告武王之言也；天下有道，礼乐征伐自天子出，至于无道，则自诸侯大夫出者，孔子垂戒⑤后世之言也；谓庆赏刑威曰君，君能制命为义者，左氏⑥记时人之言也；谓堂陛⑦不可以相陵⑧，首足不可以相反者，贾谊告文帝之言也。此臣所谓善言治之人，未尝不以揽权为先也。三皇官天下者，揽福威之权以官之也；五帝家天下者，揽福威之权以家之也；三王计安天下，而历年长且久者，揽福威之权以安之也。汉宣帝善法祖宗之君也。然其所以能守祖宗之法，致中兴之业者，无他

---

① 勤勤：诚恳。

② 诹（náo）诹：争辩声。

③ 辟：国君。

④ 箕子：商代贵族，名胥余。纣王叔父，一说庶兄。官太师，封于箕（今山西太谷东）。见纣王淫乱暴虐，屡次劝谏。纣王不听，将其囚禁。周武王灭商后被释放。

⑤ 垂戒：垂示警戒。

⑥ 左氏：左丘明，春秋时史学家。鲁国人，一说复姓左丘，名明；一说单姓左，名丘明。双目失明，曾任鲁太史，或为讲诵历史及传说的史官。与孔子同时，或谓在其前。相传曾著《左传》，又传《国语》亦出其手。

⑦ 堂陛：厅堂和台阶，亦指官内，此处指君臣。

⑧ 相陵：谓相互侵扰。

焉，以其能革霍光①专政之弊，躬揽福威之权而已。观其综核名实，信赏必罚，斋居决事，听断惟精，而神爵、五凤②之治，号为吏称民安，功光祖宗，业垂后裔者，盖本乎此也。光武亦善法祖宗之君也。然其所以能守祖宗之法，建中兴之功者，无他焉，以其能鉴西京不竞之祸③，躬揽福威之权而已。观其总揽权纲，明慎政体，退功臣而进文吏，戢④弓矢而散马牛。建武⑤之政，号为止戈之武，系隆我汉，同符高祖者，盖本乎此也。唐明皇善法祖宗之君也。然其所以能守祖宗之法，致开元之治者，以其能革前朝权戚干政之弊，躬揽福威之权而已。初，明皇锐于求治，姚崇⑥设十事以要说之，其大概则劝其揽权也。帝自谓能行，由是励精为治，责成于下而权归于上矣。宪宗亦善法祖宗之君也。然其所以能守祖宗之法，致元和之治者，以其能惩前日沾沾小人窃柄⑦之弊，躬揽福威之

---

① 霍光（？—前68）：西汉大臣。字子孟，河东平阳（今山西临汾市西南）人。汉武帝时，为奉车都尉、光禄大夫，出入宫廷二十余年，得汉武帝信重。汉昭帝年幼即位，他与金日磾、上官桀等同受武帝遗诏辅政，任大司马大将军，封"博陆侯"。昭帝死后，迎立昌邑王刘贺为帝，旋即废，又迎立汉宣帝。前后执政凡二十年，轻徭薄赋，有助于生产发展。其子孙、女婿皆为大官，显赫一时。死后，以其妻谋害汉宣帝的许皇后事发，被族诛。

② 神爵、五凤：均为汉宣帝年号。神爵（前61—前58），五凤（前57—前54）。

③ 西京不竞之祸：指西汉末年王莽代汉称帝，进行复古改制，酿成大乱之事。

④ 戢：收藏。

⑤ 建武：指汉光武帝年号（25—56）。

⑥ 姚崇（650—721）：唐代大臣。本名元崇，字元之，后改名崇，陕州硖石（今河南三门峡市陕州区东南）人。历任武则天、唐睿宗、唐玄宗时期宰相。睿宗时，因奏请太平公主出居东都，以削弱其权力，被贬职。开元初复相，奏请禁止宦官、贵戚干预朝政，禁绝营造佛寺道观，奖励群臣劝谏等十事。凡三为宰相，明于吏道，励精图治，革除弊政，为其后"开元之治"奠定基础。后荐宋璟自代，史称"姚宋"。有集，今佚。

⑦ 窃柄：窃夺权柄。

权而已。初，宪宗锐于致治，杜黄裳①惧不得其要，劝其操执纲领，要得其大者，帝嘉纳之。由是励精为治，纪律设张，赫然号中兴矣。此臣所谓自古善致治之君，未尝不以揽权为先也。

陛下惩前日权臣专政之久，收还福威之柄，运独化②于陶钧③，裁万几④于独断，天下翕然⑤称陛下为英主，凛凛乎汉宣帝⑥、光武⑦，唐明皇⑧、宪宗⑨之上矣！而臣尤劝陛下揽权者，非欲陛下衡石程书⑩如秦

① 杜黄裳（738—808）：京兆万年（今陕西西安）人，字遵素。有谋略，通权变。初为朔方从事，整饬士卒。后入为侍御史，为裴延龄所恶，十年不迁。唐宪宗时，迁门下侍郎、同平章事。元和元年（806）西川节度副使刘辟割据蜀地，他坚请讨伐，为唐宪宗采纳，遂平定刘辟。此役扭转朝廷对藩镇惧战心理，启中兴之功。次年，出任河中、晋、绛等州节度使，封邠国公。

② 独化：西晋郭象用语。指事物自己变化，不假外力。

③ 陶钧：制陶器所用的转轮，比喻造就、创建。

④ 万几：亦作"万机"，朝廷、国家日常纷繁的政务。

⑤ 翕（xī）然：一致貌。

⑥ 汉宣帝（前92—前49）：刘询，西汉皇帝，戾太子之孙。前74—前49年在位。原名病已，字次卿。地节二年（前68）霍光死，始亲政。强调"霸道""王道"杂治，重视吏治，综核名实。

⑦ 光武：指汉光武帝（前5—57）刘秀，东汉王朝的建立者。字文叔，南阳蔡阳（今湖北枣阳西南）人。汉高祖九世孙。25—57年在位。建武元年（25）称帝，后镇压赤眉起义军，削平各地割据势力，统一全国，建都洛阳。

⑧ 唐明皇（685—762）：唐玄宗，即李隆基。唐朝皇帝，712—756年在位，唐睿宗之子。善骑射，通音律、历象、书法。延和元年（712）受禅即位，改元"先天"。次年，杀太平公主及党羽，政权巩固，改元"开元"。任用姚崇、宋璟、张说、张九龄为相，整顿武周后期弊政，明赏罚，裁冗官，宽平赋役，兴修水利，倡导节俭，社会安定，经济发展，人户增加，国势强盛，号为"开元之治"。

⑨ 宪宗：唐宪宗（778—820），即李纯。唐朝皇帝，805—820年在位，唐顺宗长子，本名淳，封广陵王。为宦官俱文珍等拥立。在位期间，以李绛、裴度等任宰相，减省冗官，整顿税制，开营田，转运江南财赋，供军不乏。重用杜黄裳等，先后平定西川刘辟、镇海李锜、淮西吴元济、平卢李师道叛乱，魏博、成德、卢龙三镇暂归朝廷，唐代宗广德以来五十余年南北藩镇跋扈局面告一段落，史称"元和中兴"。

⑩ 衡石程书：衡石，古代衡器。衡，秤；石，重量单位，我国古代一百二十斤为一石。《史记·秦始皇本纪》："天下之事无小大，皆决于上，上至以衡石量书，日夜有呈，不中呈，不得休息。"呈，通"程"。古时文书用竹简木札，所以用衡石称计数量。程书，规定每天要处理的文书。程，限量。

皇帝①，而谓之揽权也；又非欲陛下传餐②听政如隋文帝③，而谓之揽权也；又非欲其强明自任、亲治细事、不任宰相如唐德宗，而谓之揽权也；又非欲其精于吏事、以察为明、无复仁恩如唐宣宗，而谓之揽权也。盖欲陛下惩其所既往，戒其所未然，操持把握，不可一日而少纵之，使福威之柄一出于上，不至于下移而已！

臣窃谓陛下欲守祖宗之法，莫若躬揽福威之权，欲揽福威之权，又莫若行陛下平日之所学。五经泛言治道，而《春秋》者，人主揽权之书也。陛下圣学高明，缉熙④不倦，万几之暇，笃好此书。固尝亲洒宸翰⑤，以书经传，刊之琬琰⑥，以诏学者矣。迩者又命儒学近臣，于经筵讲读之，是则夫子二百四十二年行事之迹，固已默得于圣心之妙。至于其间可为揽权之法者，臣请为陛下诵之。《春秋》书"王"曰"天王"者，所以为人君法天揽权之法；有书"王"不书"天"者，所以为人君不能法天揽权之戒。书"朝"书"会"者，欲朝会之权必出于天子也；书"侵"书"伐"者，欲征伐之权必出于天子也；书"僭礼乱乐"者，欲其收礼乐之权也；书"僭赏滥罚"者，欲其收赏罚之权。权在诸

---

① 秦皇帝：秦始皇（前259—前210）嬴政，亦称"赵政"，战国时秦国国君、秦王朝的建立者，前247—前210年在位。好韩非之学，任用李斯，并派王翦等大将继续进攻六国，从前230年灭韩开始，到前221年灭齐，陆续兼并六国，完成统一大业，建立中国历史上第一个中央集权的封建国家。
② 传餐：行进中暂作休息，分传食物而食。
③ 隋文帝（541—604）：杨坚，隋朝的建立者，581—604年在位。小名那罗延，弘农华阴（今属陕西）人。开皇七年（587）灭后梁，开皇九年（589）灭陈，结束南北朝分立局面，统一全国。
④ 缉熙：光明貌。
⑤ 宸翰：皇帝的笔迹。
⑥ 琬琰（wǎn yǎn）：琬圭和琰圭，均为精美玉器。

侯，则讥之，如践土之盟①之类是也；权在大夫，则刺②之，如鸡泽之盟③之类是也。先王人④而后诸侯者，欲权在王人也；内中国而外夷狄⑤者，欲权在中国也。书"盗"一字者，所以戒小人之窃权也；书"阍⑥"一字者，所以防刑人之弄权也。凡一字之褒，重于华衮⑦者，皆所以劝人君揽权以作福；凡一字之贬，重于斧钺⑧者，皆所以劝人君揽权以作威。臣愿陛下尊圣人之经，行圣人之言，以是正天下之名分，以是定天下之邪正，以是成天下之事业，则何患乎不能监先王之宪，遵祖宗之法，革今日之弊耶？

臣伏读圣策曰："仰惟祖宗以来，立纲陈纪，百度著明，细大毕举，皆列圣相授之谟，为万世不刊之典。朕缵绍丕图，恪守洪业，凡一号令一施为，靡不稽诸故实，惟祖宗成法是宪是若。"臣有以见陛下谦恭抑畏⑨，不以聪明自居，必欲行祖宗之法，以致中兴之治也。臣窃谓陛下欲法祖宗以致治，又不可不法《春秋》以揽权。臣谨按：《春秋》有变古则讥之之书，有存古则幸之之书，有复古则善之之书。经书"初献六羽"者，讥隐公不能守祖宗之法，而轻变先王之乐也；书"初税亩"者，讥

---

① 践土之盟：春秋时晋文公确立霸主地位的会盟。晋文公五年（前632）城濮之战后，晋在郑的践土（今河南原阳西南）筑王宫，请周襄王赴会。晋文公献楚俘于襄王，襄王策命文公为侯伯。周臣王子虎在践土宫之庭与诸侯相盟，决定了晋文公的霸主地位。

② 刺：举发，指责。

③ 鸡泽之盟：前570年，晋、宋、卫、郑、莒、邾、齐、鲁等诸侯会盟于鸡泽（今河北南部的滏阳河上游），共同对付楚国。

④ 王人：王臣，帝王的使臣。

⑤ 夷狄：亦作"夷翟"。古代泛称中国东方各族为"夷"，北方各族为"狄"，因用以泛指异族人。

⑥ 阍（hūn）：守门。

⑦ 华衮（gǔn）：古代王公贵族的礼服。

⑧ 斧钺（yuè）：古代军法用以杀人的斧子。

⑨ 抑畏：谦抑敬畏。

宣公不能守祖宗之法，而轻变成周之彻①也。此所谓变古则讥之者也。书"犹三望"者，讥僖公不郊，而幸其犹三望；书"犹朝于庙"者，讥文公不告朔，而幸其犹朝于庙。此所谓存古则幸之者也。襄公十一年书"作三军"者，讥其变古也；昭公五年书"舍中军"者，善其复古也。此所谓复古则善之者也。《书》曰："无作聪明，乱旧章。"《诗》曰："不愆不忘，率由旧章。"汉惠帝用曹参②，守萧何之法，而海内晏然；武帝③用张汤④，取高皇帝之法纷更之，而盗贼半天下。守祖宗之法者，其治如此；变祖宗之法者，其乱如彼。为人主者其可自坏其家法耶！

　　我太祖、太宗，肇造⑤我宋之家法者也。真宗、仁宗，至于列圣，守

---

① 彻：周代的租赋制度。《论语·颜渊》："哀公问于有若曰：'年饥，用不足，如之何？'有若对曰：'盍彻乎？'"何晏集解："周法什一而税，谓之彻。彻，通也，为天下之通法。"

② 曹参（？—前190）：西汉大臣。字敬伯，沛县（今属江苏）人。曾为秦朝时沛县狱吏。秦末跟随刘邦起义，屡立战功。汉朝建立，封平阳侯，曾任齐相九年。从汉高祖平定陈豨、英布等叛乱。在齐时采用盖公的黄老之术，清静无为，与民休息。惠帝二年（前193）继萧何为丞相，"举事无所变更，一遵萧何约束"，有"萧规曹随"之称。

③ 武帝：指汉武帝（前156—前87），即刘彻，西汉皇帝，汉景帝之子，前141—前87年在位。其在位期间接受董仲舒建议，"独尊儒术"，以儒术为其统治思想，并采用法术、刑名，以加强统治。至晚年，自承过失，思富养民，成为西汉王朝转危为安的契机。临终，遗诏立幼子刘弗陵（汉昭帝）为帝，由霍光等辅政。

④ 张汤（？—前115）：杜陵（今陕西西安东南）人。习律令，由田蚡荐为侍御史，治淮南王、衡山王谋反事，为汉武帝所赏识。后任廷尉、御史大夫等职。用法严峻苛刻，治狱以皇帝意旨为准绳。后为朱买臣等排陷，自杀。曾与赵禹共同编订律令，撰有《越宫律》二十七篇，今佚。

⑤ 肇造：开始创建。

我宋之家法者也。先正大臣，若范质、赵普①之徒，相与造我宋之家法者也。在真宗时，有若李沆②、王旦③、寇准④；在仁宗时，有若王曾⑤、李迪⑥、杜衍⑦、韩琦⑧、范仲淹⑨、富弼⑩之徒，相与守我宋之家法者也。

侧闻庆历中，仁宗出御书十三轴，凡三十五事。其一曰遵祖宗训；二曰

---

① 赵普（922—992）：北宋初年大臣。字则平，幽州蓟县（今北京城西南隅）人，迁镇州（治今河北正定），再迁洛阳。曾任枢密使，乾德二年（964）起任宰相，后被罢相。宋太宗时期又两次为相，晚年因病辞官，封魏国公。淳化三年（992）病逝，宋真宗时加封韩王。

② 李沆（947—1004）：洺州肥乡（今属河北）人，字太初。累除右补阙、知制诰。淳化二年（991）拜参知政事。

③ 王旦（957—1017）：大名莘县（今属山东）人，字子明。咸平四年（1001）任参知政事，澶州之战时，留守京师。景德三年（1006）拜相，监修《两朝国史》。

④ 寇准（961—1023）：北宋政治家。字平仲，华州下邽（今陕西渭南北）人。淳化五年（994）为参知政事，景德元年（1004）拜相，颇敢直谏。

⑤ 王曾（978—1038）：青州益都（今山东青州）人，字孝先。咸平五年（1002）殿试第一。累官吏部侍郎，两拜参知政事。宋仁宗即位后，刘太后听政，拜中书侍郎、同中书门下平章事，朝廷倚以为重。

⑥ 李迪（971—1047）：濮州鄄城（今山东鄄城北）人，祖籍赵郡，字复古。宋真宗景德二年（1005）殿试第一。历任将作监丞、翰林学士。天禧年间，历任给事中、参知政事、集贤殿大学士。宋仁宗初年，因曾反对宋真宗立刘氏为皇后，被贬为衡州团练副使。后复相。

⑦ 杜衍（978—1057）：越州山阴（今浙江绍兴）人，字世昌。大中祥符元年（1008）进士。庆历三年（1043）任枢密使，次年拜同平章事。为相百日而罢，出知兖州。以太子少师致仕，封祁国公，卒谥"正献"。

⑧ 韩琦（1008—1075）：北宋大臣。字稚圭，相州安阳（今属河南）人。历任开封府推官、三司度支判官，拜任右司谏。宝元年间，出任陕西安抚使，与范仲淹共同防御西夏，时人称为"韩范"。

⑨ 范仲淹（989—1052）：北宋政治家、文学家。字希文，苏州吴县（今江苏苏州）人。景祐二年（1035），任吏部员外郎、权知开封府。康定元年（1040），与韩琦同任陕西经略副使，改革军制，巩固边防。庆历三年（1043）任参知政事。

⑩ 富弼（1004—1083）：北宋大臣。字彦国，洛阳（今属河南）人。天圣八年（1030）举茂才异等。至和二年（1055）与文彦博同拜相，在位七年，无所兴革。后退居洛阳，上疏要求废新法，卒谥"文忠"。

奉真考业；三曰祖宗艰难，不敢有坠；四曰真宗爱民，孝恩感噎①。故当时君圣臣良，持循法度，四十二年之间，治效卓然者，盖本乎此。又闻熙宁②中，先正司马光③于经筵进讲，至萧何、曹参事，谓参不变何法，得守成之道，且言祖宗之法不可变也。异日吕惠卿④进讲，立说以破之。谓法有一年一变者，正月始和，布法象魏⑤是也；有五年一变者，巡守考制是也；有三十年一变者，刑罚世轻世重是也。光随而折之曰：布法象魏，布旧法也，非变也。诸侯有变礼易乐者，王巡守则诛之，王不自变也。刑，新国用轻典，乱国用重典，平国用中典，是谓世轻世重，非变法也。观二臣之言，亦足以见其人之邪正矣。陛下自即位以来，固未尝不遵守祖宗成法。比年有出于一时申请权宜而行者，致与成法或相抵牾⑥。迩者陛下面谕群臣，谓国家政事，并宜遵守祖宗，今又发于清问，以求致治之效。臣有以见陛下得持盈守成之道，真仁宗之用心矣。然臣复以揽权为言者，盖《春秋》讥时王失揽权之道，故诸侯遂有变法之弊。今陛下欲守祖宗之法，宜用《春秋》赏罚之权以御之可也。大臣

---

① 感噎（yē）：感动得泣不成声。

② 熙宁：宋神宗年号（1068—1077）。

③ 司马光（1019—1086）：北宋大臣、史学家。字君实，号迂叟，陕州夏县（今属山西）涑水乡人，世称涑水先生。宋仁宗末年任天章阁待制兼侍讲，英宗朝进龙图阁直学士，判吏部流内铨。王安石行新政，他竭力反对，与王安石在帝前争论，强调祖宗之法不可变。后被命为枢密副使，坚辞不就，于熙宁三年（1070）出知永兴军（今陕西西安）。元丰八年（1085）宋哲宗即位，高太后听政，召他入京主政，次年任尚书左仆射兼门下侍郎，废除绝大部分新法，罢黜新党。为相八个月后病死，追封温国公。

④ 吕惠卿（1032—1111）：北宋大臣。泉州晋江（今福建泉州）人，字吉甫。初为王安石所信任，参与制定青苗、均输等法，章奏多出其手。任参知政事期间，继续推行新法，被称为"护法善神"。

⑤ 象魏：古代天子、诸侯宫门外的一对高建筑，亦称为"阙"或"观"。

⑥ 抵牾（dǐ wǔ）：抵触，矛盾。

有清净如曹参者，宜命之持循；忠正如司马光者，宜俾之讨论；变乱如张汤者，则诛之；异议如吕惠卿者，则斥之。如是则祖宗良法美意，可以垂万世而无弊矣，尚何患乎天下之不治哉！

臣伏读圣策曰："画一之法，赏刑之具，犹昔也，而奸弊未尽革。"臣有以见陛下欲行祖宗之法，在乎明赏刑以革弊也。臣窃谓欲奸弊之尽革，不可不法《春秋》以揽权。盖《春秋》之法，非孔子之法也，成周之法也。故杜预[①]曰："周公之志，仲尼从而明之。"经有书"赏"者，如锡命[②]威公、锡命文公、锡命成公之类，皆所以讥时王之滥赏，非周公之赏也。有书"刑"者，如杀其大夫、放其大夫、杀其公子之类，皆所以讥时君之滥刑，非周公之刑也。时王失周公赏刑之法，不能革当时之奸弊，故仲尼以笔削之，权代之善劝而淫惧焉。我祖宗制赏刑之法，载在有司，画一之章，昭然可睹。创之者如萧，守之者如曹。未尝有滥赏也，而赏必当乎功；未尝有淫刑也，而刑必当乎罪。历世行之，弊无不革者，盖以圣祖神宗，能揽权于上，而群臣能奉行于下故也。故司马光自为谏官，及为侍从，尝以人君致治之道三献之仁宗，又献之英宗，又献之神宗，而其二说则在乎信赏必罚也。三宗既用其言以致极治矣。光以清德雅望，执政于元祐之初，躬行其言，以革时弊，进退群臣邪正之甚者十数人，天下皆服其赏刑之当，一时之弊亦无不革者。我三宗真盛德之君，而光亦可谓救时贤相也。迩者陛下躬亲万几，一新时政，斥逐

---

① 杜预（222—285）：魏晋时期将领、学者。字元凯，京兆杜陵（今陕西西安东南）人。任镇南大将军、都督荆州诸军事。博学多通，参加制定《晋律》。撰《春秋左氏经传集解》《春秋释例》《春秋长历》等。其中《春秋左氏经传集解》是《左传》注解流传到今的最早的一种，收入《十三经注疏》中。
② 锡命：天子有所赐予的诏命。

奸邪，登用耆旧①，禁锢者释，告讦②者诛，兹赏刑之至公，而革弊之甚大者也。圣策犹以奸弊未革为忧者，岂今日朝廷，犹有僭赏滥罚如春秋时乎？臣不敢不陈其大概。

夫人主赏刑之大者，莫如进退天下之人才。今陛下每进一人，必出于陛下素知其贤，亲自识擢③，可也。不然，则出于大臣侍从公心荐举，可也。不然，则采于舆论，而天下国人皆曰贤，可也。苟不出于三者，而一旦遽进之，则议者必曰：某人之进也，出于某人阴为之地也。如是则一人之滥进，有以损陛下作福之权矣。陛下每退一人，必出于陛下灼知④其罪，震怒而赐谴，可也。不然，则出于谏官御史公言论列，可也。不然，则得于佥言⑤，而天下国人皆曰有罪，可也。苟不出于三者，而一旦遽退之，则议者必曰：某人之退也，出于某人阴有以中之也。如是一人之误退，有以损陛下作威之权矣。昔舜举十六相，而天下悦其赏之当；去四凶人，而天下服其罚之公。陛下苟能以祖宗制赏刑为法，以虞舜用赏刑为心，执《春秋》赏刑之权以御之，则何患乎奸弊之不革耶？若夫有某劳进某秩以为赏，犯某事得某罪以为罚，此特有司之职耳，非人主福威之大者，臣不复为陛下言之也。

臣伏读圣策曰："赋敛之制，经常之度，犹昔也，而财用未甚裕。"臣有以见陛下欲行祖宗之法，在乎裕财用以经邦也。臣窃谓欲财用之有裕，又不可不法《春秋》以揽权。谨按《春秋》书"臧孙辰⑥告籴⑦于

---

① 耆旧：年高而久负声望的人。
② 告讦：告发别人的阴私。
③ 识擢：赏识并加以拔擢。
④ 灼知：明白了解。
⑤ 佥（qiān）言：众人的意见。
⑥ 臧孙辰（？—前617）：春秋时期鲁国大夫，历仕鲁庄公、鲁闵公、鲁僖公、鲁文公四位国君。
⑦ 籴（dí）：买进粮食。

齐"者，讥庄公不节国用，一岁不熟而告急于外也；书"初税亩"者，讥宣公不节国用，变成周什一之法，至于履亩而税也；书"作丘甲①"者，讥成公不节国用，至于以丘而出甲也；书"用田赋"者，讥哀公不节国用，至于用亩而出军赋也。《春秋》书告者不宜告，书初者不宜初，书作者不宜作，书用者不宜用。臣由是知《春秋》赋税之书，为人君节用裕财之训明矣。昔孔子对齐景公之问政，不曰政在生财，而曰政在节财。有若对鲁哀公之问年饥，不告之以生财之术，而告之以盍彻②。臣又知裕国之术，实在乎节用也。侧闻太祖皇帝有言曰："我以四海之富，宫殿悉以金银为饰，力亦可办。但念我为天下守财耳，岂可妄用？古称以一人治天下，不以天下奉一人。"呜呼！大哉言乎！真可为万世子孙保国之训也。又闻仁宗圣性尤务俭约。器用止于漆素，衾③褥止用黄绢。嘉祐间临轩策士，出"富民之要在节俭"以为御题。时吕溱赋曰："国用既节，民财乃丰。"仁宗悦之，擢为第一。观仁宗取士命题之意，又真可为万世子孙保国之训也。又闻熙宁初，司马光、王安石同对，论及救灾节用事。安石曰："国用不足者，以未得善理财者也。"光曰："善理财者，不过头会箕敛④，以尽民财。民穷为盗，非国之福。"安石曰："不然，善理财者，不加赋而上用足。"光曰："天下安有此理！天地所生财货万物，止有此数，不在民则在官。譬如雨泽，夏涝则秋旱。不加赋而上用足，不过设法阴夺民利，其害甚于加赋。此乃桑弘羊⑤欺汉武帝之

---

① 丘甲：春秋时期鲁国按田亩征发的军赋。
② 盍彻：指施行仁政。
③ 衾（qīn）：被子，特指大被。
④ 头会箕敛：亦作"头会箕赋"。按人数征税，用畚箕装取所征的谷物，谓赋税苛刻繁重。
⑤ 桑弘羊（前152—前80）：西汉大臣，洛阳（今属河南）人，出身商贾。

言，太史公①书之，以见武帝不明耳。"司马光之名言，真可谓节用理财之法，聚敛毒民者之深戒也。

陛下自和戎②以来，兵革不用二十年矣。是宜仓廪富实，贯朽粟陈③，如成康④、文景时可也。而圣策乃以财用未裕为忧，虽臣亦窃疑之。岂国家用度之际，有所未节乎？奢侈之风，有所未革乎？不急之务，无名之费尚繁乎？今赋入不及祖宗全盛之日，而用度不减祖宗全盛之时。三年郊祀之礼，所不可免者，而臣下赏赐之费，有可得而省也；不得已之岁币⑤，所不可免者，而使命往来之费可得而省也；百官之俸所不可免者，而冗⑥官可得而省也；六军之食养所不可免者，而冗兵可得而省也。臣所谓用度之际，有所未节者，如此之类，不止乎此也。朝廷往尝屡有禁销金⑦之令矣，而妇人以销金为衣服者，今犹自若也；又尝有禁铺翠⑧之令矣，而妇人以翠羽为首饰者，今犹自若也。是岂法令之不可禁乎？岂宫中服浣濯之化，衣不曳地⑨之风，未形于外乎？臣所谓奢侈之风有所未革者，盖在乎此也。臣又闻之道路，谓远夷外国有以无益之

---

① 太史公：司马迁（约前145或前135—？），西汉史学家、文学家、思想家。字子长，夏阳（今陕西韩城南）人，司马谈之子。初任郎中，元封三年（前108）继父职，任太史令。后因对李陵军败降匈奴一事有所辩解，获罪下狱，受腐刑。出狱后任中书令，发愤继续完成所著史籍。人称其书为《太史公书》（后称《史记》），是中国第一部纪传体通史。
② 和戎：古代称与别族修好。
③ 贯朽粟陈：形容财粮富足。
④ 成康：指周成王与周康王。《史记·周本纪》："故成康之际，天下安宁，刑错四十余年不用。"后因称政治清明之世为成康之世。
⑤ 岁币：特指宋朝对金战败后，每年给对方输纳的银绢。
⑥ 冗：繁杂，多余。
⑦ 销金：熔炼金属。
⑧ 铺翠：用翠鸟的羽毛为装饰。
⑨ 衣不曳地：衣衫短小不能曳地，形容衣着朴素。

奇玩，易我有用之资财者；池台、苑囿①、车骑、服御，有未能无所增益者；中贵、外戚、便嬖②、使令、倡优、伶官之徒，有未能无非时赏赐者。臣所谓不急之务、无名之费尚繁者，盖在乎此也。昔汉文帝躬行节俭以化民，而海内至于富庶。臣愿陛下揽权于上，而革众弊，以文帝及我太祖、仁宗恭俭为法，以《春秋》所书为戒，则何患乎财用之不裕乎？若夫自同于聚敛之臣，献生财之术，则臣不敢也。

臣伏读圣策曰："取士之科，作成之法，犹昔也，而人才尚未盛。"臣有以见陛下知致治之道，在乎得士，而欲人才之盛，如祖宗时也。臣窃谓陛下欲人才之盛，宜揽育才取士之权。臣谨按《春秋》书作丘甲，《穀梁》因论古者有四民，而以士民为首。范宁③释之曰："士者，治道艺者也。"又按经书单伯送王姬④。《穀梁》曰："单伯者，我之命大夫也。"范宁释之曰："古者诸侯贡士于天子，大国三人，次国二人，小国一人。"又按《公羊春秋》曰："什一行而颂声作。"何休⑤因论及成周之时，井田校室之制，大学⑥小学⑦之法，养士取士之说为甚详。又按经赦许止之罪。《穀梁》曰："子生三月，不免水火，母之罪也；羁贯⑧成童，不就师傅，父之罪也；就师傅，学问无方，心志不通，己之罪也；心志既通，而名誉不彰，朋友之罪也；名誉既彰，而有司不举，有司之

① 苑囿：古代畜养禽兽供帝王玩乐的园林。
② 便嬖（pián bì）：指以阿谀逢迎得到君主宠爱的近臣。
③ 范宁（约339—约401）：东晋经学家，字武子，南阳顺阳（今河南淅川）人。
④ 王姬：指周天子的女儿，姓姬，故称"王姬"。
⑤ 何休（129—182）：东汉经学家，字邵公，任城樊（今山东济宁兖州）人。
⑥ 大学：古代官立学校。周始置，为王公贵族子弟学府，即太学。
⑦ 小学：古代官立初级学校。西周始置，位太学之下。
⑧ 羁贯：同"羁丱"。孩童留在头上纵横交错编成的头发叫羁，束发成两角叫丱或贯。泛指童年。

罪也；有司举之，而王者不用，王者之过也。"《春秋》伤时王失育才取士之权，而默寓其意于笔削之际。公羊、穀梁、范宁、何休之徒，从而发明之，亦可谓有功于风教矣。

我祖宗以来，取士于科举，是古者诸侯贡士之法也；养士于太学，是古者校庠序之法也；又有制科以待非常之士，是有取于汉唐盛世之法也。进士科或用诗赋，或用经义，虽更变不同，而未尝不得人也。太学之士或出于舍选，或出于科举，虽作成不同，而亦未尝不得人也。二百年间，名臣巨儒，建勋立业，背项相望，莫不由此途出，可谓盛矣。陛下往者虽在干戈日不暇给之中，而亦未尝废俎豆①之事。自偃兵以来，复兴太学以养诸生。其取士之科，作成之法，一遵祖宗之旧，恩甚渥也。而圣策犹以人才未甚盛为忧者，臣辄献揽权之说焉。今取士之科，作成之法，虽曰犹昔，而人才非昔者，由福威之权下移于前日故也。夫法之至公者，莫如取士；名器②之至重者，莫如科第。往岁权臣子孙门客，省闱③殿试，类皆窃巍科④，而有司以国家名器为媚权臣之具，而欲得人，可乎？朝廷比因外台⑤之言，例行驳放，士论莫不称快。臣愿陛下常揽福威之权以御之，严诏有司，谨取士之公法，而无蹈往年之覆辙可也。至所谓作成者，盖欲作成其器，如鸢飞鱼跃⑥，涵养其平日之刚方，而成

① 俎（zǔ）豆：俎和豆都是古代祭祀、设宴用的器具。《史记·孔子世家》："常陈俎豆，设礼容。"引申为祭祀、崇奉。
② 名器：古代表示等级的称号和车服仪制等。《左传·成公·成公二年》："唯器与名，不可以假人。"杜预注："器，车服；名，爵号。"
③ 省闱（wéi）：唐宋时进士考试由尚书省礼部主持，故称。又称礼闱。
④ 巍科：犹高第，科举考试名在前列。
⑤ 外台：官名。后汉刺史，为州郡的长官，置别驾、治中，诸曹掾属，号为外台。
⑥ 鸢飞鱼跃：《诗经·大雅·旱麓》："鸢飞戾天，鱼跃于渊。"孔颖达疏："其上则鸢鸟得飞至于天以游翔，其下则鱼皆跳跃于渊中而喜乐，是道被飞潜，万物得所，化之明察故也。"原谓德政惠及万类，上及飞鸢，下达渊鱼。后亦指万物各得其所。

就其异时之远大者耳，非取其能绨章绘句①以媒青紫②也。自权臣以身障天下之言路，而庠序之士，养谀成风。科举之文，不敢以一言及时务，欲士气之振，可乎？臣闻嘉祐间，仁宗以制科取士，时应诏者数人，眉山苏辙③之言，最为切直。考官以上无失德，而辙妄言，欲黜之，独司马光慨然主其事。仁宗曰："朕以直言求士，其可以直言弃之耶？"擢置异等。此陛下取士之家法也。臣愿陛下以仁宗为法，以前日权臣之事为戒。命庠序去谤讪④之规，科举革忌讳之禁，有司取忠谠之论。将见贤良方正、茂才异等、直言极谏之士，济济而出，如仁宗时矣，尚何患人才之不盛乎？

臣伏读圣策曰："黜陟之典，训迪之方，犹昔也，而官师或未励。"臣有以见陛下知致治之道，在乎得人，而欲官师之励如祖宗时也。臣窃谓欲官师之励，宜揽黜陟贤否之权。谨按《春秋》隐十一年，书"滕侯"，至桓二年，则书"滕子"，范宁曰："前称侯，今称子者，盖时王所黜。"隐二年，书"纪子"，至桓二年，则书"纪侯"，范宁曰："前称子，今称侯者，盖时王所进。"臣窃谓春秋时，王不能黜陟诸侯，是必夫子以赏罚之权，因其贤否而黜陟之也。又按：经书"楚"曰"荆"。公羊曰："荆者何？州名也。州不若国，国不若氏，氏不若人，人不若名，名不若字，字不若子。"何休释之曰："圣人因周有夺爵⑤之法，故备七等之科，以进退之。"臣是以知《春秋》实夫子黜陟之公法也。故为臣而知《春秋》者，则必为忠臣。盖《春秋》以责忠臣之至，

---

① 绨（chī）章绘句：雕琢文辞，修饰章句。

② 青紫：本为古时公卿服饰，因借指高官显爵。

③ 苏辙（1039—1112）：北宋散文家。字子由，号颍滨遗老，眉州眉山（今属四川）人。嘉祐年间进士，官至尚书右丞、门下侍郎。

④ 谤讪：诽谤。

⑤ 夺爵：中国古代对有爵位的犯罪官吏处以削夺爵位的刑罚。

训迪天下之为人臣者也。为子而知《春秋》者，则必为孝子。盖《春秋》以责孝子之至，训迪天下之为人子者也。我国家任官之法，上自公卿百执事①，下至一郡一县之吏，无非以公道黜陟之，固无异虞舜三载考绩之法也；有学以教之于未仕之前，有法以禁之于筮仕②之后，无非以公道训迪之，固无异乎成周训迪厥③官之方也。故当时为官师者，罔不勉励厥职。坐庙堂之上，与天子相可否者，是宰相之励其职也；立殿陛之前，与天子争是非者，是谏官之励其职也；言及乘舆④，则天子改容，事关廊庙⑤，则宰相待罪者，是御史之励其职也。百官励其职于朝，守令励其职于郡县。是以祖宗之世，内外多任职之臣，故其致治之效，远出汉唐之上。今陛下任贤使能，以建中兴之治，黜陟之法，训迪之方，无非遵祖宗之时，而圣策乃以官师未励为忧者，臣辄献揽权之说焉。

今黜陟之法，训迪之方，虽曰犹昔，而治效非昔者，由福威之权，下移于前日故也。夫法之至公者，莫大乎黜陟；而治乱之所系者，莫重乎官师。曩⑥者内外用事之臣，多出乎权门⑦之亲戚、故旧、朋党，文臣或非清流而滥居清要之职，武臣或无军功而滥居将帅之任。贿赂公行，其门如市，郡县之吏，其浊如泥。是皆官曹澄清时可堪一笑者。至于一言忤意，虽无罪而亦斥；睚眦⑧之怨，虽忠贤而必诛。其一时黜陟，

---

① 百执事：犹百官。
② 筮仕：古人将出外做官，先占卦问吉凶。
③ 厥：其。
④ 乘舆：旧指皇帝和诸侯所用的车舆。《新书·等齐》："天子车曰乘舆，诸侯车曰乘舆，乘舆等也。"亦用为帝王的代称。
⑤ 廊庙：犹庙堂，指古代君主与大臣议政之所。
⑥ 曩（nǎng）：往昔，从前。
⑦ 权门：权贵之家，亦指有权势者。
⑧ 睚眦（yá zì）：瞪眼睛，怒目而视。引申为小怨小忿。

皆出于喜怒爱憎之私，无复有唐虞①考绩、李唐四善二十七最之法，求欲其尽瘁励职，可乎？若夫所谓训迪者，盖将以忠义训迪之，使其忘身徇国而已。非欲训迪其巧进取、善造请②、以事权势也。当权门炙手可热之时，缙绅相率为佞之不暇，孰有以忠义相训迪者乎？至于今日而官师犹未励者，以其承积习之后，而余弊未革故也。陛下必欲官师咸励厥职，莫若大明黜陟于上，而以黜陟之次者付之宰相，又其次者付之吏部，又其次者付之监司可也。昔庆历中，仁宗黜夏竦③等，用杜、韩、范、富④以为执政，以欧阳修⑤、余靖⑥、王素⑦、蔡襄⑧为谏官，皆天下之望，鲁人石介⑨作《圣德颂》以揄扬⑩之。此陛下黜陟之家法也。臣愿陛下以仁宗为法，以前日权臣之事为戒，执福威之大柄以为黜陟之法，

① 唐虞：唐尧与虞舜的并称。亦指尧与舜的时代，古人以为太平盛世。

② 造请：往候，就谒。

③ 夏竦（sǒng）（985—1051）：北宋政治家、文家学。江州德安（今属江西）人，字子乔。与王钦若、丁谓等交结，渐至参知政事。宝元二年（1039）至庆历元年（1041）间任陕西经略安抚使等职，怯于对西夏用兵，自请解兵柄，改判河中府。庆历三年（1043）召为枢密使，因谏官反对，改知亳州，遂指执政范仲淹、富弼与谏官欧阳修等为朋党。庆历七年（1047）任枢密使，旋又为御史论罢。

④ 杜、韩、范、富：前文所指之杜衍、韩琦、范仲淹、富弼四人。

⑤ 欧阳修（1007—1072）：北宋文学家、史学家。字永叔，号醉翁、六一居士，吉州永丰（今属江西）人，天圣年间进士。官至翰林学士、枢密副使、参知政事，谥"文忠"。

⑥ 余靖（1000—1064）：北宋政治家、文学家。韶州曲江（今广东韶关）人，本名希古，字安道，天圣年间进士。

⑦ 王素（1007—1073）：北宋官员。大名莘县（今属山东）人，字仲仪。赐进士出身。历侍御史，知鄂州，官至工部尚书，卒谥"懿敏"。

⑧ 蔡襄（1012—1067）：北宋书法家。字君谟，兴化军仙游（今属福建）人。官至端明殿学士，卒谥"忠惠"。工书，学虞世南、颜真卿，并取法晋人。正楷端重沉着，行书温淳婉媚，草书参用飞白法。与苏轼、米芾、黄庭坚合称"宋四家"。

⑨ 石介（1005—1045）：北宋文学家，理学先驱之一。字守道，兖州奉符（今山东泰安）人。

⑩ 揄扬：宣扬，发扬。

明忠孝之大节以为训迪之方。如是，则尚何患乎官师之不励职如祖宗时乎？

　　臣伏读圣策谓："奸弊未尽革，财用未甚裕，人才尚未盛，官师或未励，其咎安在？岂道虽久而不渝，法有时而或弊，损益之宜有不可已耶？抑推而行之者非其人耶？朕欲参稽典册之训，讲明推行之要，俾祖宗致治之效，复见于今，其必有道。"臣仰见陛下愿治之切，思慕祖宗之深，欲聿追①其盛德大业者，可谓勤且至矣。然臣已陈揽权之说于前，且以《春秋》为献。抑尝闻先儒曾参有言曰："尊其所闻，则高明矣；行其所知，则光大矣。"《春秋》之学，陛下既已深得之，复能尊其所闻，行其所知，揽福威之权，以守祖宗之家法，则赏刑当而天下悦矣，奸弊不患乎不革！节俭行而天下化矣，财用不患乎不裕！取士公而贤能出矣，人才不患乎不盛！黜陟明而邪正分矣，官师不患乎不励！祖宗致治之效，又何患乎不复见于今耶？若夫所谓"道虽久而不渝，法有时而或弊，损益之宜有不可已"者。臣按先儒释《春秋》，有变周之文、从周之质之说，又有商变夏、周变商、春秋变周之说。臣以为《春秋》未尝变周也，特因时而救弊耳。又尝闻董仲舒②之言曰："先王之道必有偏而不起之处，故政有眊③而不行，救其偏者所以补其敝而已矣。"我祖宗之法，譬犹大厦，敝则修之，不可更造。苟不知遵守而轻务改更，臣恐风

---

① 聿（yù）追：追述。

② 董仲舒（前179—前104）：西汉儒家今文经学大师。广川（今河北景县西南）人，专治《春秋公羊传》，曾任博士、江都相和胶西王相。汉武帝举贤良文学之士，他对策建议，为汉武帝所采纳，开此后两千余年封建社会以儒学为正统的先声。其学以儒家宗法思想为中心，杂以阴阳五行说，把神权、君权、父权、夫权贯串在一起，形成其神学体系。

③ 眊（mào）：蒙昧不明。

雨之不芘①也。损益之宜有不可已者，臣愿以仲舒补敝之说为献，可乎？若夫所谓推而行之有非其人者，臣按《春秋》书"乃"一字，如"公子遂如齐，至黄乃复"之类。《穀梁》释之曰："乃者，亡乎人之辞也。盖言任用不得其人耳。"又尝闻荀卿之言曰："有治人，无治法。"夏、商、周之法，非不善也，苟得其人，监于成宪，常如傅说之言；遵先王之法，常如孟子之言；率由旧章，常如诗人之言。则夏、商、周虽至今存可也。汉唐之法，亦非不善也。苟得其人，常如曹参之守法，宋璟②之守文，魏相李绛③之奉行故事，则汉唐虽至今存可也。祖宗之法，非不甚善也。苟得其人，常如司马光之徒，持守成之论，则垂之万世，与天地并久可也。陛下既知前日推而行之非其人矣，则今日不可不慎择焉。臣愿以荀卿有治人之言为献，可乎？若夫参稽典策之训，则有历朝之国典在焉，祖宗之宝训政要在焉，有司之成法在焉，朝廷之故事在焉。陛下宜诏执政与百执事之人，参稽而奉行之可也。若夫讲明推行之要，则无若乎揽权。陛下提纲振领，而以万目之繁付之臣下可也。

陛下终策臣曰："子大夫学古入官，明于治道，蕴蓄以待问久矣。详著于篇，朕将亲览。"此陛下导臣使言，臣不敢不尽言也。臣闻人主开求言之路，必将有听言之实；人臣遇得言之秋，不可无献言之诚。盖求言之路不常开，而得言之秋不易遇。今陛下开求言之路，而臣遇得言之秋；陛下有听言之实，臣其可无献言之诚乎？臣复有一言以为陛下献

① 芘（bì）：通"庇"，荫蔽。
② 宋璟（663—737）：唐代大臣。邢州南和（今属河北）人，调露年间进士。少好学，工文辞。累官御史中丞。唐睿宗时为宰相，革除前弊，选拔人才。开元四年冬（717年初），继姚崇居相位。宽平赋役，省减刑罚，禁销恶钱，选择人才，黜退不肖，使百官称职，时称复有贞观、永徽之风。开元八年（720），罢相，封广平郡公，世称"宋广平"。
③ 李绛（764—830）：唐代大臣。字深之，赵州赞皇（今属河北）人，贞元年间进士。元和初年，任翰林学士、知制诰，勇于进谏。

者，欲陛下正身以为揽权之本也。按:《春秋》书"正"者，杜预谓"欲其体元而居正"。公羊又有"君子大居正"之说。谓"正心以正朝廷，正朝廷以正百官，正百官以正万民"者，董仲舒之论"正"也。谓"人君所行必正道，所发必正言，所居必正位，所近必正人"者，刘蕡①之论"正"也。臣观自古人君能正身以化下者，莫如周文王；不能正身以化下者，莫如汉武帝。文王宅心于正道之中，其勤劳则日昃②不遑暇食，不敢盘于游田③，以庶邦万民惟正之供，故能刑于寡妻，至于兄弟，以御于家邦，见于《思齐》④之诗；在位之臣皆节俭正直，见于《羔羊》⑤之诗；人伦既正，朝廷既治，天下纯被其化，又见于《驺虞》⑥之诗。文王能自正其身，而其下化之如此。若夫武帝则不然。其所以自治其身，与其下应之者，皆不正也。帝好谀也，故公孙弘曲学以应之；帝好刑也，故张汤曲法以应之；帝好利也，故孔仅⑦、桑弘羊以剥下益上应之；帝好兵

---

① 刘蕡（fén）：幽州昌平（今北京昌北）人，字去华，宝历年间进士。太和二年（828）策试贤良方正直言极谏科。其博学善属文，尤精《左氏春秋》。

② 日昃（zè）：太阳偏西，约未时，即下午2时前后。

③ 游田：亦作"游畋"，出游打猎。

④ 《思齐》：《诗经·大雅》篇名。《诗序》："文王所以圣也。"诗中歌颂周文王及其母太妊、妻太姒，意谓文王之"所以圣"，乃由于她们的帮助。

⑤ 《羔羊》：《诗经·召南》篇名。羔为小羊，皮制为裘，是当时大夫的服饰。诗中描写大夫退朝时从容自得的神态。《诗序》说此诗是写"召南之国化文王之政，在位皆节俭正直，德如羔羊也"；一说此系赞美召伯"俭而能久"，似皆出于附会。

⑥ 《驺（zōu）虞》：《诗经·召南》篇名。旧说谓写田猎时于兽类"不忍尽杀"，以赞美"文王之化"（见《毛诗正义》）。驺虞，《毛传》说是兽名，白虎黑文，不食生物。《鲁诗传》则释为给天子掌管鸟兽的官。

⑦ 孔仅：西汉南阳（治今河南南阳）人。本为大冶铁商，汉武帝时，与东郭咸阳同任大农丞，领盐铁事，主管盐铁专卖。后任大农令，官至大司农。

也，故卫青①、霍去病②以拓土开疆应之；帝好夸大也，故司马相如③作《封禅书》以应之；帝好神仙也，故文成、五利之徒以左道应之。武帝不能自正其身，而其下应之如彼。臣愿陛下以文王为法，以武帝为戒，端厥心居，以为化本，非正勿视，非正勿听，非正勿言，非正勿动。其用人也，不必问其才不才而先察其正不正。是果正人也，其进则为治之表。其可以其才不足而不与之进乎？是果不正人也，其进则为乱之机。其可以其才有余而使之进乎？其听言也，必观其言之是与非，斯可以见其人之邪与正。有逊志④之言，必将察之曰："彼何为而投吾之所好哉？是必不正人之言也，是言之有害于我者也。其可以其逊吾志而受之耶？"有逆耳之言，必将察之曰："彼何为而犯吾之所恶哉？是必正人之言也，是言之有益于我者也。其可以其逆吾耳而不受耶？"左右誉言日闻，必察之曰："是必不正人也，是必阿大夫之类也，是必善结吾左右以求誉者也，退之可矣。"左右毁言日闻，必察之曰："是未必非正人也，是必即墨大夫之类也，是必不善结吾左右以致毁者也，进之可矣。"如是则一念虑，无非正心，一云为，无非正道，左右前后，侍御仆从，罔匪正人，殆见四方万里，风行草偃⑤，莫不一于正矣。臣愿陛下以是为揽权之本，而又任贤以为揽权之助，广览兼听以尽揽权之美。权在陛下之手，则所求无不得，所欲皆如意，虽社稷之大计，天下之大事，皆可以

---

① 卫青（？—前106）：西汉名将。字仲卿，河东平阳（今山西临汾西南）人，汉武帝皇后卫子夫之弟。

② 霍去病（前140—前117）：西汉名将。河东平阳（今山西临汾市西南）人，汉武帝皇后卫子夫之姐卫少儿之子。官至骠骑将军，封"冠军侯"。

③ 司马相如（前179—前118）：西汉辞赋家。字长卿，蜀郡成都（今属四川）人。汉景帝时为武骑常侍，因病免。

④ 逊志：顺心，迎合心意。

⑤ 风行草偃：比喻上位者以德化民之效，后亦指德行崇高者对世人的影响。偃，倒伏。

不动声色而为之。况区区四者之弊，尚何足以轸渊衷^①之念哉！臣闻主圣臣直，惟陛下赦其狂愚，不胜幸甚。臣昧死谨对。

文学常识

《左传》：亦称《春秋左氏传》或《左氏春秋》，儒家经典，旧传春秋时期左丘明所撰，清今文经学家认为系刘歆改编，近人认为是战国初年人据各国史料编成。多用事实解释《春秋》，同《公羊传》《穀梁传》用义理解释有异。起于鲁隐公元年（前722），终于鲁悼公四年（前464），比《春秋》多出十七年，其叙事更至于悼公十四年为止。书中保存了大量古代史料，为中国古代一部史学和文学名著。该书每与《春秋》合刊，作为《十三经》之一。

《公羊传》：亦称《春秋公羊传》《公羊春秋》，儒家经典，专门阐释《春秋》。起于鲁隐公元年（前722），终于鲁哀公十四年（前481）。旧题战国时公羊高撰。

《穀梁传》：亦称《春秋穀梁传》《穀梁春秋》，儒家经典，专门阐释《春秋》。起于鲁隐公元年（前722），终于鲁哀公十四年（前481）。旧题战国时期穀梁赤撰。

---

① 渊衷：渊深的胸怀，多用来称颂皇帝。

陈亮

宋绍熙四年（1193）癸丑科

陈亮（1143—1194），南宋思想家、文学家。字同甫，人称"龙川先生"，婺州永康（今属浙江）人，绍熙年间进士。孝宗时作《中兴五论》，力主抗金。遭当权者嫉恨，屡次被捕入狱。宋光宗时授签书建康府判官公事，未赴任卒。批评理学家只讲主观动机而空谈"道德性命"。和朱熹进行多次"王霸义利之辩"，反对朱熹认为三代以下天地人心日益退化的观点。不赞同以"圣贤"言行为准则，"古今异宜，圣贤之事不可尽以为法"。所作政论气势纵横，笔锋犀利；词作也感情激越，风格豪放。著有《龙川文集》《龙川词》等。

殿试策问　宋光宗赵惇

朕以凉菲①，承寿皇②付托之重，夙夜祇翼③，思所以遵慈谟④，蹈明宪者，甚切至也。临政五年于兹，而治不加进，泽不加广，岂教化之实未著，而号令之意未孚耶？士大夫，风俗之倡也，朕所以劝励其志者不为不勤，而偷惰之习犹未尽革。狱，民之大命也，朕所以选任其官者不为不谨，而冤滥之弊或未尽除。意者狃⑤于常情则难变，玩于虚文则弗畏乎？且帝者之世，贤和于朝，物和于野，俗固美矣，然谗说殄行⑥，乃以为虑。画衣冠，异章服⑦，而民不犯。刑既措矣，然怙终⑧贼刑⑨，必使加审，何也？得非薰陶训厉，自有旨歟？今欲为士者精白⑩承德⑪而趋向一于正，为民者迁善远罪而讼诉归于平；名宾于实而是非不能文其伪，私灭于公而爱恶莫可容其情；节俭正直之谊兴行于庶位，哀矜⑫审克⑬之惠周浃⑭于四方，果何道以臻此？

---

① 凉菲：才德微薄。
② 寿皇：宋孝宗于淳熙十六年（1189）传位于子宋光宗，宋光宗上宋孝宗尊号为"至尊寿皇圣帝"，见《宋史·孝宗纪》。
③ 祇（zhī）翼：犹敬慎。
④ 慈谟：称慈亲或尊上的谋划。
⑤ 狃（niǔ）：拘泥。
⑥ 谗说殄行：指毁谤君子的言语、残害君子的行为。
⑦ 章服：古代以日、月、星辰、龙、蟒、鸟、兽等纹饰作为等级标志的礼服。
⑧ 怙（hù）终：凭恃奸诈终不改过。
⑨ 贼刑：刑杀。
⑩ 精白：比喻纯净、纯洁。
⑪ 承德：蒙受德泽。
⑫ 哀矜（jīn）：犹怜悯。
⑬ 审克：犹审核，察实。
⑭ 浃（jiā）：浸透，透彻。

子大夫待问久矣，咸造在庭，其为朕稽古今之宜，推治化之本，凡可以同风俗、清刑罚、成泰和之效者，悉意而条陈之。朕将亲览。

状元殿试卷 陈亮

臣对：臣闻人主以厚处其身，而未尝以薄待天下之人，故人皆可以为尧舜。而昔人谓其以己而观之者，天地之性①本同也。夫天佑下民，而作之君，作之师。礼乐刑政所以董正②天下而君之也，仁义孝悌所以率先天下而为之师也。二者交修而并用，则人心有正而无邪，民命有直而无枉，治乱安危之所由以分也。尧舜三代之治所以独出于前古者，君道师道无一之或阙也。后世之所谓明君贤主，于君道容有未尽，而师道则遂废矣。夫天下之事，孰有大于人心之与民命者乎？而其要则在夫一人之心也。人心无所一，民命无所措，而欲论古今沿革之宜，究兵财出入之数，以求尽治乱安危之变，是无其地而求种艺之必生也，天下安有是理哉！

臣恭惟皇帝陛下谦恭求治，常若不及，深念夫人心之不易正，而民命之未易生全也。进臣等布衣于廷，而赐以圣问曰："朕以凉菲，承寿皇付托之重，夙夜祗翼，思所以遵慈谟，蹈明宪者，甚切至也。"臣窃叹陛下之于寿皇，莅政二十有八年之间，宁有一政一事之不在圣怀！而

---

① 天地之性：语出《左传·昭公六年》，即"义理之性"，宋代理学家用语。理学家把仁、义、礼、智看作人的本性，认为是天赋予人的义理之性，至纯至善。唯"义理之性"须寓于"气质之性"中，"气质之性"则是"以理与气杂而言之"。人之气禀有昏明清浊之异，故有智愚、贤不肖之别。
② 董正：监督纠正。

问安视寝之余，所以察词而观色，因此而得彼者，其端甚众，亦既得其机要而见诸施行矣。岂徒一月四朝，而以为京邑之美观也哉！而圣问又曰："临政五年于兹，而治不加进，泽不加广，岂教化之实未著，而号令之意未孚耶？"臣于是知陛下求治若不及之心，如天之运而不已^①也。臣闻禹立三年，百姓以仁遂焉。推其本原，则曰克俭克勤，不自满假而已。今时和岁丰，边鄙不耸，亦几古之所谓小康者。陛下犹察其治之不加进，泽之可加广，而欲求其所谓教化之实，号令之意者，盖深知人心之未易正，民命之未易生全也。臣请为陛下诵君道师道，以副陛下求治不已之心焉。

夫所谓教化之实，则不可以颊舌^②而动之矣，仁义孝悌以尽人君之所谓师道可也。所谓号令之意，则不可以权力而驱之矣，礼乐刑政以尽人君之所谓君道可也。

夫天下之学，不能以相一^③。而一道德以同风俗者，乃五皇极^④之事也。极曰皇，而皇居五者，非九五之位则不能以建极也。以大公至正之道而察天下之不协于极、不罹^⑤于咎者，悉比而同之，此岂一人之私意小智乎！无偏无党，无反无侧，以会天下于有极而已。吾夫子列四科，而厕^⑥德行于言语、政事、文学者，天下之长俱得而自进于极也。然而德行先之者，天下之学固由是以出也。《周官》之儒以道得民，师以贤得

---

① 不已：继续不停。
② 颊舌：口舌，比喻辩才。
③ 相一：统一，彼此一致。
④ 皇极：古时称帝王统治天下的准则。
⑤ 罹（lí）：遭受。
⑥ 厕：置。

民，亦以当得民之二条耳。而二十年来，道德性命之学①一兴，而文章政事几于尽废。其说既偏，而有志之士盖尝患苦之矣。十年之间，群起而沮抑②之，未能止其偏，去其伪，而天下之贤者先废而不用，旁观者亦为之发愤以昌言，则人心何繇③而正乎！臣愿陛下明师道以临天下，仁义孝悌交发④而示之，尽收天下之人材。长短小大，各见诸用，德行、言语、政事、文学，无一之或废，而德行常居其先，荡荡乎与天下共繇于斯道。则圣问所谓"士大夫，风俗之倡也，朕所以劝励其志者不为不勤，而偷惰犹未尽革"，殆将不足忧矣。若使以皇极为名，而取其偷惰者而用之，以阴消⑤天下之贤者，则风俗日以偷，而天下之事去矣。

　　夫天下之情，不能以自尽，而执八柄⑥以驭臣民者，乃六三德之事也。强弱异势，而随时弛张者，人主所以独运陶钧而退藏⑦于密者也。用玉食不可同之势，而察威福之有害于家，凶于国者，悉取而执之，此岂臣下之所得而亵用乎！沈潜⑧刚克，高明柔克，以明刑法之适平而已。吾

---

① 道德性命之学：指"道学"，或称"理学"。以继承孔孟"道统"，阐扬"性命义理"之学为主。汉儒（主要是古文经学派）治经侧重名物训诂，宋儒则多以阐释义理，兼谈性命为主，故有此称。
② 沮抑：阻遏抑制。
③ 繇（yóu）：通"由"，从，自。
④ 交发：同时发生。
⑤ 阴消：暗中消失。
⑥ 八柄：君主驾驭臣下的八种手段。《周礼·天官冢宰·大宰》："以八柄诏王驭群臣：一曰爵，以驭其贵；二曰禄，以驭其富；三曰予，以驭其幸；四曰置，以驭其行；五曰生，以驭其福；六曰夺，以驭其贫；七曰废，以驭其罪；八曰诛，以驭其过。"郑玄注："柄，所秉执以起事者也。"
⑦ 退藏：隐匿。
⑧ 沈潜：亦作"沉潜""沉渐"，深沉隐伏。

夫子为鲁司寇①，民有犯孝道者，不忍置诸刑。其说以为教之不至，则未庸以杀。而少正卯②则七日而诛之，盖动摇吾民，不可一朝居也。《周官》之刑，平国用中典，盖不欲自为轻重耳。而二三十年来，罪至死者，不问其情而皆附法以谳③，往往多至于幸生。其事既偏，而平心之人皆不以为然矣。数年以来，典刑之官遂以杀为能，虽可生者亦付以死。而庙堂或以为公而尽从之，使奏谳之典反以济一时之私意，而民命何从而全乎！臣愿陛下尽君道以宰天下，礼乐刑政并出而用之。凡天下奏谳之事，长案碎款④，尽使上诸刑寺⑤。其情之疑轻者，驳就宽典。至其无可出而后就极刑，皆据案以折之，不得自为轻重。则圣问所谓"狱，民之大命也，朕所以选任其官者不为不谨，而冤滥之弊或未尽除"，殆将不足忧矣。若使以福威在己而欲一日尽去其冤滥，人之私意固不可信，而吾能自保其无私乎！不如付之有司之犹有准绳也。

圣问又曰："意者狃于常情则难变，玩于虚文则弗畏乎！"臣以为人主以厚处其身，而未尝以薄待天下之人，安有吾身之既至而天下之终不可化者乎！臣愿陛下明师道君道以先之而已，此所谓教化之实，号令之意者也。

臣伏读圣策曰："且帝者之世，贤和于朝，物和于野，俗固美矣，然

---

① 司寇：官名，掌管司法、刑狱事务的辅政大臣。相传商代已置，为天子五官（司徒、司马、司空、司士、司寇）之一。西周置，春秋沿之，掌管刑狱、纠察等事。战国时或称"邦司寇"，主刑狱，督造兵器。西汉哀帝时，更名护军都尉为"司寇"，职掌迥异。后世以大司寇为刑部尚书的别称，刑部侍郎则称"少司寇"。
② 少正卯（？—前496）：春秋时期鲁国人，少正氏，名卯。一说"少正"为官名。传说与孔子同时在鲁聚徒讲学，以致"孔子之门三盈三虚"；孔子任鲁司寇，"三月而诛少正卯"。其事其难以确信。
③ 谳（yàn）：审判定案。
④ 款：顺从，服罪。《陈书·沈洙传》："凡有狱十一人，其所测者十人，款者唯一。"
⑤ 刑寺：刑部、大理寺的合称，主掌司法审判之事。

谀说殄行，乃以为虑。"臣有以见陛下深知人心之未易正也。昔者尧舜以师道临天下，苟可以救之者，无所不用其至矣。而说之横^①入于人心者，谓之谀说；行之高出于人心者，谓之殄行。人心之危，说有以横入之，则受矣；行有以高出之，则伏矣。此所谓震惊，而尧舜之所忧也。故必有纳言^②之官，使王命民言交出迭入，而得以同归于道，而天下之学一矣。及周之衰，天下之学争起肆出，不能相下。而向之所谓谀说殄行者，一变而为乡原^③，务以浸润于人心，自纳于流俗。天下之学既不能以相一，而其势不屈而自归，孔孟盖深畏之，以其非复尧舜之时所尝有也。愿陛下畏乡原甚于尧舜之畏谀说殄行，则人心之正有日矣。

臣伏读圣策曰："画衣冠，异章服，而民不犯。刑既措矣，然怙终贼刑，必使加审，何也？"臣有以见陛下深知民命之未易生全也。方尧舜以君道宰天下，禹平水土，稷降播种，民固已乐其有生矣。而皋陶明刑以示之，塞其不可由之涂，使得优游于契^④之教、伯夷^⑤之礼。天下之人皆知禹、夷、稷、契之功，而皋陶^⑥之所以入于人心者，隐然而不可诬也。后世之为天下者，刑一事而已矣。宽简之胜于微密也，温厚之胜于严厉也，其功皆可言，而皋陶不言之功则既废矣。夫鞭作官刑，扑作教

① 横：不由正道。
② 纳言：官名。始见于《尚书·尧典》，掌宣达帝命。新朝时更名大司农为"纳言"，北周武帝时改御伯置。隋代避隋文帝父杨忠名讳，凡"中"字皆不用，因以此代侍中。唐初沿称，后仍改名"侍中"。
③ 乡原：原，通"愿"，谨厚貌。指乡里中伪善欺世的人。
④ 契：传说中商的始祖，子姓，帝喾之子，母为简狄。相传为简狄吞玄鸟（燕）卵所生。曾助禹治水有功，被舜任为司徒，掌管教化。居于商（今河南商丘南），一说居于蕃（今山东滕州）。
⑤ 伯夷：孤竹君长子，墨胎氏，名允，字公信。孤竹君遗命立第三子叔齐为君，其死后，叔齐让位，伯夷不受，两人一起投奔周文王。路遇武王伐纣，他们拦马劝谏。武王灭商后，兄弟俩隐居首阳山，不食周粟而死。
⑥ 皋陶（yáo）：传说中东夷部落的首领，偃姓。相传曾被舜任命为掌管刑法的官，后被禹选为继承人，早死未继位。

刑，金作赎刑，眚灾①肆赦，怙终贼刑。官刑既如彼，教刑又如此，情之轻者释以财，情之误者释以令。凡可出者悉皆出之矣。其所谓怙终贼刑者，盖其不可出者也，天下之当刑者能几人！后世之轻刑，未有如尧舜之世者也，愿陛下考尧舜之所以轻刑之繇，则民命之全可必矣。

而圣策又曰："得非薰陶训厉，自有旨欤？"臣之所以反覆为陛下言之者，苟尽师道，则薰陶在其中；苟尽君道，则训厉不足言矣。尧舜之所以治天下者，岂能出吾道之外哉！仁义孝悌，礼乐刑政，皆其物也。

臣伏读圣策曰："今欲为士者精白承德，而趋向一于正，为民者迁善远罪而讼诉归于平。"臣有以见陛下之未尝以薄待天下之人也。彼亦何忍以异类自为哉！而圣策又曰："名宾于实而是非不能文其伪，私灭于公而爱恶莫可容其情。"则圣意不免于小疑矣。然而天下之学贵乎正，天下之情贵乎平，其终固未尝不归于厚也。夫今日之患，正在夫名实是非之未辩，公私爱恶之未明，其极至于君子小人之分犹未定也。伊尹论有言逆于汝心，必求诸道；有言逊于汝志，必求诸非道，其说近矣。而汉之谷永②，其言未尝不逆；唐之李泌③，其言未尝不顺，则人心庸有定乎！孟子论国人皆曰贤，必察见其贤而后用之；国人皆曰可杀，必察见其可杀而后杀之。其说密于伊尹矣。然为人上者，何从而得国人之论也！凡今之进言于陛下之前者，孰不自以为是，而自以为公哉！陛下亦尝察舆论之曰贤者而用之矣。然而人之分量有限，其心未能尽平也，未能举无私也。小人乘间而肆言以为公，力抵以为直，陛下亦不能不惑之

---

① 眚（shěng）灾：因过失而造成灾害。

② 谷永（约前70—约前10）：西汉大臣。本名并，字子云，长安（今陕西西安西北）人。博学经书，任大司农。汉成帝以其党于王氏，不甚亲信。后以病免，卒于家。

③ 李泌（722—789）：唐朝大臣。字长源，幼以捷著称。历仕玄宗、肃宗、代宗、德宗，封邺县侯。多谋略，有说直之风。

矣。遂欲两存之以为平，薰莸①决无同器之理也。名实是非当日以淆，而公私爱恶未知所定，何望夫风俗之正而刑罚之清哉！陛下见其贤而用之，举动之小偏，则勿行而已耳。君臣固当相与如一体也，何至有肆谗之人以恐惧其心志，而徊惶其进退哉！陛下苟能明辩名实是非之所在，公私爱恶之所归，则治乱安危于是乎分，而天下之大计略定矣。风俗固不期而正，刑罚固不期而清也。清白承德，迁②善远罪，直其细耳。

　　而圣策又曰："节俭正直之谊兴行于庶位，哀矜审克之惠周浃于四方，果何道以臻此？"其要在于辩名实是非之所在，公私爱恶之所归。其道则以厚处其身，而未尝以薄待天下之人而已。陛下三载一策多士，宜若以踵③故事也，宜若以为文具也。草茅亦以故事视之，以文具应之。过此一节，则异时高爵重禄，陛下不得而靳之矣。陛下图其名，而草茅取其实，此岂国家之所便哉！正人心以立国本，活民命以寿国脉，二帝三王之所急先务也。陛下用以策士，则既不鄙夷之矣。于其末又复策臣等曰："子大夫待问久矣，咸造在廷，其为朕稽古今之宜，推治化之本，凡可以同风俗、清刑罚、成泰和之效者，悉意而条陈之。朕将亲览。"臣有以见陛下必欲正人心，全民命，以尽君师之道，而自达于二帝三王之治而后已。顾臣何人，岂足以奉大对。臣窃观陛下以厚处其身，而未尝薄待天下之人。既得正人心，全民命之本矣，而犹欲臣稽古今之宜，推治化之本。夫以厚处身之道，岂有穷哉！使天下无一人之有疑焉可也。

---

① 薰莸（xūn yóu）：《左传·僖公·僖公四年》："一薰一莸，十年尚犹有臭。"杜预注："薰，香草；莸，臭草。十年有臭，言善易消，恶难除。"后常用以比喻善人与恶人。
② 迁：改变，此处指改恶向善。
③ 踵：继承，因袭。

陛下之圣孝，虽曾闵①不过，而定省之小夺于事，则人得以疑之矣。陛下之即日如故，而疑者不愧，其望陛下之以厚自处为无已也。陛下之英断自天，不借左右以辞色②，而废置予夺之不当，则人得以疑之矣。陛下之终无所假，而疑者亦不愧，其望陛下之以厚自处为无已也。"云上于天，需，君子以饮食宴乐。③"而九五之需于饮食者，待时以有为，当于此乎需也。岂以陛下之圣明而有乐于此哉！然而人心不能无疑也。"明两作离，大人以继明照四方。④"而六五之出涕沱⑤若，戚嗟⑥若。两明相照，抚心自失，而不敢以敌体也。岂以陛下之英武而肯郁郁于此哉！然而人心不能无疑也。臣愿圣孝日加于一日，英断事逾于一事，奋精明于宴安⑦之间，起心志于谦抑⑧之际，使天下无一人之有疑，而陛下终为寿皇继志而述事。则古今之宜，莫便于此；治化之本，莫越于此。同风俗以正人心，清刑罚以全民命，而明效大验，可以为万世无穷之法，其本则止于厚处其身而已。《诗》不云乎："维天之命，于穆不已，文王之德之纯。"⑨而子思亦曰："纯亦不已。"夫以厚处其身，岂有穷哉！

臣昧死谨上愚对。

---

① 曾闵：指曾子和闵子。曾子（前505—前435），春秋末年鲁国南武城（一说为今山东嘉祥南，一说为今山东平邑南）人，名参，字子舆。孔子的弟子，以孝著称。闵子（前536—前487），春秋时期鲁国人，名损，字子骞。孔子的弟子，性至孝，以德行与颜渊并称。鲁季氏请其任费邑长官，辞不就。

② 辞色：说的话和说话时的神态。

③ 此句出自《周易·需卦》。

④ 此句出自《周易·离卦》。

⑤ 沱（tuó）：涕泪如雨貌。

⑥ 嗟（jiē）：感叹。

⑦ 宴安：逸乐。

⑧ 谦抑：谦逊。

⑨ 此诗出自《诗经·周颂·维天之命》，是周天子祭祀文王的诗篇之一。"于穆不已"后脱"于乎不显"一句。诗中赞颂"文王之德之纯"，及于子孙。

《**周礼**》：亦称《周官》《周官经》，儒家经典，是搜集周王室官制和战国时各国制度，添附儒家政治理想，增减排比而成的汇编。古文经学家认为是周公所作，今文经学家认为出于战国，也有人指为西汉末年刘歆所伪造。近人从周秦铜器铭文所载官制，参证该书中的政治、经济制度和学术思想，定为战国时的作品。共有《天官冢宰》《地官司徒》《春官宗伯》《夏官司马》《秋官司寇》《冬官司空》六篇。《冬官司空》早佚，汉时补以《冬官考工记》。

文天祥

宋宝祐四年（1256）丙辰科

状元文章

文天祥（1236—1283），南宋大臣、文学家。字履善，又字宋瑞，号文山，吉州庐陵（今江西吉安）人。宝祐四年（1256）进士第一。景炎二年（1277）进兵江西，恢复州县多处。旋为元重兵所败，退入广东，坚持抵抗。次年在五坡岭（在今广东海丰北）被俘。元将张弘范迫其写信招张世杰，他坚决拒绝，书所作《过零丁洋》诗以明志。元世祖至元十九年十二月初九日（1283年1月9日）被害。他于所遭险难及平生战友事迹，都作有诗歌，题名《指南录》，可称"诗史"。在大都狱中所作《正气歌》尤为世所传诵。遗著有《文山先生全集》。

殿试策问 宋理宗赵昀

　　问：盖闻道之大原出于天，超乎无极①太极②之妙，而实不离乎日用事物之常；根乎阴阳五行之赜③，而实不外乎仁义礼智、刚柔善恶之际。天以澄著，地以靖谧，人极以昭明④，何莫由斯道也。圣圣相传，同此一道。由修身而治人，由致知⑤而齐家、治国、平天下。本之精神心术，达之礼乐刑政，其体甚微，其用则广，历千万世而不可易。然功化有浅深，证效有迟速者，何欤？朕以寡昧⑥，临政愿治，于兹历年。志愈勤，道愈远，窅⑦乎其未朕也，朕心疑焉。子大夫明先圣之术，咸造在廷，必有切至之论，朕将虚己以听。

　　《三坟》而上，大道难名；《五典》以来，常道始著。日月星辰顺乎上，鸟兽草木若于下。"九功惟叙，四夷来王，百工熙哉，庶事康哉。"非圣神功化之验欤？然人心道心，寂寥片语，其危微精一⑧之妙，不可

---

① 无极：中国哲学术语。指无形无象的宇宙原始状态。

② 太极：《周易·系辞上》："易有太极，是生两仪，两仪生四象，四象生八卦。"这里的"太极"是派生万物的本原。

③ 赜（zé）：幽深玄妙。

④ 昭明：显著，明白。

⑤ 致知：儒家用语。《礼记·大学》："欲诚其意者，先致其知，致知在格物。"历代学者解释不一。郑玄注："知，谓知善恶吉凶之所终始也"；"此致或为至"。朱熹注："致，推极也；知，犹识也。推极吾之知识，欲其所知无不尽也。"王守仁谓"致"即行，以论证其"致良知"和"知行合一"。

⑥ 寡昧：知识浅陋，不明事理。

⑦ 窅（yǎo）：所见深远貌。

⑧ 危微精一：伪《古文尚书·大禹谟》中"人心惟危，道心惟微，惟精惟一，允执厥中"的简称。宋儒把这十六字看作尧、舜、禹心心相传的个人修养和治理国家的原则。

以言概欤？誓何为而畔？会何为而疑？俗何以不若结绳？治何以不若画像？以政凝民，以礼凝士，以《天保》①《采薇》②治内外，忧勤危惧，仅克有济，何帝王劳逸之殊欤？抑随时损益，道不同欤？及夫六典建官，盖为民极则，不过曰治、曰教、曰礼、曰政、曰刑、曰事而已，岂道之外，又有法欤？

自时厥后，以理欲之消长，验世道污隆③。阴浊之日常多，阳明之日常少，刑名杂霸，佛老异端，无一毫几乎道，驳乎无以议为。然务德化者，不能无上郡④、雁门⑤之警；施仁义者，不能无末年轮台之悔⑥，甚而无积仁累德之素，纪纲制度，为足维持凭藉者，又何欤？

朕上嘉下乐，夙兴夜寐⑦，靡遑康宁⑧。道久而未洽，化久而未成。天变⑨洊臻⑩，民生寡遂。人才乏而士习浮，国计殚而兵力弱。符泽⑪未清，边备孔棘。岂道不足以御世欤？抑化裁⑫推行有未至欤？夫"不息则久，久则征"。今胡为而未征欤？"变则通，通则久"，今其可以屡

---

① 《天保》：《诗经·小雅》篇名。《诗序》："下报上也。"是一首为君主祝福的诗。
② 《采薇》：《诗经·小雅》篇名。诗中反映从军者抗御猃狁的艰辛生活和怀归之情。
③ 污隆：指世道的盛衰或政治的兴替。
④ 上郡：郡名。战国魏文侯置，隋大业及唐天宝、至德时又曾分别改鄜城郡、绥州为上郡。位于北方边区，秦始皇时蒙恬统兵三十万屯此以御匈奴。
⑤ 雁门：郡名。战国赵武灵王置，辖境相当今山西河曲、五寨、宁武等县以北，恒山以西，内蒙古黄旗海、岱海以南地。隋初废，大业及唐天宝、至德时又曾改代州为雁门郡。
⑥ 轮台之悔：谓皇帝追悔往事引咎自责之言。
⑦ 夙兴夜寐：起早睡迟，形容勤奋不懈。
⑧ 靡遑康宁：不能安康宁静。
⑨ 天变：古称天象的变异，如日食、星陨等。
⑩ 洊臻：接连地来到，一再遇到。多用于不幸的事情。
⑪ 符泽：指草寇。
⑫ 化裁：谓随事物变化而相裁节，后多指教化裁节。

更欤?

　　子大夫熟之复之，勿激勿泛，以副朕详延^①之意。

状元殿试卷　文天祥

　　臣对：恭惟皇帝陛下，处常之久，当泰之交，以二帝三王之道会诸心，将三纪于此矣。臣等鼓舞于鸢飞鱼跃之天，皆道体流行中之一物，不自意得旅进^②于陛下之庭，而陛下且嘉之论道。道之不行也久矣，陛下之言及此，天地神人之福也。然臣所未解者，今日已当道久化成之时，道洽^③政治之候，而方歉焉有志勤道远之疑，岂望道而未之见耶？臣请溯^④太极动静之根，推圣神功化之验，就以圣问中不息一语，为陛下勉，幸陛下试垂听焉！

　　臣闻大地与道同一不息，圣人之心与天地同一不息。上下四方之宇，往古来今之宙，其间百千万变之消息盈虚，百千万事之转移阖辟^⑤，何莫非道。所谓道者，一不息而已矣。道之隐于浑沦^⑥，藏于未雕未琢之天，当是时，无极太极之体也。自太极分而阴阳，则阴阳不息，道亦不息；阴阳散而五行，则五行不息，道亦不息；自五行又散，而为人心之

---

①　详延：广泛接受意见。
②　旅进：并进。
③　道洽：某种学说和教义得到普及。
④　溯（sù）：追求根源，向过去推求。
⑤　阖辟（hé pì）：闭合与开启。
⑥　浑沦：囫囵，指浑然一体不可分的状态。

仁、义、礼、智、刚、柔、善、恶，则乾道^①成男，坤道^②成女，穹壤^③间生生化化之不息，而道亦与之相为不息。然则道一不息，天地亦一不息；天地之不息，固道之不息者为之。圣人出，而为天地立心，为生民立命，为往圣继绝学，为万世开太平，亦不过以一不息之心充之。充之而修身治人，此一不息也；充之而致知，以至齐家、治国、平天下，此一不息也；充之而自精神心术，以至于礼乐刑政，亦此一不息也。自有《三坟》《五典》以来，以至于太平、六典之世，帝之所以帝，王之所以王，皆自其一念之不息者始。秦、汉以降，而道始离。非道之离也，知道者之鲜也。虽然，其间英君谊辟^④，固有号为稍稍知道矣，而又沮于行道之不力；知务德化矣，而不能不尼^⑤之以黄、老；知施仁义矣，而不能不遏之以多欲；知四年行仁矣，而不能不画之以近效。上下二三千年间，牵补过时，架漏度日^⑥，毋怪夫驳乎无以议为也。独惟我朝式克至于今日休。

陛下传列圣之心，以会艺祖^⑦之心；会艺祖之心，以恭帝王之心，参天地之心。三十三年间，臣知陛下不贰^⑧以二，不参以三，茫乎天运，眚尔神化。此心之天，混兮辟兮，其无穷也。然临御浸久，持循^⑨浸熟，而算计见效，犹未有以大快圣心者。上而天变不能以尽无，下而民生不能

① 乾道：天道，阳刚之道。
② 坤道：地道，阴柔之道。
③ 穹壤：指天地。
④ 谊辟：指好的君主。
⑤ 尼：通"泥"，拘执，难行。
⑥ 牵补过时，架漏度日：房屋有破漏，用支架牵引藤蔓来补漏。比喻时局艰危，勉强支撑。
⑦ 艺祖：有文德才艺的祖先。
⑧ 不贰：没有二心，不背离。
⑨ 持循：遵循，遵行。

以尽遂，人才士习之未甚纯，国计兵力之未甚充，以至盗贼兵戈之警，所以贻宵旰①之忧者，尤所不免。然则行道者，殆无验也邪？臣则以为道非无验之物也。道之功化甚深也，而不可以为迂②；道之证效甚迟也，而不可以为速。"维天之命，于穆不已"，天地之所以为天地也。"之德之纯""纯亦不已"，圣人之所以为圣人也。为治，顾力行何如耳？焉有行道于岁月之暂，而遽责其验之为迂且远邪？臣之所望于陛下者，法天地之不息而已。姑以近事言：则责躬之言方发，而阴雨旋霁③，是天变未尝不以道而弭也。赈饥④之典方举，而都民欢呼，是民生未尝不以道而安也。论辩建明之诏一颁，而人才士习，稍稍浑厚。招填条具之旨一下，而国计兵力，稍稍充实。安吉、庆元之小获，维扬、泸水之隽功⑤，无非忧勤于道之明验也。然以道之极功论之，则此浅效耳，速效耳。指浅效速效，而遽以为道之极功，则汉、唐诸君之用心是也。陛下行帝而帝，行王而王，而肯袭汉、唐事邪？此臣所以赞陛下之不息也。陛下倘自其不息者而充之，则与阴阳同其化，与五行同其运，与乾坤生生化化之理同其无穷。虽充而为三纪之风移俗易可也，虽充而为四十年圄空⑥刑措可也，虽充而为百年德洽于天下可也，虽充而为卜世过历亿万年敬天之休可也。岂止如圣问八者之事，可徐就理而已哉？臣谨昧死上愚对。

---

① 宵旰（gàn）："宵衣旰食"，亦作"旰食宵衣"。天不亮就穿衣起身，天晚了才吃饭。旧时用来称颂帝王勤于政事。

② 迂：拘泥固执，不切实际。

③ 霁：本指雨止。引申为风雪停，云雾散，天气放晴。

④ 赈（zhèn）饥：救济饥民。

⑤ 隽功：突出的功勋。

⑥ 圄（yǔ）空：牢狱空着。谓国家治理得好，无人犯罪。

臣伏读圣策曰："盖闻道之大原出于天，超乎无极太极之妙，而实不离乎日用事物之常；根乎阴阳五行之赜，而实不外仁义礼智、刚柔善恶之际。天以澄著，地以靖谧，人极以昭明，何莫由斯道也。圣圣相传，同此一道。由修身而治人，由致知而齐家、治国、平天下。本之于精神心术，达之于礼乐刑政，其体甚微，其用则广，历千万世而不可易。然功化有浅深、证效有迟速，何欤？朕以寡昧，临政愿治，于兹历年。志愈勤，道愈远，窅乎其未朕也。朕心疑焉。子大夫明先王之术，咸造在庭，必有切至之论，朕将虚己以听。"臣有以见陛下溯道之本原，求道之功效，且疑而质之臣等也。臣闻圣人之心，天地之心也；天地之道，圣人之道也。分而言之，则道自道，天地自天地，圣人自圣人；合而言之，则道一不息也，天地一不息也，圣人亦一不息也。臣请溯其本原言之。

茫茫堪舆[①]，块圠[②]无垠；浑浑元气[③]，变化无端。人心仁义礼智之性未赋也，人心刚柔善恶之气未禀也。当是时，未有人心，先有五行；未有五行，先有阴阳；未有阴阳，先有无极太极；未有无极太极，则太虚[④]无形，冲漠[⑤]无朕，而先有此道。未有物之先，而道具焉，道之体也；既有物之后，而道行焉，道之用也。其体则微，其用甚广。即人心，而道在人心；即五行，而道在五行；即阴阳，而道在阴阳；即无极太极，而

---

① 堪舆：天地的代称。

② 块圠（yǎng yà）：漫无边际貌。

③ 元气：中国古代哲学术语。指产生和构成天地万物的原始物质，或阴阳二气混沌未分的实体。

④ 太虚：气的一种清虚无形状态。

⑤ 冲漠：虚寂恬静。

道在无极太极。贯显微，兼费隐①，包小大，通物我。道何以若此哉？道之在天下，犹水之在地中；地中无往而非水，天下无往而非道。水，一不息之流也；道，一不息之用也。天以澄著，则日月星辰循其经；地以靖谧，则山川草木顺其常；人极以昭明，则君臣父子安其伦。流行古今，纲纪造化，何莫由斯道也。一日而道息焉，虽三才②不能以自立。道之不息，功用固如此。夫圣人体天地之不息者也，天地以此道而不息，圣人亦以此道而不息。圣人立不息之体，则敛于修身；推不息之用，则散于治人。立不息之体，则寓于致知以下之工夫；推不息之用，则显于齐家、治国、平天下之效验。立不息之体，则本之精神心术③之微；推不息之用，则达之礼乐刑政之著。圣人之所以为圣人者，犹天地之所以为天地也。道之在天地间者，常久而不息；圣人之于道，其可以顷刻息邪？言不息之理者，莫如大易，莫如中庸。大易之道，至于"乾道变化，各正性命，保合太和"。而圣人之论法天，乃归之自强不息。中庸之道，至于"溥博④渊泉""上天之载，无声无臭"，而圣人之论配天地，乃归之"不息则久"。岂非乾之所以刚健中正、纯粹精一也者，一不息之道耳。是以法天者，亦以一不息。中庸之所以高明博厚、悠久无疆者，一不息之道耳。是以配天地者，亦以一不息。以不息之心，行不息之道，圣人即不息之天地也。

---

① 费隐：谓政治主张不同则隐居不仕。语本《礼记·中庸》："君子之道，费而隐。"郑玄注："言可隐之节也。费犹佹也，道不费则仕。"
② 三才：古指天、地、人。《周易·说卦》："是以立天之道曰阴与阳，立地之道曰柔与刚，立人之道曰仁与义。兼三才而两之，故《易》六画而成卦。"
③ 心术：心计，计谋。
④ 溥博：周遍广远。

陛下临政愿治，于兹历年。前此不息之岁月，犹日之自朝而午；今此不息之岁月，犹日之至午而中。此正勉强行道，大有功之日也。陛下勿谓数十年间，我之所以担当宇宙，把握天地，未尝不以此道，至于今日，而道之验如此其迂且远矣。以臣观之，道犹百里之途也，今日则适六七十之候也。进于道者，不可以中道而废；游于途者，不可以中途而尽。孜孜矻矻①而不自已焉，则适六七十里者，固所以为至百里之阶也。不然，自止于六七十里之间，则百里虽近，焉能以一武②到哉？道无浅功化，行道者何可以深为迂？道无速证效，行道者何可以迟为远？惟不息，则能极道之功化；惟不息，则能极道之证效。气机动荡于三极③之间，神采灌注于万有之表，要自陛下此一心始。臣不暇远举，请以仁宗皇帝事，为陛下陈之。仁祖，一不息之天地也。康定④之诏曰："祗勤⑤抑畏"；庆历⑥之诏曰："不敢荒宁⑦"；皇祐⑧之诏曰："缅念为君之难，深惟履位⑨之重。"庆历不息之心，即康定不息之心也；皇祐不息之心，即庆历不息之心也。当时，仁祖以道德感天心，以福禄胜人力，国家绥靖⑩，边鄙宁谧。若可以已矣，而犹未也。至和⑪元年，仁祖之三十三年

---

① 孜孜矻（kū）矻：勤勉不懈貌。
② 一武：三尺。古以六尺为步，半步为武。《国语·周语下》："不过步武尺寸之间。"
③ 三极：指三才，天、地、人。
④ 康定：宋仁宗年号（1040—1041）。
⑤ 祗勤：敬慎勤劳。
⑥ 庆历：宋仁宗年号（1041—1048）。
⑦ 荒宁：荒废懈怠，贪图安逸。
⑧ 皇祐：宋仁宗年号（1049—1054）。
⑨ 履位：就位。
⑩ 绥（suí）靖：安抚平定。
⑪ 至和：宋仁宗年号（1054—1056）。

也，方且露立仰天，以畏天变；碎通天犀①，以救民生。处贾黯吏铨之职，擢公弼殿柱②之名，以厚人才，以昌士习；纳景初减用之言，听范镇新兵之谏，以裕国计，以强兵力。以至讲《周礼》，薄征缓刑，而拳拳③以盗贼为忧；选将帅，明纪律，而汲汲以西戎北虏为虑。仁祖之心，至此而不息，则与天地同其悠久矣。陛下之心，仁祖之心也。范祖禹④有言："欲法尧、舜，惟法仁祖。"臣亦曰："欲法帝王，惟法仁祖。"法仁祖则可至天德，愿加圣心焉！

臣伏读圣策曰：《三坟》以上云云，岂道之外，又有法欤？臣有以见陛下慕帝王之功化证效，而亦意其各有浅深迟速也。臣闻帝王行道之心，一不息而已矣。尧之兢兢，舜之业业，禹之孜孜，汤之栗栗⑤，文王之不已，武王之无贰，成王之无逸，皆是物也。《三坟》远矣，《五典》犹有可论者。臣尝以《五典》所载之事推之：当是时，日月星辰之顺，以道而顺也；鸟兽草木之若，以道而若也；九功⑥惟叙，以道而叙也；四夷来王，以道而来王也。百工以道而熙，庶事以道而康。光天之下，至于海隅苍生，盖无一而不拜帝道之赐矣。垂衣拱手，以自逸于土阶岩廊⑦之上，夫谁曰不可？而尧舜不然也。方且考绩之法，重于三岁，无岁而敢息也；授历⑧之命，严于四时，无月而敢息也；凛凛乎一日二日之

---

① 通天犀：一种上下贯通的犀牛角。

② 殿柱：柱下史，官名。一说即"御史"。常立殿柱之下，故名。周代置，秦沿置。

③ 拳拳：牢握不舍之意。

④ 范祖禹（1041—1098）：成都华阳（今四川成都）人，字淳甫，一字梦得。助司马光纂修《资治通鉴》，书成，除秘书省正字。哲宗立，累官翰林学士兼侍讲。附会司马光变更新法，责授武安军节度副使、永州安置。

⑤ 栗栗：恐惧貌。

⑥ 九功：指六府三事之功。

⑦ 岩廊：高峻的廊庑。

⑧ 授历：颁布历法。

戒，无日而敢息也。此犹可也。授受之际，而尧之命舜，乃曰："允执厥中①。"夫谓之执者，战兢保持而不敢少放之谓也。味斯语也，则尧之不息可见矣。《河图》出矣，《洛书》见矣，执中②之说未闻也，而尧独言之，尧之言赘矣。而舜之命禹，乃复益之以"人心惟危，道心惟微，惟精惟一"之三言。夫致察于危、微、精、一之间，则其战兢保持之念，又有甚于尧者，舜之心其不息又何如哉！是以尧之道化，不惟验于七十年在位之日；舜之道化，不惟验于五十年视朝之时。读"万世永赖"之语，则唐、虞而下，数千百年间，天得以为天，地得以为地，人得以为人者，皆尧舜之赐也。然则功化抑何其深，证效抑何其迟欤！

降是而王，非固劳于帝者也。太朴③日散，风气日开，人心之机械④日益巧，世变之乘除不息⑤，而圣人之所以纲维⑥世变者，亦与之相为不息焉。俗非结绳之淳⑦也，治非画像之古⑧也，师不得不誓⑨，侯不得不会，民不得不凝之以政，士不得不凝之以礼，内外异治，不得不以《采薇》《天保》之治治之。以至六典建官，其所以曰治、曰政、曰礼、曰教、曰刑、曰事者，亦无非扶世道而不使之穷耳。以势而论之，

---

① 允执厥中：谓言行符合不偏不倚的中正之道。

② 执中：持中庸之道，无过与不及。

③ 太朴：谓原始质朴的大道。

④ 机械：谋略。

⑤ 乘除不息：消长而不停止。乘除，指世事的消长盛衰。

⑥ 纲维：总纲和四维，喻指法纪。

⑦ 结绳之淳：指文字产生前的一种帮助记忆的方法。用绳子打结以记事，相传大事打大结，小事打小结。《周易·系辞下》："上古结绳而治，后世圣人易之以书契。"晋葛洪《抱朴子·钧世》："若舟车之代步涉，文墨之改结绳，诸后作而善于前事。"后以指上古时代。此处意为上古时代的淳朴风俗。

⑧ 画像之古：古代民风淳朴，于罪人衣上画五刑之像，令之穿戴，以示警戒。

⑨ 誓：古代告诫将士的言辞。

则夏之治不如唐、虞，商之治又不如夏，周之治又不如商。帝之所以帝者何其逸，王之所以王者何其劳。栗栗危惧，不如非心黄屋者之为适也；始于忧勤，不如恭己南面①者之为安也。然以心而观，则舜之业业，即尧之兢兢；禹之孜孜，即尧之业业；汤之栗栗，即禹之孜孜。文王之不已，武王之无贰，成王之无逸，何莫非兢兢、业业、孜孜、栗栗之推也。道之散于宇宙间者，无一日息；帝王之所以行道者，亦无一日息。帝王之心，天地之心也，尚可以帝者之为逸，而王者之为劳耶？臣愿陛下求帝王之道，必求帝王之心，则今日之功化证效，或可与帝王一视矣。

臣伏读圣策曰：自时厥后云云，亦足以维持凭藉者，何欤？臣有以见陛下陋汉、唐之功化证效，而且为汉、唐世道发一慨也。臣闻不息则天，息则人；不息则理，息则欲；不息则阳明，息则阴浊。汉、唐诸君天资敏，地位高，使稍有进道之心，则六五帝、四三王，亦未有难能者。奈何天不足以制人，而天反为人所制；理不足以御欲，而理反为欲所御；阳明不足以胜阴浊，而阳明反为阴浊所胜。是以勇于进道者少，沮于求道者多，汉、唐之所以不唐、虞三代也欤！虽然，是为不知道者言也，其间亦有号为知道者矣。汉之文帝、武帝，唐之太宗，亦不可谓非知道者，然而亦有议焉。先儒尝论汉、唐诸君，以公私义利分数②多少为治乱。三君之心，往往不纯乎天，不纯乎人，而出入于天人之间；不纯乎理，不纯乎欲，而出入乎理欲之间；不纯乎阳明，不纯乎阴浊，而出入乎阳明阴浊之间。是以专务德化，虽足以陶后元③泰和之

---

① 南面：古代以坐北面南为尊位，帝王之位南向，故称居帝位为"南面"。《周易·说卦》："圣人南面而听天下，向明而治。"

② 分数：犹天命，天数。

③ 后元：指后文追忆的文景时期年号，为前163—前157年及前143—前141年。

风，然而尼之以黄、老，则雁门、上郡之警不能无；外施仁义，虽足以致建元①富庶之盛，然而遏之以多欲，则轮台末年之悔不能免；四年行仁，虽足以开贞观②升平之治，然而画之以近效，则纪纲制度，曾不足为再世之凭藉。盖有一分之道心者，固足以就一分之事功；有一分之人心者，亦足以召一分之事变。世道污隆之分数，亦系于理欲消长之分数而已。

然臣尝思之，汉、唐以来，为道之累者，其大有二：一曰杂伯③，二曰异端。时君世主，有志于求道者，不陷于此，则陷于彼。姑就三君而言，则文帝之心，异端累之也；武帝、太宗之心，杂伯累之也。武帝无得于道，宪章六经，统一圣真④，不足以胜其神仙、土木之私，干戈、刑罚之惨，其心也荒。太宗全不知道，闺门⑤之耻，将相之夸，末年辽东一行，终不能以克其血气之暴，其心也骄。杂伯一念，憧憧⑥往来，是固不足以语常久不息之事者。若文帝稍有帝王之天资，稍有帝王之地步，一以君子长者之道待天下，而晁错⑦辈刑名之说，未尝一动其心，是不累于杂伯矣。使其以二三十年恭俭之心，而移之以求道，则后元气象，且将骎骎⑧乎商、周，进进乎唐、虞。奈何帝之纯心，又间于黄、老之清净，

---

① 建元：汉武帝年号（前140—前135）。

② 贞观：唐太宗年号（627—649）。

③ 杂伯：王道与霸道掺杂并用，亦作"杂霸"。

④ 圣真：谓儒学的真谛。

⑤ 闺门：古代称内室的门，亦指家门。

⑥ 憧（chōng）憧：心意不定。

⑦ 晁错（约前200—前154）：西汉政论家。颍川（今河南禹州）人。汉文帝时，任太常掌故，曾奉命从故秦博士伏生受《尚书》。汉景帝即位，任御史大夫。他坚持重本抑末政策，提出纳粟受爵、募民充实塞下、积极备御匈奴贵族攻掠，以及逐步削夺诸侯王国的封地等策，得到汉景帝采纳。旋吴、楚等诸侯国以诛晁错为名，举兵叛乱，他为袁盎等所谮，被杀。

⑧ 骎（qīn）骎：渐进貌。

是以文帝仅得为汉、唐之令主，而不得一侪^①于帝王。呜呼！武帝、太宗累于杂伯，君子固不敢以帝王事望之。文帝不为杂伯所累，而不能不累于异端，是则重可惜已。臣愿陛下监汉、唐之迹，必监汉、唐之心，则今日之功化证效，将超汉、唐数等矣。

臣伏读圣策曰：朕上嘉下乐云云，抑化裁推行，有未至欤？臣有以见陛下念今日八者之务，而甚有望乎为道之验也。臣闻天变之来，民怨招之也；人才之乏，士习蛊之也；兵力之弱，国计屈之也；虏寇之警，盗贼因之也。夫陛下以上嘉下乐之勤，夙兴夜寐之劳，怅岁月之逾迈^②，亦欲以少见吾道之验耳。俯视一世，未能差强人意。八者之弊，臣知陛下为此不满也。陛下分而以八事问，臣合而以四事对，请得以熟数之于前。何谓天变之来，民怨招之也？"天视自我民视，天听自我民听""天明威，自我民明威"。人心之休戚^③，天心所因以为喜怒者也。熙宁间大旱，是时河、陕流民入京师。监门^④郑侠画《流民图》以献，且曰："陛下南征北伐，皆以胜捷之图来上，料无一人以父母妻子、迁移困顿、皇皇^⑤不给之状为图以进者。览臣之图，行臣之言，十日不雨，乞正欺君之罪！"上为之罢新法十八事，京师大雨八日。天人之交，间不容发，载在经史，此类甚多。陛下以为今日之民生何如邪？今之民生困矣！自琼

---

① 侪（chái）：辈，类。

② 逾迈：消逝。

③ 休戚：喜乐和忧虑。

④ 监门：宫门禁卫官。《隋书·志·百官下》："左右监门，各率一人，副率二人，掌诸门禁。"宋代又设六部监门官、三省枢密监门官。

⑤ 皇皇：同"惶惶"，心神不安貌。

林、大盈①积于私贮，而民困；自建章、通天②频于营缮③，而民困；自献助④迭见于豪家巨室，而民困；自和籴⑤不间于闾阎⑥下户，而民困；自所至贪官暴吏，视吾民如家鸡圈豕，惟所咀啖⑦，而民困。呜呼！东南民力竭矣。《书》曰："怨岂在明，不见是图。"今尚可谓之不见乎？《书》曰："怨不在大，亦不在小。"今尚可谓之小乎？生斯世，为斯民，仰事俯育⑧，亦欲各遂其父母妻子之乐；而操斧斤，淬⑨锋锷⑩，日夜思所以斩伐其命脉者，滔滔皆是。然则腊雪靳瑞⑪，蛰雷愆期⑫；月犯于木，星殒为石，以至土雨地震之变，无怪夫屡书不一尽也。臣愿陛下持不息之心，急求所以为安民之道，则民生既和，天变或于是而弭矣。

何谓人才之乏，士习蛊之也？臣闻穷之所养，达之所施；幼之所学，壮之所行。今日之修于家，他日之行于天子之庭者也。国初，诸老

---

① 琼林、大盈：唐德宗时的内库。《新唐书·列传第八十二·陆贽》："乃于行在夹庑署琼林、大盈二库，别藏贡物。"

② 建章、通天：均为汉宫名。

③ 营缮：营造，修理。

④ 献助：宋代遇天灾或兵事，政府责令豪富之家临时出资相助，后来演成一种负担。

⑤ 和籴：北魏以后历代强制征购粮食的措施。宋用推置、对籴、结籴、寄籴、俵籴、均籴、博籴、兑籴、括籴等进行搜刮，较赋税更为苛扰。

⑥ 闾（lú）阎：借指平民。《史记·苏秦列传》："夫苏秦起闾阎，连六国从亲，此其智有过人者。"

⑦ 咀啖（dàn）：嚼食。

⑧ 仰事俯育："仰事俯畜"。谓对上侍奉父母，对下养活妻子儿女。亦以泛称维持一家生活。

⑨ 淬：亦作"焠"。铸造刀剑时把刀剑烧红浸入水中，使之坚刚。

⑩ 锋锷：剑锋和刀刃，借指刀剑等武器。

⑪ 腊雪靳瑞：指冬天不下雪，气候失调，上天示以警戒。靳，吝惜。

⑫ 蛰雷愆期：指春天不打雷，气候失调，上天示以警戒。愆期，误期、失期之意。

尝以厚士习为先务，宁收落韵之李迪[1]，不取凿说[2]之贾边；宁收直言之苏辙，不取险怪之刘几。建学校，则必欲崇经术；复乡举，则必欲参行艺。其后，国子监取湖学法，建经学、治道、边防、水利等斋，使学者因其名以求其实。当时如程颐、徐积、吕希哲，皆出其中。呜呼！此元祐人物之所从出也。士习厚薄，最关人才，从古以来，其语如此。陛下以为今之士习何如邪？今之士大夫之家，有子而教之。方其幼也，则授其句读[3]，择其不戾于时好、不震于有司者，俾熟复焉。及其长也，细书为工，累牍[4]为富，持试于乡校者，以是；较艺于科举者，以是；取青紫而得车马也，以是；父兄之所教诏，师友之所讲明，利而已矣。其能卓然自拔于流俗者，几何人哉？心术既坏于未仕之前，则气节可想于既仕之后。以之领郡邑，如之何责其为卓茂[5]、黄霸[6]；以之镇一路，如之何责其为苏章[7]、何武[8]；以之曳朝绅，如之何责其为汲黯[9]、望之[10]。奔竞

---

① 李迪（1100—1197）：南宋画家。河阳（今河南孟州南）人，供职于宋孝宗、宋光宗、宋宁宗三朝画院。擅写生，花鸟、竹石、走兽皆精，亦作山水小景。大幅气象豪迈，小品精细入微。

② 凿说：穿凿附会之说。

③ 句读（dòu）：亦作"句逗"。古代称文辞语意已尽处为句，语意未尽而须停顿处为读。

④ 累牍（dú）：犹言累纸，形容文辞冗长。牍，古代写字用的木片。

⑤ 卓茂（？—28）：东汉大臣。南阳宛县（今河南南阳）人，字子康。西汉元帝时学于长安，事博士江生，称为通儒。

⑥ 黄霸（？—前51）：西汉大臣。字次公，淮阳阳夏（今河南太康）人，少习律令。

⑦ 苏章：东汉大臣。字孺文，扶风平陵（今陕西咸阳西北）人，少博学。

⑧ 何武（？—3）：西汉大臣。字君公，蜀郡郫县（今四川成都）人。历任廷尉、大司空等官，封"汜乡侯"。

⑨ 汲黯（？—前112）：濮阳（今河南濮阳西南）人，字长孺。武帝时，任东海太守，继为主爵都尉。好黄老之学，常直言切谏。

⑩ 望之：萧望之（约前114—前47），西汉大臣。字长倩，东海兰陵（今山东兰陵西南）人，徙京兆杜陵（今陕西西安东南）。

于势要之路者，无怪也；趋附于权贵之门者，无怪也；牛维马絷①，狗苟蝇营②，患得患失，无所不至者，无怪也。悠悠风尘，靡靡偷俗，清芬消歇，浊滓③横流。惟皇降衷秉彝④之懿⑤，萌蘗⑥于牛羊斧斤相寻之冲者，其有几哉？厚今之人才，臣以为变今之士习，而后可也。臣愿陛下持不息之心，急求所以为淑士⑦之道，则士风一淳，人才或于是而可得矣。

何谓兵力之弱，国计屈之也？谨按国史，治平间，遣使募京畿⑧淮南⑨兵，司马光言："边臣之请兵无穷，朝廷之募兵无已；仓库之粟帛有限，百姓之膏血⑩有涯。愿罢招禁军，训练旧有之兵，自可备御。"臣闻古今天下，能免于弱者，必不能免于贫；能免于贫者，必不能免于弱。一利之兴，一害之伏，未有交受其害者。今之兵财，则交受其害矣。自东海城筑，而调淮兵以防海，则两淮之兵不足；自襄樊复归，而并荆兵以城襄，则荆湖之兵不足；自腥气染于汉水，冤血溅于宝峰，而正军忠义空于死徙者过半，则川蜀之兵又不足。江淮之兵，又抽而入蜀，又抽而实荆，则下流之兵，愈不足矣。荆湖之兵，又分而策应，分而镇抚，则上流之兵，愈不足矣。夫国之所恃⑪以自卫者，兵也。而今之兵，不足

① 絷（zhí）：用绳索绊住马足。

② 狗苟蝇营：亦作"蝇营狗苟"。像苍蝇那样飞来飞去追逐，像狗那样苟且求活。比喻人不顾廉耻，到处钻营。

③ 浊滓：污秽，污浊。

④ 秉彝：遵循常理。

⑤ 懿：美，美德。

⑥ 萌蘗（niè）：萌，芽；蘗，木枝砍去后再生的芽。泛指植物的新芽，此处指邪行。

⑦ 淑士：淑人，善人。

⑧ 京畿：北宋皇祐五年（1053）以开封府及分京东、京西路置。治陈留（今开封市祥符区东南）。至和二年（1055）废，崇宁四年（1105）复置。辖境屡有变迁，约有今河南原阳、长垣、兰考、太康、鄢陵、中牟等地。

⑨ 淮南：路名。北宋至道十五路之一。

⑩ 膏血：人的脂肪和血液，比喻用血汗换来的劳动成果。

⑪ 恃（shì）：依靠，凭借。

如此，国安得而不弱哉？扶其弱而归之强，则招兵之策，今日直有所不得已者。然召募方新，调度转急，问之大农，大农无财；问之版曹①，版曹无财；问之饷司②，饷司无财。自岁币银绢外，未闻有画一策为军食计者。是则弱矣，而又未免于贫也。陛下自肝鬲③，近又创一安边太平库，专以供军。此艺祖积缣帛④以易贼首之心也，仁宗皇帝出钱帛以助兵革之心也。转易之间，风采立异，前日之弱者，可强矣。然飞刍挽粟⑤，给饷馈粮，费于兵者几何？而琳宫梵宇⑥，照耀湖山，土木之费，则漏卮⑦也。列灶云屯⑧，樵苏后爨⑨，费于兵者几何？而霓裳羽衣，靡金饰翠，宫庭之费，则尾闾⑩也。生熟⑪口券，月给衣粮，费于兵者几何？而量珠⑫辇玉，幸宠希恩，戚畹⑬之费，则滥觞⑭也。盖天下之财，专以供军，则财未有不足者。第重之以浮费⑮，重之以冗费，则财始瓶罄而罍耻⑯矣。如此，则虽欲足兵，其何以给兵耶？臣愿陛下持不息之心，急求

---

① 版曹：官府名。《宋史·列传第一百三十九·薛弼》："监左藏东库，内侍王道使奴从旁视绢美恶，多取之。弼白版曹穷治，人严惮之。"

② 饷司：掌管军粮的部门。

③ 肝鬲：肺腑，喻指内心。

④ 缣帛：古代一种质地细薄的丝织品，在发明纸以前，常用其来书写文字。

⑤ 飞刍挽粟：急速运送粮草。

⑥ 琳宫梵宇：仙人所居之所，亦作道院的美称。

⑦ 漏卮（zhī）：渗漏的酒器，此处指没有穷尽。

⑧ 列灶云屯：形容灶像云一样聚集。

⑨ 樵苏后爨（cuàn）：打柴割草后再烧火做饭。爨，烧火煮饭。

⑩ 尾闾：传说中海水所归之处。

⑪ 生熟：指吃穿之物。

⑫ 量珠：《岭表录异》卷上："昔梁氏之女有容貌，石季伦为交趾采访使，以真珠三斛买之。"后因称买妾为"量珠"。

⑬ 戚畹（wǎn）：外戚。

⑭ 滥觞：比喻事物的起源、开始。

⑮ 浮费：不必要的开支。

⑯ 瓶罄而罍（léi）耻：这里指财源尽绝。

所以为节财之道，则财计一充，兵力或于是而可强矣。

何谓虏寇之警，盗贼因之也？谨按国史，绍兴间，杨幺①寇洞庭连跨数郡，大将王瓅②不能制。时伪齐③挟虏，使李成寇襄、汉，幺与交通。朝廷患之，始命岳飞，措置上流。已而逐李成，擒杨幺，而荆湖平。臣闻外之虏寇，不能为中国患，而其来也，必待内之变；内之盗贼，亦不能为中国患，而其起也，必将纳外之侮。盗贼而至于通虏寇，则腹心之大患也已。今之所谓虏者，固可畏矣。然而逼我蜀，则蜀帅策泸水之勋；窥我淮，则淮帅奏维扬之凯。狼子野心，固不可以一捷止之。然使之无得弃去，则中国之技，未为尽其出下，彼亦犹畏中国之有其人也。独惟旧海，在天一隅，逆雏④冗之者，数年于兹。飓风瞬息，一苇可航⑤，彼未必不朝夕为趋浙计。然而未能焉，短于舟，疏于水，惧吾唐岛之有李宝⑥在耳。然洞庭之湖，烟水沉寂，而浙右之湖，涛澜沸惊，区区妖孽，且谓有杨幺之渐矣。得之京师之耆老，皆以为此寇出没倏闪，往来翕霍⑦，驾舟如飞，运舵如神，而我之舟师不及焉。夫东南之长技，莫如舟师，我之胜兀术于金山者以此；我之毙逆亮⑧于采石者以此。而今此曹，反挟之以制我，不武甚矣。万一或出于杨幺之计，则前日李成之不

---

① 杨幺（？—1135）：南宋初年洞庭湖地区农民起义首领。名太，龙阳（今湖南汉寿）人。

② 王瓅（xiè）（？—约1140）：成纪（今甘肃天水）人，宋朝大将。

③ 伪齐：南宋初年，金兵册封宋叛臣刘豫为皇帝，国号大齐，建都大名府，年号阜昌，史称"伪齐"。

④ 逆雏：对年轻敌酋的蔑称。

⑤ 一苇可航：一只小船就能通行过去。

⑥ 唐岛之有李宝：指宋金间的唐岛之战。绍兴三十一年（1161），金兵攻宋。苏保衡与完颜郑家奴率水军由海道径取临安。宋将李宝以水军沿海北上，在胶西唐岛，用火药兵器攻金水军，焚其战舰数百，斩完颜郑家奴。此战是世界海战史上首次大规模使用火药的著名海战。

⑦ 翕霍：急速貌。

⑧ 逆亮：指完颜亮。

得志于荆者，未必今日之不得志于浙也。曩闻山东荐饥^①，有司贪市榷之利，空苏湖^②根本以资之，廷绅犹谓互易，安知无为其向导者。一夫登岸，万事瓦裂。又闻魏村、江湾、福山三寨水军，兴贩盐课，以资逆雏，廷绅犹谓是。以捍卫之师，为商贾之事；以防拓^③之卒，开乡道之门，忧时识治之见，往往如此。肘腋^④之蜂虿^⑤，怀袖之蛇蝎，是其可以忽乎哉？陛下近者，命发运兼宪，合兵财而一其权，是将为灭此朝食之图矣。然屯海道者非无军，控海道者非无将，徒有王璲数年之劳，未闻岳飞八日之捷。子太叔平符泽之盗，恐不如此，长此不已，臣惧为李成开道地也。臣愿陛下持不息之心，求所以弭寇之道，则寇难一清，边备或于是而可宽矣。

臣伏读圣策曰："夫'不息则久，久则征'。今胡为而未征欤？'变则通，通则久'。今其可以屡更欤？"臣有以见陛下久于其道，而甚有感乎《中庸》、大《易》之格言也。臣闻天久而不坠也，以运；地久而不陨也，以转；水久而不腐也，以流；日月星辰而常新也，以行。天下之凡不息者，皆以久也。《中庸》之不息，即所以为大《易》之变通；大《易》之变通，即所以验《中庸》之不息。变通者之久，固肇^⑥于不息者之久也。盖不息者其心，变通者其迹。其心不息，故其迹亦不息。游乎六合^⑦之内，而纵论乎六合之外；生乎百世之下，而追想乎百世之上。神化天造，天运无端，发微不可见，充周不可穷，天地之所以变通，固自

---

① 荐饥：连年灾荒。
② 苏湖：指苏州和湖州。
③ 防拓：亦作"防托"，防卫把守。
④ 肘腋：胳膊肘与胳肢窝，比喻切近之处。
⑤ 蜂虿（chài）：蜂和虿，都是有毒刺的螫虫。
⑥ 肇（zhào）：初始。
⑦ 六合：天、地和东、南、西、北四方。

其不息者为之；圣人之久于其道，亦法天地而已矣。天地以不息而久，圣人亦以不息而久。外不息而言久焉，皆非所以久也。臣尝读《无逸》一书，见其享国之久者，有四君焉，而其间有三君为最久。臣求其所以久者，中宗之心，"严恭寅畏"也；高宗之心，"不敢荒宁"也；文王之心，无淫于逸，无游于畋①也。是三君者，皆无逸而已矣。彼之无逸，臣之所谓不息也。一无逸而其效如此，然则不息者，非所以久欤？陛下之行道，盖非一朝夕之暂矣。宝、绍以来，则涵养此道；端平以来，则发挥此道；嘉熙以来，则把握此道。嘉熙而淳祐，淳祐而宝祐，十余年间，无非持循此道之岁月。陛下处此也，庭燎②未辉，臣知其宵衣以待；日中至昃，臣知其玉食弗遑；夜漏③已下，臣知其丙枕无寐。圣人之运亦可谓不息矣。然既往之不息者易，方来之不息者难；久而不息者易，愈久而愈不息者难。昕④临大庭，百辟星布，陛下之心，此时固不息矣。暗室屋漏之隐，试一警省，则亦能不息否乎？日御经筵，学士云集，陛下之心，此时固不息矣。宦官女子之近，试一循察，则亦能不息否乎？不息于外者，固不能保其不息于内；不息于此者，固不能保其不息于彼。乍勤乍怠，乍作乍辍，则不息之纯心间矣。如此，则陛下虽欲"久则征"，臣知《中庸》九经之治，未可以朝夕见也；虽欲"通则久"，臣知《系辞》十三卦之功，未可以岁月计也。蠨蛸蠖濩⑤之中，虚明⑥应物之地，此全在陛下自斟酌，自执持，顷刻之力不继，则悠久之功俱废矣。可不戒哉，可不惧哉！

---

① 畋（tián）：打猎。

② 庭燎：庭中用以照明的火炬。

③ 夜漏：夜间的时刻。漏，古代滴水记时的仪器。

④ 昕：拂晓，日将出时。

⑤ 蠨蛸蠖濩（yuān yuān huò huò）：刻镂之形，借指华丽的宫殿。

⑥ 虚明：指内心清虚纯洁。

陛下之所以策臣者悉矣。臣之所以忠于陛下者，亦既略陈于前矣。而陛下策之篇终复曰："子大夫熟之复之，勿激勿泛，以副朕详延之意。"臣伏读圣策至此，陛下所谓"详延"之意，盖可识矣。夫陛下自即位以来，未尝以直言罪士。不惟不罪之以直言，而且导之以直言。臣等尝恨无由以至天子之庭，以吐其素所蓄积。幸见录于有司，得以借玉阶方寸地①，此正臣等披露肺肝②之日也。方将明目张胆，謇謇谔谔③，言天下事。陛下乃戒之以勿激勿泛。夫泛，固不切矣。若夫激者，忠之所发也。陛下胡并与激者之言而厌之邪？厌激者之言，则是将胥臣④等而为容容唯唯⑤之归邪？然则臣将为激者欤？将为泛者欤？抑将迁就陛下之说，而姑为不激不泛者欤？虽然，奉对大庭，而不激不泛者，固有之矣。臣于汉得一人焉，曰董仲舒。方武帝之策仲舒也，慨然以欲闻大道之要为问。帝之求道，其心盖甚锐矣。然道以大言，帝将求之虚无渺冥之乡也。使仲舒于此，过言之则激，浅言之则泛。仲舒不激不泛，得一说曰"正心"。武帝方将求之虚无渺冥之乡，仲舒乃告之以真实浅近之理，兹陛下所谓切至之论也。奈何武帝自恃其区区英明之资，超伟之识，谓其自足以凌跨⑥六合，笼驾⑦八表⑧，而顾于此语忽焉。仲舒以江都去，而武帝所与论道者，他有人矣。臣固尝为武帝惜也。堂堂天朝，固非汉比，而臣之贤，亦万不及仲舒，然亦不敢激，不敢泛，切于圣问之所谓道者，而得二说焉，以为陛下献，陛下试采览焉！

① 方寸地：一小块地方。
② 肺肝：比喻内心。
③ 謇（jiǎn）謇谔谔：正直敢言。
④ 胥臣：谓小吏。
⑤ 容容唯唯：唯唯诺诺，顺从而无所违逆。
⑥ 凌跨：犹超越。
⑦ 笼驾：笼罩，包容。
⑧ 八表：八方以外，指极远的地方。

一曰：重宰相以开公道之门。臣闻公道在天地间，不可一日壅阏①。所以昭苏而涤决②之者，宰相责也。然扶公道者，宰相之责；而主公道者，天子之事。天子而侵宰相之权，则公道已矣。三省枢密③，谓之朝廷，天子所与谋大政、出大令之地也。政令不出于中书，昔人谓之"斜封墨敕"，非盛世事。国初，三省纪纲甚正，中书造命，门下审覆，尚书奉行。宫府之事，无一不统于宰相。是以李沆犹得以焚立妃之诏，王旦犹得以沮节度之除，韩琦犹得出空头敕以逐内侍，杜衍犹得封还内降以裁侥幸。盖宰相之权尊，则公道始有所依而立也。今陛下之所以为公道计者，非不悉矣。以夤缘④戒外戚，是以公道责外戚也；以裁制戒内司，是以公道责内司也；以舍法用例戒群臣，是以公道责外廷也。雷霆发蔀⑤，星日烛幽，天下于此，咸服陛下之明。然或谓比年以来，大庭除授，于义有所未安，于法有所未便者，悉以圣旨行之。不惟诸司升补，上渎宸奎⑥，而统帅躐级⑦，阁职超迁，亦以夤缘而得恩泽矣。不惟奸赃湔洗⑧，上劳涣汗⑨，而选人通籍⑩，奸胥逭⑪刑，亦以钻

---

① 壅阏：阻塞，阻止。

② 决：排除阻塞物，疏通水道。

③ 枢密：中枢官署的统称。

④ 夤（yín）缘：比喻攀附权要，以求仕进。

⑤ 蔀（bù）：遮蔽之物。

⑥ 宸奎：犹御笔，帝王的文章、墨宝。古人认为奎宿主文章，故称。

⑦ 躐（liè）级：越级。

⑧ 湔（jiān）洗：洗涤，比喻悔改过错。

⑨ 涣（huàn）汗：比喻皇帝发布号令后不能收回。

⑩ 通籍：汉代出入宫门的制度。籍是二尺长的竹片，上面写上姓名、年龄、身份等，挂在宫门外，以备出入时查对。"通籍"谓记名于门籍，可以进出宫门。后来也称初做官为"通籍"，意谓朝中已经有了名籍。

⑪ 逭（huàn）：避，逃。

刺而拜宠命矣。甚至闾阎琐屑之斗讼①，皂隶②猥贱之干求，悉达内庭，尽由中降。此何等虮虱事③，而陛下以身亲之。大臣几于为奉承风旨④之官，三省几于为奉行文书之府，臣恐天下公道，自此壅矣。景祐间，罢内降，凡诏令皆由中书枢密院，仁祖之所以主张公道者如此。今进言者，犹以事当间出宸断为说。呜呼！此亦韩绛告仁祖之辞也。"朕固不惮，自有处分，不如先尽大臣之虑而行之"。仁祖之所以谕绛者，何说也？奈何复以绛之说启人主，以夺中书之权，是何心哉？宣、靖间⑤，创御笔之令，蔡京坐东廊，专以奉行御笔为职。其后童贯、梁师成用事，而天地为之分裂者数世，是可鉴矣。臣愿陛下重宰相之权，正中书之体，凡内批必经由中书枢密院，如先朝故事，则天下幸甚！宗社幸甚！

二曰：收君子以寿直道⑥之脉。臣闻直道在天地间，不可一日颓靡，所以光明而张主之者，君子责也。然扶直道者，君子之责；而主直道者，人君之事。人君而至于沮君子之气，则直道已矣。夫不直，则道不见。君子者，直道之倡也。直道一倡于君子，昔人谓之凤鸣朝阳，以为清朝贺。国朝君子，气节大振。有"鱼头参政⑦"，有"鹘击台谏"，有"铁面御史⑧"，军国之事，无一不得言于君子。是以司马光犹得以

---

① 斗讼：争讼。

② 皂隶：衙门里的差役。

③ 虮虱事：指细微的小事。

④ 风旨：指君主的旨意、意图。

⑤ 宣、靖间：指宣和、靖康年间（1119—1127）。

⑥ 直道：犹正道，指确当的道理、准则。

⑦ 鱼头参政：北宋谏臣鲁宗道任参知政事，刚正嫉恶，遇事敢言，因其姓鲁（鱼字头），且秉性鲠直，故被称为"鱼头参政"。

⑧ 铁面御史：北宋名臣赵抃为殿中侍御史时，弹劾不避权贵，人称"铁面御史"。

殪①守忠之奸，刘挚犹得以折李宪之横，范祖禹犹得以罪宋用臣，张震犹得以击龙大渊、曾觌。盖君子之气伸，则直道始有所附而行也。今陛下之所以为直道计者，非不至矣。月有供课，是以直道望谏官也；日有轮札②，是以直道望廷臣也；有转对，有请对，有非时召对，是以直道望公卿百执事也。"江海纳污，山薮③藏疾"，天下于此咸服陛下之量。然或谓比年以来，外廷议论，于己有所未协，于情有所未忍者，悉以圣意断之。不惟言及乘舆，上勤节贴，而小小予夺④、小小废置，亦且寝罢不报矣。不惟事关廊庙，上烦调停，而小小抨弹⑤、小小纠劾⑥，亦且宣谕不已矣。甚者意涉区区之貂珰⑦，论侵琐琐之姻娅⑧，不恤公议，反出谏臣，此何等狐鼠辈，而陛下以身庇之！御史至于来和事之讥，台吏至于重讫⑨了之报，臣恐天下之直道，自此沮矣。康定间，欧阳修以言事出，未几即召以谏院；至和间，唐介以言事贬，未几即除以谏官。仁祖之所以主直道者如此。今进言者，犹以台谏之势日横为疑。呜呼！兹非富弼忠于仁祖之意也。弼倾身下士，宁以宰相受台谏风旨，弼之自处何如也？奈何不知弼之意，反启人君以厌君子之言，是何心哉？元符⑩间，置看详理诉所，而士大夫得罪者八百余家。其后邹浩、陈瓘去国，无一

---

① 殪（jì）：杀戮。
② 札：古代书写用的小木片。
③ 山薮（sǒu）：山深林密的地方。
④ 予夺：赐予和剥夺。
⑤ 抨弹：抨击弹劾。
⑥ 纠劾：告发弹劾。
⑦ 貂珰：貂尾和金、银珰，汉代中常侍冠上的两种装饰物。貂珰为宦官冠饰，后即用为宦官的代称。
⑧ 姻娅：亦作"姻亚"，泛称有婚姻关系的亲戚。
⑨ 讫（qì）：终了，完毕。
⑩ 元符：宋哲宗年号（1098—1100）。

人敢为天下伸一喙①者，是可鉴矣。臣愿陛下壮正人之气，养公论之锋，凡以直言去者，悉召之于霜台乌府②中，如先朝故事，则天下幸甚！宗社幸甚！

盖"大道之行，天下为公"，"周道如砥，其直如矢"。自古帝王行道者，无先于此也。臣来自山林，有怀欲吐。陛下怅然疑吾道之迂远，且慨论乎古今功化之浅深，证效之迟速，而若有大不满于今日者，臣则以为非行道之罪也。公道不在中书，直道不在台谏，是以陛下行道，用力处虽劳，而未遽食道之报耳。果使中书得以公道总政要，台谏得以直道纠官邪，则陛下虽端冕③凝旒④于穆清⑤之上，所谓功化证效，可以立见。何至积三十余年之工力，而志勤道远，渺焉未有际邪？臣始以"不息"二字为陛下勉，终以"公道""直道"为陛下献。陛下万几之暇，倘于是而加三思，则跻⑥帝王，轶汉、唐，由此其阶也已。

臣赋性疏愚，不识忌讳，握笔至此，不自知其言之过于激，亦不自知其言之过于泛。冒犯天威，罪在不赦，惟陛下留神！臣谨对。

---

① 喙：原指鸟兽的嘴，此处借指人的嘴。
② 霜台乌府：御史台之别称。
③ 端冕：玄衣和大冠，古代帝王、贵族的礼服。
④ 凝旒：冕旒静止不动，形容帝王态度肃穆专注。
⑤ 穆清：上天，此处指金銮宝殿。
⑥ 跻：登，升。

《中庸》：儒家经典，原是《礼记》中的一篇，相传为战国时期的子思所作。肯定"中庸"是道德行为的最高标准，并提出"诚者，不勉而中，不思而得，从容中道，圣人也"，把"诚"看成世界的精神实体，认为"至诚"则可达到人生的最高境界。并提出"博学之，审问之，慎思之，明辨之，笃行之"的学习过程和认识方法。宋朝时，从《礼记》中把它抽出，与《大学》《论语》《孟子》合为"四书"。

《五典》：讲述五帝的书籍。《左传·昭公十二年》："是能读《三坟》《五典》《八索》《九丘》。"杜预注："皆古书名。"孔颖达疏："孔安国《尚书序》云：'伏羲、神农、黄帝之书，谓之《三坟》，言大道也；少昊、颛顼、高辛、唐、虞之书，谓之《五典》，言常道也。'"孙楚《登楼赋》："谈三坟而咏五典。"

六典：治典、教典、礼典、政典、刑典、事典等六种典制。《周礼·天官冢宰·大宰》："大宰之职，掌建邦之六典，以佐王治邦国。"

吏部：东汉尚书台始置，称"吏曹"或"吏部曹"，后改名"选部"。隋朝始为尚书省六部之一，领吏部（选部）、司封（主爵）、司勋、考功等司，以尚书、侍郎为正、副长官。唐、五代沿之，辽、金亦置。元朝改隶中书省，掌文官铨选。明洪武十三年（1380）直接隶属皇帝，分掌全国文官铨选考课、爵勋政令。清沿置，设满、汉尚书各一人，满、汉左、右侍郎各一人。雍正元年（1723）始以大学士领部务，至嘉庆六年（1801）成为定制。宣统三年（1911）成立责任内阁，遂废。

黄老之治：战国、汉初道家学派"黄老学派"尊传说中的黄帝与老子为创始人，其学说称"黄老之学""黄老之术"等。西汉初期，经济凋敝。统治者总结秦好大喜功、严刑峻法以致二世而亡的教训，推崇黄老"清净无为"之术，既主张国家统一，君主专制，又主张无为而治，刑德相济，轻徭薄赋，与民休息。施行六十余年，稳定了统治秩序，恢复了社会生产，促成文景之治，因称"黄老之治"。

六经：六部儒家经典。始见于《庄子·天运》。即在《诗》《书》《礼》《易》《春秋》五经之外，另加《乐》。后世学者或认为《乐》因秦焚书而亡失，或认为儒家本来没有《乐》，"乐"即包括在《诗》《礼》之中。据考证，以后说较妥。亦有称"六经"为"六艺"的，见《史记·滑稽列传》。

经筵：宋代为皇帝讲解经传史鉴特设的讲席。自大学士、翰林侍读学士、翰林侍讲学士至崇政殿说书皆得充任讲官，其他官员亦有兼任之者。以每年二月至端午节、八月至冬至节为讲期，逢单日入侍，轮流讲读。元、明、清三代仍之。

吴伯宗

明洪武四年（1371）辛亥科

状元文章

　　吴伯宗（1334—1384），江西金溪人，名祐，字伯宗，以字行。洪武四年（1371）初开科，廷试第一。授礼部员外郎，参与修撰《大明日历》。因为不归附胡惟庸，被胡惟庸衔恨，坐事谪居凤阳。上书论时政，因言胡惟庸专恣。明太祖念他忠肝义胆，将其召还，命出使安南（今越南）。历官国子助教、翰林典籍、武英殿大学士，后坐事降翰林检讨。洪武十七年（1384）又坐事谪云南卒。著有《南宫》《使交》《成均》《玉堂》四集。

殿试策问　明太祖朱元璋

皇帝制曰：盖闻古先帝王之观人，莫不敷奏①以言，明试以功。汉之贤良②，宋之制举③，得人为盛。朕自临御以来，屡诏有司搜罗贤俊，然而杰特犹若罕见，故又特延子大夫于廷而亲策之，以庶几于古先帝王之盛节焉。

历代之亲策，往往以敬天勤民为务。古先帝王之敬天勤民者，其孰可为法欤？所谓敬天者，果惟于圜丘④郊祀之际，致其精一者为敬天欤？抑它有其道欤？所谓勤民者，宜必如自朝至于日中昃，不遑暇食者矣。其所以不遑暇食者，果何为耶？岂勤于庶事之任耶？

自昔而观，宜莫急于明伦厚⑤俗。伦何由而可明，俗何由而可厚耶？三代而下，惟东汉之士俗，赵宋之伦理，差少疵议⑥。果何道而致然欤？盖必有可言者矣。宜著于篇，毋泛毋略。

---

① 敷奏：陈奏，向君上报告。
② 贤良：贤良方正，汉代选拔官吏的科目。汉文帝为询访政治得失，始诏举贤良方正能直言极谏者，中选者则授予官职。汉武帝时复诏举贤良或贤良文学，名称时有不同，性质仍无异，历代往往视作非常设之制科。
③ 制举：亦称"制科"。由皇帝亲自下诏而临时设置的科举考试科目，目的在于选拔各类特殊人才，未仕、已仕者均可应诏参加考试。
④ 圜丘：古时祭天的坛。
⑤ 厚：重视。
⑥ 疵议：非议，指责。

状元殿试卷 吴伯宗

　　臣谨对：臣闻古先帝王之治天下，莫不以敬天勤民为务，以明伦厚俗为急，故汲汲于求贤者，凡以为此也。钦惟陛下进臣等于廷，策臣以古先帝王之务，臣愚昧，何所通晓，然叨奉大对，敢不竭心尽知，上答圣问之万一乎？谨俯伏以对。

　　臣伏读制策曰："盖谓古先帝王之观人，莫不敷奏以言，明试以功。汉之贤良，宋之制举，得人为盛。朕自临御以来，屡诏有司搜罗贤俊，然而杰特犹若罕见，故又详延子大夫于廷而亲策之，以庶几于古先帝王之盛节焉。"而臣有以见陛下求贤之切也。臣闻言者心之声也，人藏其心，不可测度，即其言之得失，而心之邪正可见。然言之匪难，而行之惟难，固有能言而行不逮者矣。是以古先帝王之观人，必敷奏以言而观其蕴，明试以功而考其成，然后有以得夫贤才之实焉。三代而后，若汉若宋，其取人之法，有贤良、制举，是有得于奏言试功之遗意。故在汉之时，若董仲舒天人三策，蔚①为醇儒。而宋之诸儒，仿佛三代，尤为得人之盛，良以此也。钦惟陛下以神武②定区宇③，以文德绥太平，屡降德音，广求贤俊，而又设科目④为取士之方，详延草茅之士亲策于廷。陛下求贤之心可谓切矣。将见必有杰特之士出而为邦家之用，而臣则不足以及此也。

　　伏读制策曰："历代之亲策，往往以敬天勤民为务。古先帝王之敬天

―――――――――

① 蔚：盛大。
② 神武：以吉凶祸福威服天下而不用刑杀。
③ 区宇：亦作"伛宇"，疆域，区域。
④ 科目：指隋唐以来分科选拔官吏的名目。

勤民者，其孰可为法欤？所谓敬天者，果惟于圜丘祭祀之际，致其精一者为敬天欤？抑它有其道欤？所谓勤民者，宜必如自朝至于日中昃，不遑暇食者矣。其所以不遑暇食者，果何为耶？岂勤于庶事之任耶？"臣有以见陛下深知为君之道，而后有此言也。臣闻帝者莫盛于尧、舜，王者莫盛于禹、汤、文、武。稽之于经，若尧之钦明文思①，舜之温恭允塞②，兢兢业业而戒饬③于时，几同寅协恭④而懋勉⑤于政事，此唐尧、虞舜之敬天勤民者也。陛下能法尧、舜，则陛下即尧、舜矣。敬德以先天下，祗肃⑥以顾諟⑦天之明命，克勤克俭而尽力乎沟洫⑧，昧爽丕显⑨而子惠乎困穷，此夏禹、商汤之敬天勤民者也。陛下能法禹、汤，则陛下即禹、汤矣。小心翼翼而视民如伤⑩，敬事上帝而作民父母，此文、武之敬天勤民者也。陛下能法文、武，则陛下即文、武矣。夫古先帝王之可为法者，孰有过于尧、舜、禹、汤、文、武者乎？

臣闻天生民而立之君，使司而牧之，君所以代天理民者也。古之帝王审知乎此，故位曰"天位"，职曰"天职"，禄曰"天禄"，民曰"天民"，无一事不本于天，亦无一事不存乎敬。敦典庸礼，君之所以为教也，而必推之天序、天秩焉，是敬天之心见于施教者然也；命德讨

① 钦明文思：形容尧的威仪光照四方，经纬天业，道德纯备。语出《尚书·尧典》："放勋钦明文思安安。"
② 温恭允塞：形容舜的和敬诚信貌。语出《尚书·舜典》。
③ 戒饬（chì）：告诫。
④ 同寅协恭：谓同敬合恭而和善。语出《尚书·皋陶谟》："同寅协恭和衷哉。"
⑤ 懋（mào）勉：勤勉。
⑥ 祗（zhī）肃：恭谨而严肃。
⑦ 諟（shì）：此。
⑧ 沟洫（xù）：中国古代用以排涝的沟道系统。早在西周时，农业生产实行井田制，已有比较完备的排水系统，小的称"沟"，大的称"洫"，统称"沟洫"。
⑨ 昧爽丕显：天色将明未明或初晓尚暗之时。昧爽，犹黎明，天将亮未亮时。
⑩ 视民如伤：极言顾恤民众之深。

罪，君之所以为政也，而必归之于天命、天讨焉，是敬天之心形于施政者然也。一动一静，常若有天在前，一语一默，常若有天在中，以至天工之不敢废，天职之不敢旷，何往而非敬天之事哉！若夫圜丘郊祀之际，以致其精一，是特敬天之一事，固不专在于是也。制策谓抑它有其道，可谓深达敬天之道矣，非陛下敬天之至，何以及此。

臣闻民本有饥食渴饮之欲，不能以自治，必赖君有以养之；有秉彝好德之性，不能以自遂①，必赖君有以教之。君人者，兼君师之任者也。是以古之帝王审知乎此，既为之制其田里，教之树畜②，使有以安其生；而设为庠序之教，申之以孝悌之义，使民有以遂其性。如文王之自朝至于日昃，不遑暇食者，凡以此而已。故曰："即康功③田功④。""康功"者安民之功，而"田功"者养民之功也。又曰"怀保小民"，曰"惠鲜⑤鳏寡⑥"。必欲使天下之民，无一不得其安，无一不得其养而后已也。圣人之道一也，观文王不遑暇食如此，则尧、舜、禹、汤、文、武之心从可知矣。

臣闻人主能以一心总天下之万机，不能以一身兼天下之众职。古帝王之勤民者非事事而亲之，要在责成⑦臣下而已。故曰："劳于求才，逸于任贤。"此之谓也。钦惟陛下奉天承运，抚临⑧亿兆，严恭寅畏，无顷刻不在于天，宵衣旰食，无顷刻不在于民，孜孜勉勉，励精图治之心，

---

① 遂：通"随"，顺从。
② 树畜：栽种畜牧。
③ 康功：平整道路之事。
④ 田功：农事。
⑤ 惠鲜：犹惠赐。
⑥ 鳏寡（guān guǎ）：亦作"矜寡"，老而无妻称鳏，无夫称寡。引申指年老而孤苦无靠者。
⑦ 责成：指令专人或机构负责完成任务。
⑧ 抚临：据有，统治。

即尧、舜、禹、汤、文、武之心也。而制策犹以古先帝王之孰为可法为问，臣有以知陛下不自满足之心也。臣愿陛下常存此心而不已焉，则唐虞三代之盛岂能及哉！

臣伏读制策曰："自昔而观，宜莫急于明伦厚俗。伦何由而可明，俗何由而可厚耶？三代而下，惟东汉之士俗，赵宋之伦理，差少疵议，果何道致然欤？盖必有可言者矣，宜著于篇，毋泛毋略。"臣闻自昔帝王之为治，莫急于明人伦、厚风俗。而人伦之所明，风俗之所厚者，皆由于崇学校以兴教化而已。盖教化行而人心正，则伦理明而风俗厚，此必然之理也。唐虞三代无以议为矣。若东汉之士俗，赵宋之伦理，卓然于三代之后，岂无其道而致然哉？臣闻汉光武初定天下，首访求山林遗逸①之士。明帝尊师重傅，临雍拜老，宗戚②子弟莫不受学。是以养成一代人心风俗，皆知崇尚节义，耻于奔竞。此汉之士俗所以为美者，以有其教化也。臣闻宋太祖即位之后，偃息③兵革，崇尚文治，虽疆宇之广不及汉、唐，而教化之美几及三代。当时人君无不学，而所用无非儒，是以天下翕然以道学为事。又有濂、洛④诸儒出而接夫道统⑤之传，以为学者之宗，斯宋之伦理所以为美者，亦以其有教化也。方今上自皇都，下逮府州若县，亦既莫不有学，而陛下又躬行于上，日召儒臣讲求治道，

---

① 遗逸：亦作"遗佚"，遗失，弃置不用。

② 宗戚：泛称皇室亲族。

③ 偃息：停止，停息。

④ 濂、洛：指周敦颐（号濂溪）和程颢、程颐（洛阳人）。

⑤ 道统：儒家传道的系统。《论语·尧曰》历叙尧舜传授之言，为此说之所本；孟子也有五百年必有王者兴之说，并自命继承孔子正统。韩愈作《原道》以排斥佛、老（道教），却仿照佛教诸宗的祖统，正式提出所谓"尧、舜、禹、汤、文、武、周公、孔、孟"关于道的传授系统说，隐然以继承孟子自居，开启了宋代道学的先声。朱熹所建立的道统，则以周（敦颐）、程（颢、颐）上承孟子，自己又接上周、程，而舍弃了韩愈。

固已论之精而行之当矣。制策称以"伦何由而可明，俗何由而可厚"为问，臣以谓明伦厚俗，惟在于崇学校以兴教化也。臣愿陛下益重教官之选，严守令之责，使居学校者果能如胡安定①之教于苏湖，居府县者果能为文翁②之化于蜀郡，则人伦不患其不明，士俗不患其不厚，而唐虞三代之治，无以异矣，又岂汉、宋之可拟伦也哉！

臣愚不足以奉大对，谨竭其一得之愚，惟陛下裁择。臣谨对。

---

① 胡安定：胡瑗（993—1059），北宋初学者、教育家，理学先驱之一。字翼之，泰州海陵（今江苏泰州）人，人称"安定先生"。

② 文翁：西汉庐江舒县（今安徽庐江西南）人。景帝末，为蜀郡守。以蜀地僻远，教学不兴，因派小吏至长安，受业于博士，或学律令，学成后皆署要职。又在成都市设学校，入学得免除徭役，并以成绩优良者为郡县吏。数年之后，风气大变，蜀地受学京师的与齐、鲁相同。后卒于蜀，成都为立祠，后称"文翁石室"。

周敦颐（1017—1073）：北宋理学家。字茂叔，道州营道（今湖南道县）人。曾官大理寺丞、国子博士。因筑室庐山莲花峰下的小溪上，以濂溪名之，后人遂称"濂溪先生"。他提出的太极、理、气、性、命等，成为宋明理学的基本范畴，他本人成为理学的创始人之一。著有《太极图说》和《通书》等，后人编为《周子全书》。

程颢（1032—1085）：北宋理学家、教育家。字伯淳，人称"明道先生"，洛阳（今属河南）人。曾和弟程颐学于周敦颐，同为理学创始人，世称"二程"。二程的学说后来为朱熹所继承和发展，世称程朱学派。著有《定性书》《识仁篇》等。后人所编《遗书》《文集》《经说》等，收入《二程全书》中。

程颐（1033—1107）：北宋理学家、教育家。字正叔，人称"伊川先生"，洛阳（今属河南）人。讲学三十余年。其学以"穷理"为主，认为"天下之物皆能穷，只是一理"（《遗书》卷十五）。主张"去人欲，存天理"，以纲常名教为天理，以私欲为人欲。著有《易传》《颜子所好何学论》等。后人所编《遗书》《文集》《经说》等，收入《二程全书》中。

 曾棨

明永乐二年（1404）甲申科

状元文章

曾棨（1372—1432），字子棨，一作子启，永丰（今江西永丰）人。永乐甲申以第一人及第，授翰林修撰。参与修撰《永乐大典》。馆阁中自解缙、胡广以后，诸大制作，多出其手。历侍讲、侍读学士、左春坊大学士，进詹事府少詹事。善书法，工文章。卒赠礼部侍郎，谥"襄敏"。著有《巢睫集》十卷、《西墅集》。

殿试策问 明成祖朱棣

　　皇帝制曰：朕闻圣人之治天下，明于天之经，察于地之义，周于万物之务，其道贯古今而不易也。是故黄帝、尧、舜统承先圣，垂裳而治，神化宜民。朕惟欲探其精微①之蕴。

　　历象《禹贡》《洪范》载于《书》，大衍《河图》《洛书》著于《易》，古今异说。朕惟欲致其合一之归。

　　兴学有法，立贤无方，而古今异制。朕惟欲通其所以教育，参其所以明扬。

　　古者礼乐皆有书，今《仪礼》《曲礼》《周礼》仅存，而乐书阙焉。朕惟欲考三礼之文，补乐书之缺，定黄钟②之律，极制作之盛，皆圣人治道所当论也。

　　咨尔多方多士，承朕皇考圣神文武钦明启运俊德成功统天大孝高皇帝③作新余四十年，必知务明体适用之学，敷纳于篇，朕亲考焉。

---

① 精微：精深微妙。
② 黄钟：音乐术语，十二律中的第一律。
③ 此指明太祖朱元璋。

状元殿试卷　曾棨

　　臣对：臣闻《中庸》之书曰："大哉，圣人之道，洋洋乎发育万物，峻极于天。优优大哉，礼仪三百，威仪三千，待其人而后行。"至哉言乎！斯道之全体大用，寔①有待于圣人乎？臣尝稽之于古，揆②之于今，自黄帝、尧、舜以来，未有不由斯道者也。

　　洪惟皇上，受天明命，居圣人之位，得圣人之时，进臣愚于廷，与论圣人之治，是真有志于圣人之学也。故既统言圣人所以明于天之道，察于地之义，周于万物之务，而又析而言之。始之欲探夫圣道精微之蕴，中之欲会夫《易》书同异之说，参天明扬教育之方，终之欲极夫礼乐制作之盛，且以明体适用之学，望于臣等。臣愚知皇上此心，即黄帝、尧、舜之心也。先黄帝、尧、舜而圣者，此心也；后黄帝、尧、舜而圣者，亦此心也；太祖圣神文武钦明启运俊德成功统天大孝高皇帝，实同此心也。皇上所以善继人之志，善述人之事也。斯世斯民，何其幸欤！然皇上既以明体适用之学，望于臣愚矣。圣人全体大用之学，臣恶敢不以为皇上劝哉？夫黄帝、尧、舜统承庖牺③、神农④，垂裳而治，得圣人之时者也。皇上统承太祖之鸿业，以大有为之资，当大有为之日，岂非得圣人之时者乎？是故，时乘六龙以御天也，云行雨施，天下平

---

① 寔（shí）：通"实"，确实。

② 揆（kuí）：度量，揣度。

③ 庖牺：同"炮牺"，即伏羲，中华神话中人类的始祖。传说他教民结网，从事渔猎畜牧。

④ 神农：传说中农业和医药的发明者。相传远古人民以采集渔猎为生，他始作耒耜，教民耕作。又传他曾尝百草，发现药材，教人治病。

也。黄帝、尧、舜之通变神化，在皇上此心一转移之间耳。中庸之道，又岂有甚高难行之事乎？臣请得以悉陈之。

自伏羲、神农、黄帝、尧、舜继天立极，而道统之传，有自来矣。《易》所谓"穷理尽性①，以至于命也。刚健中正，纯粹精也。聪明睿智，神武而不杀也"。《书》中所谓"安汝止，惟几惟康也。敕天之命，惟时惟几也。惟精惟一，允执厥中也"。《中庸》所谓"尊德性而道问学也。致中和天地位，万物育也"。岂非所谓圣道精微之蕴乎？皇上勿求之茫昧，勿求之泛杂，勿求之艰深，既探而得之，顾服膺②而守之也。三辰③迭运而有常，所以为天之经，五土④分利而有宜，所以为地之义，天地之道，可一言而尽也，亦曰求之于心而已矣。

《书》曰："钦若昊天，历象日月星辰，敬受人时⑤。"历所以纪数之书，象所以观天之器，曰钦曰敬，此历象之统宗也。是故，历法周天三百六十五度四分度之一。天左旋于地，一昼夜，其行一周而又过一度。日月皆右行于天，一昼夜则日行一度，月行十三度十九分度之七。故日一岁一周天。月二十九日有奇而一周天，又逐及于日而与之会。岁十二会。方会则月光都尽而为晦⑥，已会则月光复苏而为朔⑦。晦后

---

① 穷理尽性：穷究天地万物之理与性。

② 服膺：铭记在心，衷心信服。

③ 三辰：指日、月、星。

④ 五土：山林、川泽、丘陵、水边平地、低洼地等五种土地。

⑤ 人时：农时。"敬授人时"谓以农时告民，犹后世之颁布历书。

⑥ 晦：农历月终之日。

⑦ 朔：月球与太阳的黄经相等的时刻。在朔日，月球运行到地球与太阳之间，与太阳同出没，朝地球一侧因照不到阳光而隐没。朔日在农历每月初一。

朔前，各十五日，日月相对，则月光正满而为望。晦朔及望①而日月之合对，同度同道，则为交蚀②。朱子尝取其说，以传《诗》之十月之交矣。至蔡沉本其父季通之说，以为日行少迟于天，一日亦绕地一周，而比天为不及一度，积三百六十五日九百四十分日之二百三十五，而与天一会。月行尤迟，一日常不及天十三度十九分度之七，积二十九日九百四十分日之五百九十二，而与日一会。天岁与日一会，而多五日九百四十分日之二百三十五者为气盈。月岁与日十二会，而少五日九百四十分之五百九十二者为朔虚。合气盈朔虚之数，而置七闰于十有九岁之间，则气朔分齐。是为一章。朱子又尝与门弟子讲书，而称此说分明矣。是固若有不同者。

然臣尝考之，天无体，以二十八宿为体，天无度，目其行过处为度，岁有十二月，月有三十日，日有十二时，时刻皆八，而子、午、卯、酉加二焉。天度所历，则所谓至角至娄，至井至奎，某舍某度也；地面所经，则所谓出卯入酉，出寅入戌，某时某刻也。以九百四十分为一目，而复为四分之日以周天，分十二次，次三十度，而复为四分之度。所以算也。气盈者，岁二十四气之日有余。朔虚者，岁六小尽之月，日之不足也。一岁率多十日有奇，二岁多二十一日有奇，三岁多三十二日有奇，四岁多四十三日有奇，五岁多五十四日有奇，是五岁再

---

① 望：月球与太阳黄经相差180°的时刻。望日太阳西下时，月球正好从东面升起，呈满月状。此时，月球正面完全被阳光照射，地球上看月轮像一个明亮的圆盘。望日在农历每月十五日前后。
② 交蚀：日月亏蚀。

闰，而犹不足以备两月，必十有九岁七闰①，而七月之数均焉。余分之积，亦终不得而齐也。其说何尝有不同哉？但日者阳之精，岂有迟于月之理？盖顺而数之，则见其进而与天俱左旋；逆而数之则见其退而若右转。历家以进数阔远为难度也，故以其退数而纪②之，则去度尽而易耳。是故，自地面而观其运行，则皆左旋；自天度而考其次舍，则日月五星以渐而东。其行不及天，而次舍日以退也。然次舍虽退，其行未尝不进也。退虽逆而进未尝不顺也。左旋右转之说，其实何以异哉？至其论交蚀，则皆曰"王者修德行政，用贤去奸，使阳盛足以制阴，则日常当蚀而不蚀。若国无政，不用善，小人陵君子，阳微不足以制阴，则日当蚀而必蚀"。是亦未尝不同也。

世之言天体者三家，一曰周髀，二曰宣夜，三曰浑天。宣夜以为天无形，望之苍然，盖积气也。日月星辰，举无根系，荒忽③阔远。近于异端，先儒尝谓其不可考矣。周髀之术，以为天似覆釜。盖以斗极为中。中高而四边下，日月旁行，统之，日近而见之为昼，日远而不见为夜。即所谓天如倚盖④，而世传以为盖天家者。蔡邕⑤谓其考验天象，多所违失矣。独浑天之说，以为天半覆地上，半在地下。其天居地上，见

---

① 闰：余数。地球绕太阳一周的时间为365天5时48分46秒。公历把一年定为365天，所差的时间约每四年积累成一天，加在二月里；农历把一年定为354天或355天，所差的时间约每三年积累成一个月，加在一年里。这样处理时日余数的办法，在历法上叫作"闰"。

② 纪：中国传统历法计年单位的一种。东汉颁行的四分历中，以1520年为1纪，1纪为20蔀或80章。即555180天，为60的整数倍。历法中，常以冬至、朔旦合于同一天的夜半，且当年干支也与历元日的干支相同，这种状态持续的周期为纪。

③ 荒忽：遥远貌。

④ 倚盖：倾斜的伞盖。古代有"天倾西北"的说法。

⑤ 蔡邕（133—192）：东汉文学家、书法家。字伯喈，陈留圉县（今河南杞县西南）人。

者一百八十二度半强，地下亦然。北极出地上三十六度，南极入地下亦三十六度，而嵩高①正当天之中极南五十五度。当嵩高之上，又其南十二度，为夏至之日道。又其南二十四度，为春秋分之日道。又其南二十四度，为冬至之日道。又南下去地三十一度而已。是夏至日北去极六十七度，春、秋分去极九十一度，冬至去极一百一十五度。其南、北极特其两端，其天与日月星宿斜而回转。此必古有其法，遭秦而灭。至汉武帝时，落下闳②始于地中为浑象③以定时节，而作《太初》之历④。东汉延熹中，张衡⑤又为铜仪于密室，具内外规而以漏水转之。吴王藩制仪立谕。宋钱乐因之。后魏造铁仪。唐李淳风⑥作浑仪，七年而成，表衷三重，曰六合，曰三辰，曰四游。太宗称善，置之疑晖门。至开元时，一行改治新历，而太史无黄道仪，梁令瓒⑦以木为之。一行是之，而更铸以铜铁。以木柜为地平，上置木偶，各施轮轴钩键关锁，机变若神。至宋太平兴国初，张思训⑧亦为铜仪三重，比唐制加密，以木代水，寒暑不

---

① 嵩高：指嵩山。古称"中岳"，在河南省登封市北，由太室山、少室山等组成，山峦起伏，有七十二峰。

② 落下闳（hóng）（前156—前87）：西汉时期天文学家。活动于前2世纪末叶，复姓落下，名闳，一作洛下闳，字长公，巴郡阆中（今属四川）人。

③ 浑象：表示天象运转的仪器，类似现代的天球仪。

④ 《太初》之历：一种阴阳历。中国历史上第一部比较完整的历法，施行于西汉太初元年（前104），故名。

⑤ 张衡（78—139）：东汉科学家、文学家、天文学家。字平子，河南南阳西鄂（今南阳石桥镇）人。

⑥ 李淳风（602—670）：唐代天文学家、数学家。岐州雍县（今陕西凤翔）人，贞观七年（633）改制浑天黄道仪。

⑦ 梁令瓒（690—？）：蜀（今四川）人，与僧人一行创制浑天铜仪，借水力运转，附自动报时。

⑧ 张思训：巴中（今属四川）人，其制改唐开元遗法，以水银代水转运，寒暑无差失，昼夜运行，成于自然，尤为精妙。

忒①。大中祥符中有韩显符②，元祐中有苏颂③，元初有许衡④、王恂⑤、郭守敬⑥、刘秉忠⑦，简仪运仪之作，极人事之巧，璇玑玉衡⑧之法，其庶几矣。然臣愚所取者，南考中星，北察斗建，宅四方四隅以定候；审二分二至以测景，随时修改以与天合。圣人复起，必不拘拘于有迹之粗，以写无形之妙。其所以察之齐之，在于圣人心术之微，必不专倚于器数之末也。臣谓皇上及今，必求如右之名儒，而后可与论历象之说。钦若昊天，固非区区市廛卜肆⑨、星术之流所能辨也。

昔者，鲧堙⑩洪水，汩陈⑪五行，禹乃嗣兴，顺其性而治之。浚凿之功，则由下以及上。故始于冀、兖，以治河济之下流，次及青、扬，以治江淮之下流。下流既杀，渐治其上。故次荆，次豫，次梁，而雍地最高，水患最少，施功独后。此浚凿之序也。其疏导之功则自上以达下。故《禹贡》言：导山者四，导水者九。昔自西北极于东南，顺其就下之

---

① 忒：没有差错。

② 韩显符（940—1013）：北宋天文学家。太宗淳化初年，请造铜浑仪、候仪。至道初浑仪铸成，上《浑仪法要》。

③ 苏颂（1020—1101）：北宋天文学家、药物学家。字子容，泉州（今属福建）人。

④ 许衡（1209—1281）：宋元之际理学家。字仲平，号鲁斋，河内（今河南沁阳）人。

⑤ 王恂（1235—1281）：元朝天文学家、数学家。字敬甫，中山唐县（今属河北）人。

⑥ 郭守敬（1231—1316）：元朝天文学家、水利学家和数学家。字若思，邢州邢台（今属河北）人。与王恂、许衡等编制《授时历》，沿用达360多年。创造和改进简仪、仰仪、高表、候极仪、景符和窥几等观测天象的仪器，以及玲珑仪、灵台水运浑象等表演天象的仪器共12种。

⑦ 刘秉忠（1216—1274）：邢州（今河北邢台市）人，初名侃，字仲晦。先入全真道，后出家为僧，法名子聪，号藏春散人。1242年被北方禅宗临济宗领袖海云荐入忽必烈（世祖）王府。因学识渊博，为忽必烈信重。

⑧ 璇玑（jǐ）玉衡：古代测量天体坐标的仪器，即浑仪的前身。

⑨ 市廛（chán）卜肆：店铺和卖卜的铺子。

⑩ 堙（yīn）：堵塞。

⑪ 汩（gǔ）陈：错乱陈列。

势，自源徂①流而无雍遏之患，此疏导之序也。于是，因山川之形便以别州域，因土地之生殖以定贡赋，详于治内，略于治外。规模素定②，经纬③有条。以至禽兽夷狄，遐方异类，皆得其所。行其所无事，仁之至而义之尽也。然自平成以来，今数千载，兖、豫之间，水多溃决④。昔之九河⑤碣石⑥，今已沦于海。昔之河趋伾⑦降，今乃南合。清淮索波，已难指实，而济漯亦非其故道。江、沱、汝、汉，出非一所。九江汇泽，名寔⑧异同。或以台朕为尧、舜，或以锡圭⑨为锡禹杂出之说，或以为岁有丰凶，或以为户有增减，或以为地力有年分之不同。臣愚的然以九江为洞庭，以汇泽为彭蠡⑩，以台朕锡圭皆指禹言之。盖古者君臣一体，非若后世之有嫌疑，形迹于其间也。杂出诸说，皆当以蔡沉为当焉。

《洪范》者，治天下之大法。其类有九。初一曰立行而不言用，盖无适而非用也。五曰建用皇极而不言数，非可以数明也。五事⑪曰敬，所以诚身，参之五行天人之合也。八政⑫曰农，所厚生，以见人之所以

---

① 徂：往，到。
② 素定：预先确定。
③ 经纬：指经度和纬度，比喻条理秩序。
④ 溃决：谓大水冲开堤防。
⑤ 九河：禹时黄河的九条支流，近人多认为是古代黄河下游许多支流的总称。
⑥ 碣（jié）石：古山名，在河北省昌黎县北。
⑦ 伾（pī）：山岭重叠。
⑧ 名寔：名声和事功。
⑨ 锡圭：亦作"锡珪"。珪，古代诸侯朝聘时所执的玉制礼器。帝王封爵授土时，赐珪以为信物，后泛指授以高官重爵。
⑩ 彭蠡（lǐ）：古泽薮名。
⑪ 五事：指古代统治者修身的五件事，谓貌恭、言从、视明、听聪、思睿。
⑫ 八政：古代八种政事。《尚书·洪范》："八政：一曰食，二曰货，三曰祀，四曰司空，五曰司徒，六曰司寇，七曰宾，八曰师。"后世所言"八政"，多本此。

因乎天。五纪①曰协，所以合天而见天之所以示乎人。三德②曰乂，所以治民、抚世、酬物之榷③也。稽疑④曰明，所以辨惑，以人而听于天也。庶征曰验，所以省验，惟天而征之人也。五福⑤曰向，所以劝。六极曰威，所以惩，其重则在于皇极也。前四者极之所以建，后四者极之所以行。大禹叙之，箕子陈之，武王受之，孔子删而存之。此即周之大训也。

至于《河图》之文，亦载于《书》，著于《易》。前此诸儒，皆以《河图》受羲，《洛书》锡禹。朱子、蔡氏亦各因之。然《洪范》即彝伦⑥也。彝伦斁，则《洪范》不畀⑦；彝伦叙，则《洪范》乃锡。其斁其锡，岂天与帝真有物象，予之而夺之哉？《易大传》言，河出图，洛出书。圣人则之者，即所谓仰观天文，俯察地理，近取诸身，远取诸物，作易之事耳。岂有所谓龙马，有所谓神龟也哉？后世封禅⑧之说，天书之事，未必不由此启之也。臣愚尝为之三叹于斯焉。伏羲之画卦也，见阴阳有奇偶之象，画一奇以象阳，画一偶以象阴，而数肇于此矣。是虽有取于《河图》，未必尽出于《河图》也。至谓《洪范》本于《洛书》，则《洪范》篇中无《洛书》之义，不知先儒何自而过信之，以起后世之惑。

---

① 五纪：指岁、月、日、星辰、历数。
② 三德：指正直、刚克、柔克。
③ 榷（què）：专利。
④ 稽疑：用占卜裁决疑事。
⑤ 五福：《尚书·洪范》："五福：一曰寿，二曰富，三曰康宁，四曰攸好德，五曰考终命。"攸好德，谓所好者德；考终命，谓善终不横夭。
⑥ 彝伦：犹伦常。古指人与人之间的道德关系。
⑦ 畀（bì）：给予。
⑧ 封禅：古代帝王为表明自己受命于天所举行的祭祀天地的典礼。

大衍①之数，《大传》②亦明言天一地二，天三地四，天五地六，天七地八，天九地十。即阴阳奇偶之数耳。奇偶生成，理之自然。故又曰：天数五，地数五，五位相得而各有合。天数二十有五，地数三十有九。天地之数五十有五，大衍之数五十，其用四十有九，分而为二以象两，挂一以象三，揲之以四以象四时，归奇于扐③以象闰，五岁再闰。故再扐而后挂，参五以变，错综其数。通其变，遂成天地之文；极其数，遂定天下之象。此言数象之原。而阴阳五行之往来消长，对待之定体，流行之妙用，揆之万物万事百家众说之流。兼统贯通，无事而不遇。其合横斜曲直，无往而不通。同此数则同此理。故非但曰：天以一生水，而地以六成之；地以二生火，而天以七成之；天以三生木，而地以八成之；地以四生金，而天以九成之；天以五生土，而地以十成之。生出之次，始东，次南，次中，次西，次北。左旋一周而又始于东。生数则阳下左而阴上右，成数则阴下左而阳上右。《洛书》阳数，首北，次东，次中，次西，次南。阴数，首西南，次东南，次西北，次东北。合而言之，首北而究于南，其过运行，则水克火，火克金，金克木，木克土。右旋一周而土复克水者，与《大传》所言吻合而无间。不知后之作此图者，因《易》书有《河图》《洛书》之名，《大传》有对待流行之义，遂侬做而为之。故虽支干甲子，忝同运气之说，亦尤不吻合者。一阴阳之理，天下……也。所谓图者，经未尝言有马负之。所谓书者，经亦未尝言有龟戴之。自欧阳永叔、司马君实皆力诋④其怪诞者，良以此也。臣

---

① 大衍：衍，演。谓用大数以演卦。

② 《大传》：指《易大传》。

③ 扐（lè）：手指之间。古代筮法以所数蓍草的零余夹在手指间，故亦指奇零之数。

④ 诋（dǐ）：毁谤，诬蔑。

愚谓《易》书之文，古今异说，欲至其合一之归，但求之于圣经而明辨其理，揆之于圣人而远宗其道，则涣然而冰释，怡然而理顺。知众说有异，而至道则同。又何致疑于其间哉？

古者，学校所以教育人才之法，舜之命后夔①者至矣。王制春、秋、冬、夏之异教。《文王世子》之篇，谓春诵夏弦之类，《燕义》②授之车甲之文。臣恐其未皆尽然，汉儒之所附会也。《周礼》师氏三德，保氏六仪③，大司乐成均之法。乐司之小舞，大司徒之教象，以乡三物宾兴④之。《大胥》⑤掌士之版，合射以考其艺。旅师、党正、州长、乡大夫书之，论秀而升之，论定而后官之，任官而后爵之。其教之若是其备，进之若是其难，而学校无不修矣。而明扬询访，未尝缺焉。四岳⑥之所举，非熊之所兆⑦。审象而旁求者，亦皆非学校之所养也。况乎后世学校……不修，明扬之法不立。闲暇无事之时，不思所以养士……急有为之际，则常患于乏才。曷不忝⑧之古之人乎？棫朴⑨之人才，至于济济之多；

---

① 后夔：人名，相传为舜时掌乐之官。

② 《燕义》：《礼记》中的篇名。

③ 六仪：古代的六种礼仪。《周礼·地官司徒·保氏》："乃教之六仪，一曰祭祀之容，二曰宾客之容，三曰朝廷之容，四曰丧纪之容，五曰军旅之容，六曰车马之容。"

④ 宾兴：《周礼·地官司徒·大司徒》："以乡三物教万民而宾兴之。"郑玄注："兴，犹举也。民三事教成，乡大夫举其贤者能者，以饮酒之礼宾客之，既则献其书于王矣。"后代地方官设宴招待应举之士，谓之"宾兴"，即沿古礼。

⑤ 《大胥》：《周礼》中的篇名。

⑥ 四岳：传说为尧、舜时的四方部落首领。尧为部落联盟领袖时，四岳推举舜为继承人；舜继位后，他们又推举禹助舜。反映中国原始社会末期部落联盟内部推选首领的情况。

⑦ 非熊之所兆：指隐士将被起用的预兆。

⑧ 忝（tiǎn）：有愧于。

⑨ 棫（yù）朴：《诗经·大雅》篇名。《诗序》说是歌颂周文王"能官人"，即善于选拔和任用人才。

《诗·大雅·卷阿》之吉士，而有蔼蔼①之盛。皆本于人君克知灼见，迪知忱恂②，非一日也。周宣之中兴，则有张仲导之于左右，山甫垂式于百辟，有申甫为南国之式也，有召虎至四方之平也。汉高颠倒驾驭而得三杰，孝武崇儒重道而得仲舒，孝宣招选茂异而得丙、魏之伦，光武推心任人而得寇、邓之佐。蜀魏及吴，亦各有人才。魏之荀、贾，筹无遗策；吴之周、鲁，腹心爪牙；蜀有孔明，王佐之才。西晋之世无闻。东晋仅有王、谢，寥寥已久。至唐而后，太宗大召名儒，得房、杜、王、魏之流，以成贞观之盛。开元以来，科举取士，得张九龄、裴休、裴度、韩愈之徒。宋兴，太宗尤笃意③儒学，始有韩、范、富、欧阳，以至周、程、张、朱，蠲黻六猷，阐明斯道，而皆仅见于明扬之一得，而皆并教育之所致。

盖所养非所用，所用非所养，俗吏以文法绳下，恬退④者苶而不进，奔竞者趋而不顾。升黜之典，视之一言一事之间，而决之立谈之顷，乌在其为明扬之法哉？学校不过徒设，多卑污阘茸⑤之人。考课专事于虚文，进退不由于德否。克贡之人，如遣行后，固不知《小学》之方为何说，亦不知《大学》之教为何事，乌在其为教育之道哉？规模节目，疏密详略，既与古人不同，而躬行心得，精粗诚伪，以与圣人迥异。臣愚以为，明扬教育之法，惟三代以上可以杂而通之。汉唐以下，明扬之法或有所得，而教育之效概乎未之闻者，臣不欲为皇上陈之也。皇上但求圣人之心，不假于后世之法，而后可合于圣人之道耳。

---

① 蔼蔼：茂盛貌。

② 忱恂（chén xún）：诚信。

③ 笃意：专心致志。

④ 恬退：指淡于名利，安于退让。

⑤ 阘（tà）茸：指地位卑微或庸碌低劣的人。

皇上欲考三礼之文，则《经礼》《曲礼》《仪礼》。战国诸侯，恶其害己而去其籍。孔子之时，已有文献不足之叹。至秦大坏。汉兴，高堂生[1]得古礼十七篇，河间王[2]所得五十六篇，亦文同而字异。后以其所叙皆礼之仪，因名之曰《仪礼》。略举其首篇而谓所传皆士礼者，非也。今之《仪礼》，非高堂生所传，而篇数偶同，亦非也。今之《仪礼》，即古礼也。始《士冠礼》《士婚礼》《士相见礼》《乡饮酒礼》《乡射礼》《燕礼》《大射礼》《聘礼》《公食大夫礼》《觐礼》《丧服礼》《士丧礼》《既夕礼》《士虞礼》《特牲馈食礼》《少牢馈食礼》《有司彻礼》[3]，而郊祀、明堂、庙制大典多阙，使后世如聚讼[4]焉，承讹袭舛[5]，可胜叹哉！

于是，朱子晚而条理之。挈[6]《仪礼》正经以提其纲，辑《周礼》《礼记》诸经有及于理者以补其阙，厘为家、乡、邦、国、王朝之目，自天子至于庶人之礼，谓之《仪礼经传通解》。而亦未及精详，乃以属之门人黄榦[7]复为《通解续》焉。至其晚年，《祭礼》尚未脱稿，又以授之杨复。复始研精殚思，搜经撦[8]传，积十余年，以《特牲馈食》《少牢

---

① 高堂生：西汉今文礼学的最早传授者。名伯，鲁（今山东）人，专治古代礼制。今本《仪礼》十七篇即出于他的传授。

② 河间王：河间献王刘德（？—前130），西汉景帝之子，封为河间王，谥曰"献王"。好儒学，史载其"修学好古，实事求是"。

③ 自《士冠礼》至《有司彻礼》，这些均是《仪礼》的篇名。

④ 聚讼：众说纷纭，莫衷一是。

⑤ 承讹袭舛（chuǎn）：承袭错误。

⑥ 挈（qiè）：抓住。

⑦ 黄榦（gàn）（1152—1221）：南宋学者。字直卿，世称勉斋先生，祖籍福建长乐，徙居闽县（今福建福州）。在解释儒家经籍上对朱熹的某些说法做出修正，有调和朱、陆的倾向。著有《经解文集》《勉斋文集》《圣贤道统传授总叙说》《中庸总论》等。

⑧ 撦（zhí）：拾取，摘取。

馈食》为正经，而冠之《祭礼》之首篇。搜缉《周礼》《礼记》诸书，分为经传以补其阙。综之以通礼，首之以天神，次之以地示，次之以宗庙，次之以百神，次之以因祭，次之以祭物，次之以祭统，有变礼，有杀礼，有失礼，并见之篇终。郊祀、明堂、庙制，皆折衷论定，以类相从，各归条贯。使畔散①不属者，悉入于伦理，庞杂不经者，咸归于至当，而始得于全书。西山真德秀②尝称为千载不刊之典矣。后又因诸子之意，取《仪礼》十七篇，悉为之图。制度名物，粲然毕备。以图考书，如指诸掌，庶几集其大成者焉。

近世临川吴澄③，又取《小戴礼》而叙次之，取诸儒之说，辑为《纂言》。既屡易稿，而自谓《月令》《檀弓》尤为精密。其诸篇之中，科分栉④剔，以类相从，上下相承，文义联属。至其篇第，则《大学》《中庸》既为程朱所表章，与《论语》《孟子》并为四书，固不容复次于礼篇。《投壶》《奔丧》，礼之正经，亦不杂之于记。《冠婚》《乡饮》《燕射》《聘义》，正释《仪礼》，别辑为传以附为经。此外犹三十六篇，曰通礼者九，《曲礼》《内则》《少仪》《玉藻》通记大小仪文，而《深衣》附焉；《月令》《王制》，专记国家制度，而《文王世子》《明堂位》附焉。曰《丧礼》十有一，则丧之义也。曰《祭礼》者四，则祭之义也。曰通论者十有二，《礼运》《礼器》《经解》为一类。《哀公问》《仲尼燕居》《孔子闲居》为一类，《坊记》《表记》《缁衣》为一类，《儒行》自为

---

① 畔散：散乱。
② 真德秀（1178—1235）：南宋大臣、学者。字景元，后改希元，世称西山先生，建宁浦城（今属福建）人。学术继承朱熹，与魏了翁齐名。
③ 吴澄（1249—1333）：宋元之际理学家。字幼清，抚州崇仁（今属江西）人。与许衡、刘因并称"元初三大儒"。为学主折中朱（熹）陆（九渊）两派，而终近于朱。
④ 栉（zhì）：剔除。

一类，《学记》《乐记》，其文雅驯①，非诸篇之比，故以为是书之终焉。自谓篇章文句，秩序有伦，先后始终，颇为精审。考《礼记》之文，亦庶几矣。

若夫《周礼》，朱子尝谓其广大精微，周家法度尽在此书。而苏颍滨以为秦汉诸儒以意损益之者众矣，非周公之完书也。成哉是言。周之西都，今之关中，短长相补，不过千里，古今一也。而今《周礼》，王畿四方，相距千里，则其畿内远近诸法，皆空言也。孟子曰："天子之制，地方千里。公侯百里。"而今《周礼》诸公地方五百里，诸侯四百里。郑氏谓周公斥②大九州，始皆益之，尤谬论也。入邑必井，乡遂必沟，是立法之强人也。五峰胡氏谓，今《周礼》五官之外，更有治典，刘歆③之妄也。《天官》有"宰夫"考郡都鄙县。失财者诛，长财者赏。此刘歆欲使上下交征也。《天官》"甸师"丧事代王受眚，楚昭、宋景之所不为也。"官正"比宫中之官府，去其奇衺④之民，是帘陛不严矣。士庶子卫王宫，示人不广矣。"内宰"建国，左右立市，岂王后之职？后有好事于四方，则安用君矣。以隐宫⑤刑余⑥近日月之侧，内祝掌宫中裰襘⑦之事。此乱亡之事。甚矣，歆之诬周公也。九嫔、世妇⑧，内政女

---

① 雅驯：典雅纯正，后世多称文辞善于修饰为"雅驯"。

② 斥：开拓，扩大。

③ 刘歆（？—23）：西汉末期古文经学派的开创者，目录学家、天文学家。字子骏，后改名秀，字颖叔，沛（郡治今安徽濉溪西北）人。刘向之子。

④ 奇衺（xié）：欺诳谄媚。

⑤ 隐宫：古代一种酷刑，即宫刑。

⑥ 刑余：指宦官。宦官入宫前必受阉，故称"刑余之人"，省称"刑余"。

⑦ 襘（guì）：古时衣交领，其交会处谓之"襘"。

⑧ 九嫔、世妇：宫廷中的女官名。《周礼·天官冢宰·典妇功》："掌妇式之法，以授嫔妇。"郑玄注："嫔妇，九嫔世妇。"按古代帝王有九嫔，二十七世妇，掌妇学及礼事。

功。后夫人之职也，而王安石以为统于冢宰①，悖理莫甚焉。王者以天下为家，乃有王之金玉良货贿之藏，四方之献，共三之好赐。是以桓、灵之事，罔成王而诬周公也。"司丧"有九官，"膳夫"有九官，"医师"有五官，"皂隶"之作亦置五官。皆执技以事上，役于人者。而以为冢宰进退百官之属。夫岂周公之制哉！盖其为书，一坏于歆，再坏于苏绰，又再辱于安石之手，其间改易旧文者多矣。其所载之礼，皆当有所定正而后可也。幸而中经朱子、杨氏、吴氏之所考订，今亦庶几焉。他如杜佑之书，与唐《开元礼》《典台礼》，宋之《开宝通礼》，贾昌朝②《太常新礼》，苏洵③《太常因革礼》《伊洛遗礼》，陈祥道④《礼书》，朱子亦尝喜其精博者，皆当取以辅翼二书，而立之学官，传之天下，可以为万世之法矣。

若夫定黄钟之律，尤本皇上之一心。致中而天地自位，致和而万物自育，所谓心正而天地之心亦正，气顺而天地之气亦顺，天地之和顺应，而候气之法可用，气正而天度均，天度均而中声⑤得，始可以制黄钟之律。而黄钟之律，其长九寸，中分厘毫丝忽⑥，皆以九为度。故九寸八十一分七百二十九厘，六千五百六十一毫，五万九千四十九丝，五十三万一千四百四十一忽者，黄钟一律之长也。又置一而三乘之，得

---

① 冢宰：官名。《周礼》列为六卿之首，为天官。百官之长、辅佐天子之官。

② 贾昌朝（997—1065）：北宋文学家，祖籍真定获鹿（今河北石家庄），字子明，博学善论说。著有《群经音辨》《通纪》《本朝时令》《奏议》及文集等。

③ 苏洵（1009—1066）：北宋散文家。字明允，眉州眉山（今属四川）人，与其子苏轼、苏辙合称"三苏"，俱被列入"唐宋八大家"。

④ 陈祥道（1042—1093）：北宋经学家、文学家。福州闽清（今属福建）人，字用之。博学，尤精于礼，著有《礼书》《论语全解》。

⑤ 中声：指五音中的商声。

⑥ 忽：古代极小的长度单位名。《孙子算经》卷上："度之所起，起于忽。欲知其忽，蚕吐丝为忽。十忽为一丝，十丝为一毫，十毫为一厘，十厘为一分。"

十七万七千一百四十七之全数。三分损益，以生十一律，而各得其管之长短。由是被之以五声，为六十调，又使其不相凌犯也。用正律正半律，变律变半律，亦三分损益以生徵商羽角，变宫变徵，均之为八十四调，则清浊高下相济，而庶几八音克谐。此固制作之先务，尤在皇上以和致和也。若秦汉以来，尺度隳废①，中声不定。或求之累黍而有圆椭之殊，或求之指尺而有短长之异，代变新乐，议论纷纭，皆徒事其末而不求其本，求其外而不求其内，安能定黄钟之律，以极制作之盛哉？

若夫乐书之阙，则《乐记》一篇，可以为乐经，而宋太常博士陈旸②所撰《乐书》亦可删其繁芜以附其后。若宋之《景祐太乐》《皇祐乐记》，蜀人房庶之《乐书补亡》，蔡元定之《律吕新书》，吴仁杰之《乐舞新书》，皆可考证补翼之。以续咸英韶濩于千载之上，以熙天地民物于泰和之中，以明圣贤道学于千万世之下者，实在于皇上之一心也。且汉文帝有其质而谦让未遑也，唐太宗有其才而功利害之也，宋太宗有其志而泥于言语文字之末，真宗溺于夸诈，仁宗偷于晏安③。数千年之几会，非有待于今日欤？然皇上所以策臣者，礼乐之文也。礼乐之本，臣实深有望于皇上也。心中斯须不和不乐，而鄙诈之心入之矣；外貌斯须不庄不敬，而慢易④之心入之矣。况人主一心，万化之原，万事之干，万物之休戚所关，万几之治忽所由系，千万年圣人道统之所由继，中两间而立，为三才之主宰，可不以圣人全体大用之道，在任于身而力行之欤？

---

① 隳（huī）废：毁弃，废弃。

② 陈旸（yáng）（1061—1128）：福州人，字晋之。陈祥道之弟。官至鸿胪太常少卿、礼部侍郎。著有《乐书》。

③ 晏安：安乐，安定。

④ 慢易：轻慢。

请因圣问所及者，统而论之。则论黄帝、尧、舜之道，而探之精微之蕴者，圣学之全体也。明于天之经，察于地之义，周于万物之务者，圣学之大用也。非圣人之道，不足以为学。非圣人之学，又何以明斯道也哉！又因圣问所及，拆而言之，又各有体用焉。明于天之经，曰钦、曰敬，为体，而器数之属为用焉。察于地之义，曰祇、曰德，为体，而政治之事为用焉。周于万物之务，曰中、曰极，为之体，而三德、八政为用焉。兴学校必以躬行必得为体，而以教育之方为用焉。作礼乐，必以和敬①为体，而仪文、度数②为用焉。圣道之体用，固无往而不在矣。然必在知之至而行之笃，而后体之具而用之全；必其时与学俱进，德与位俱隆，而后先黄帝、尧、舜而圣者，质之此心而无愧，后黄帝、尧、舜而圣者，揆之此道而无异。推之四海而准，传之万世而信。穷天地，亘古今，四三皇，六五帝，而不失天下之显名也。惟皇上其留意焉。臣谨对。

附：廷试罢作

晓开三殿降丝纶，衮冕临轩策小臣。

红烛影催金阙曙，紫霞香泛玉壶春。

云霄九万扶摇近，礼乐三千制作新。

浅薄未能宣圣德，愿歌械朴播皇仁。

---

① 和敬：和顺恭敬。
② 度数：法度，规则。

《禹贡》：《尚书》中的一篇。作者不详，著作时代无定论，近代多数学者认为约在战国时。用自然分区方法记述当时中国的地理情况，把全国分为九州，假托为夏禹治水以后的政区制度，对黄河流域的山岭、河流、泽薮、土壤、物产、贡赋、交通等，记述较详；长江、淮河等流域的记载则相对粗略。把治水传说发展成为一篇珍贵的古代地理记载，是一部科学价值很高的地理著作。

《洪范》：《尚书》篇名。洪，大；范，法、规范。旧传为商末箕子向周武王陈述的"天地之大法"；近人或疑为战国时期的作品。文中提出治国理政的各项政治经济原则，分为九畴（九类），认为龟筮可以预卜人事吉凶祸福，国家的治乱兴衰能影响气候的变化，后成为汉代"天人感应"等学说的理论根据。其中以水、火、木、金、土五行说来阐释自然现象，是中国古代哲学思维的萌芽，后来与阴阳说结合在一起。

《仪礼》：简称《礼》，亦称《礼经》或《士礼》。儒家经典之一。春秋、战国时代一部分礼制的汇编，共十七篇。一说是周公制作，一说孔子订定。近人根据书中的丧葬制度，结合考古出土器物进行研究，认为成书当在战国初期至中叶间。1959年在甘肃武威发现《礼》汉简多篇，可供校订今本《仪礼》参考。有东汉郑玄《仪礼注》、唐贾公彦《仪礼义疏》、清胡培翚《仪礼正义》等。

《曲礼》：《礼记》篇名。"曲"，委曲周到之意。杂记春秋前后贵族饮食、起居、丧葬等各种礼制的细节，故名。可供研究中国古代社会生活参考。

《礼记》： 亦称《小戴记》或《小戴礼记》，儒家经典之一。秦汉以前各种礼仪论著的选集，相传为西汉戴圣编纂，今本为东汉郑玄注本。有《曲礼》《檀弓》《王制》《月令》《礼运》《学记》《乐记》《中庸》《大学》等四十九篇。大率为孔子弟子及其再传、三传弟子等所记，是研究中国古代社会情况、儒家学说和文物制度的参考书。有东汉郑玄《礼记注》、唐孔颖达《礼记正义》、清朱彬《礼记训纂》、孙希旦《礼记集解》等。

十二律： 音乐术语，一种将八度分为十二个半音的律制，亦指此十二个半音，发明于先秦时期。各律从低到高的音名依次为黄钟、大吕、太簇、夹钟、姑洗、仲吕、蕤宾、林钟、夷则、南吕、无射、应钟。奇数各律称"律"，偶数各律称"吕"，总称"六律、六吕"，或简称"律吕"。有时称"正律"，乃对其半律（高八度各律）与倍律（低八度各律）而言。

十二时辰： 中国的计时单位。一昼夜分为十二个时辰，每一时辰合现在的两小时。以十二地支为名，从夜间十一时起算，夜半十一时至一时是子时，夜一时至三时是丑时，晨三时至五时是寅时，余类推。顾炎武《日知录》："自汉以下，历法渐密，于是以一日分为十二时。盖不知始于何人，而至今遵用不废……"

二十四节气： 一年中地球绕太阳运行到二十四个规定位置（即视太阳黄经度每隔15°为一个节气）上的日期。其划分源于中国黄河流域。各节气分别冠以反映自然气候特点的名称。当视太阳在黄经90°阳光直射北回归线时，北半球昼最长，夜最短，称"夏至"；在黄经270°阳光直射南回归线时，北半球昼最短，夜最长，称"冬至"；当视太阳在黄经0°和180°阳光两次直射赤道时，昼夜平分，分别称"春分"和"秋分"。上述的"二至""二分"，在春秋时代已由圭表测日影长短法确立。战国末期，又在春分—夏至—秋分—冬至—春分之间，黄经每隔45°各增一个节气，分别为立夏、立秋、立冬、立春，即"四立"。秦汉时，随农业生产发展，又分别在这八个节气之间，黄经各隔15°增加两个节气。至此，以不违农时为中心，反映一年四季变迁，雨、露、霜、雪等气候变化和物候特征的"二十四节气"已完全确立，成为农事活动主要依据。中国幅员辽阔，在同一节气各地气候变化不一，农事活动也有差异。西汉刘安《淮南子·天文训》中已有完整二十四节气的最早记载。西汉太初元年（前104）实施的《太初历》首次将"二十四节气"订入历法。二十四节气的阳历日期基本固定，一般仅相差1天。

天体者三家：

盖天说：谓天像无柄的伞，地像无盖的盘子。以《周髀（bì）算经》为依据。

《周髀算经》：为算经十书之一，原名《周髀》，主要以数学方法阐明当时的盖天说和四分历法，使用了相当繁复的分数运算，还有开平方法与勾股定理在中国的最早应用。

宣夜说：中国古代的一种宇宙学说。主张天没有形质，抬头看高远无止境。日月众星飘浮空中，运动和停止依靠"气"。

浑天说：中国古代的一种宇宙学说。主张天地的关系好像鸟卵壳包着卵黄。天的形体浑圆如弹丸，故称"浑天"。天和天上的日月星辰每天绕南、北两极不停地旋转。北极在正北出地36°，南极在正南入地36°。

《易大传》：《易传》，亦称《十翼》，《周易》的组成部分。对《经》而言，故称《传》。是儒家学者对《易经》所作的各种解释。把世间最根本的规律概括为阴阳对立面的交互作用："一阴一阳之谓道。"在肯定事物运动变化永无穷尽的基础上，预测事物发展到一定程度，就要变为它的反面。提出"穷则变，变则通"和"天地革而四时成，汤武革命顺乎天而应乎人"等命题。认为人们必须"待时而动"，顺应天道而"自强不息"（《乾象》）。

律管候气：中国古代判断二十四节气的各月"中"气是否按时而至的一种设施。二十四节气日期是由太阳在黄道上位置（黄经）决定，但二十四节气是农事活动的依据，必须另据气候条件才能可靠地进行农事活动。"律"原指乐器律管，又指制作乐器的调音数度规律，本与气候无关，但秦汉"邹衍吹律（管），寒谷可种"的传说使古人把"律管"与气候联系起来。《后汉书》和《隋志》的《律历志》均记载"律管候气"的设施，即在密室内将不同规定长度的十二根律管，按地支十二方位埋入土内，上端与地面平，管端充以葭莩灰，覆以薄绢，认为每当各月中气到时，相应的律管即有灰冲绢飞出管外。中气日与中气到（即飞灰）日并不一致，人们便用以判断中气到日的迟早，以决定农事。但律管长短本与节气无关，律管飞灰虽与地温有关，但密室地温与田野地温出入很大，不能指示地温高低，也不能作为农事措施的依据。

五音：亦称"五声"，指中国五声音阶中的宫、商、角、徵、羽五个音级。其中各相邻两音间的音程，除角与徵、羽与宫（高八度的宫）之间为小三度外，其余均为大二度。

七声：亦称"七音""七律"，音乐术语。指中国古代七声音阶中的七个音级，即宫、商、角、变徵（徵的低半音）、徵、羽和变宫（宫的低半音）。《淮南子·天文训》中称变宫为"和"，变徵为"缪"。秦汉以降，近世七声音阶通常指宫、商、角、清角（角的高半音）、徵、羽和变宫。有时亦以清羽代替变宫。

八音：中国古代对乐器的分类，指金、石、土、革、丝、木、匏（páo）、竹八类。钟、铃等属金类，磬等属石类，埙（xūn）、陶钟等属土类，鼓、鼙（pí）等属革类，琴、瑟等属丝类，柷（zhù）、敔（yǔ）等属木类，笙、竽等属匏类，管、籥（yuè）等属竹类。

商　辂

明正统十年（1445）乙丑科

状元文章

　　商辂（1414—1486），浙江淳安人，字弘载，号素庵。举乡试第一。正统十年（1445），会试、殿试皆第一。终明之世，三试第一者，仅他一人。除修撰，寻进学东阁。土木之变后，反对南迁，主张抵抗瓦剌。由侍读入内阁。官至兵部左侍郎。明英宗复辟后革职。明宪宗时复用，进兵、户、吏部尚书，在内阁十年，以宦官汪直专权，辞官居家十年而死。著有《商文毅疏稿略》《商文毅公集》等。

殿试策问　明英宗朱祁镇

　　皇帝制曰：自昔二帝三王致理之道，必选任贤才以敷政化，安中国而抚四夷。其见诸载籍，靡不足为后世法也。下逮汉、唐、宋，贤明之君亦皆锐意①于斯，而其人才治效，有可以比隆②于古欤？

　　洪惟我太祖高皇帝，奉天明命，统一华夷，德威所被，罔不臣服。太宗文皇帝嗣登大宝③，制治保邦，光前裕后。列圣相承，咸隆继述。是以群贤汇进，教化旁洽，海内乂宁④，夷狄宾服⑤，功德之盛，吻合古昔而无间矣。朕缵承⑥鸿业，倾惟祖宗之彝宪，是训是行，屡诏中外，简拔贤才，亦既得人为用矣。诚欲九德咸事，野无遗贤，举错之法尚有可行者乎？

　　申敕诸司，修明治理，亦既建立事功矣。诚欲百工惟时，庶绩咸熙⑦督劝之典尚有可举者乎？

　　内而中国生齿之繁，因其性而教养之矣。诚欲使皆阜⑧厚化成，同归于至治⑨，尚何所加乎？

---

① 锐意：意志坚决。
② 比隆：同等兴盛。
③ 大宝：指帝位。
④ 乂宁：安宁。
⑤ 宾服：指边远部族顺从，以时入贡。
⑥ 缵（zuǎn）承：继承。
⑦ 咸熙：全都兴盛。
⑧ 阜：指百姓。
⑨ 至治：谓治理得极好。

外而蛮貊^①近悦远来，因其俗而怀抚之矣。诚欲使皆讲信修睦^②，相安于永久，尚何所施乎？

夫治道有本，而推行有序，不法古无以施于今，泥于古而不通于今，亦不以为治。诸生明于道义，必讲之有素。悉著于篇，朕将亲览焉。

状元殿试卷　商辂

臣对：臣闻图治莫急于用贤，用贤莫先于修身。非修身固无以为取人之本，非用贤又无以为图治之要。故《中庸》之书曰："为政在人，取人以身。"人君诚能修身以为用贤之本，用贤以为图治之要，则知致^③、意诚、心正、身修。贤者在位，能者在职，以之亮天工^④而熙庶绩，安中国而抚四夷，何往而不得其效哉！

钦惟皇帝陛下聪明睿智，文武神圣，存二帝三王之心，绍^⑤祖宗列圣之统，日御经筵，讲求至道，早晚视朝，裁决万几。好贤之诚，无间于话言，图治之切，常存于宵旰。乃进臣等于廷，降赐清问，拳拳欲闻古今用贤致理之方，所谓智周万务^⑥而不弃于一得之愚，明照四方而必察于

---

① 蛮貊（mò）：亦作"蛮貉"，古代泛指边远地区少数民族。

② 讲信修睦：《礼记·礼运》："选贤与能，讲信修睦。"讲信，讲求信用；修睦，修习和睦相处之道。原用于指诸侯国间的关系，后亦泛指人际交往之道。

③ 知致：获得知识。

④ 天工：亦作"天功"，指天的职司。

⑤ 绍：继承。

⑥ 智周万务：万物无所不知，形容知识渊博。

刍荛之贱是也。陛下是心，与古帝王兢兢业业不自满假，用人惟已望道未见之心，何以异哉！臣虽愚昧，敢不精白一心，以对明命之万一乎！

臣惟致治有要，用贤是也；用贤有本，修身是也。若昔唐虞三代之世，百姓昭明，万邦协和，而黎民有于变^①之风；百工惟时，庶绩咸熙，而万邦有咸宁之效。二帝致治之隆如此者，实本于其登庸元恺，不废困穷之功也。府事修和，文命四敷。在商邑用协于厥邑，在四方用丕^②式见德，以至万民咸和，丕单称德。三王致治之盛如此者，亦本于其吁俊^③尊帝，克知克用之力也。当是之时，若皋、夔，若稷、契，若伊、周，各以圣贤之资，居辅弼之任，或陈九德而谐八音，或播百谷而敷五教。一德足以致天心之格，成绩足以笃烈考^④之光。多士济济，布列庶位，又岂无所自而然哉！盖由尧、舜、禹、汤、文、武之君，或克明俊德而重华协帝，或祇台德先而圣敬日跻，或缉熙敬止而无竞惟烈，一皆本诸行者无不诚，见诸行者有其实。所谓为政取人之方著于载籍，足以垂法于后世者，何莫不自圣人修身中来耶？

继此而称善治者，莫汉、唐、宋若也。其间贤明之君，未始不以用人为致治之本。观其孝廉之有选，贤良之有科，或以明经进，或以进士举。若汉贾谊之劝兴礼乐，董仲舒之明于王道，当时海内富庶，戎狄宾服，其治效固有可称者矣。唐韩愈之排斥佛老，陆贽之论谏仁义，当时中国久安，四夷宾贡，其治效亦有可观者焉。以至宋之韩、范、富、欧有以辅盛治于前，周、程、张、朱^⑤足以继绝学于后，中国致文明之盛，

---

① 于变："于变时雍"的简称，意为和谐兴盛，国家稳定。

② 丕：大。

③ 吁（yù）俊：求贤。

④ 烈考：显赫的亡父，后多用为对亡父的美称。

⑤ 周、程、张、朱：指周敦颐、程颢、程颐、张载、朱熹五人，皆为理学名臣。

夷狄怀景仰之心，其人才治效虽不能比迹唐虞三代，亦非汉、唐所可及也。虽然，汉、唐、宋之君其用贤图治之意固云美矣，而取人以身之道，则概乎未有闻焉。或《诗》《书》之安事，或礼乐之未遑①，或闺门失德而治杂于夷，或任用不专而小人迭进。外有尊贤之名，内无用贤之实。此汉、唐、宋所以止于汉、唐、宋，而不能俪美②于唐虞三代者，亦以修身之道，有未至也。

洪惟圣朝太祖、太宗，以武功定天下，以文德致太平，德泽敷施，声教远被，薄海内外，莫不尊亲，际天极地，靡不臣服。列圣相承，光启文治，隆继述之道，尽任用之方。是以群贤向用，君子满朝。礼乐兴而风俗美，教化洽而治道隆。斯民阜厚而化成，夷狄倾心而内附。圣德神功，盖吻合乎二帝三王之盛，而汉、唐、宋之君，风斯下③矣。

肆④惟皇上，缵承鸿业，远稽帝王之道，近守祖宗之法，孜孜以图治为心，拳拳以求贤为念。其得人致治之盛，固已超轶⑤乎古矣。而尤虑举错之法未尽行，督劝之典未尽举。内而教养未备，外而抚绥未至。欲探其本，而推行之以序。臣愚以为，是数者，皆陛下之所已行，行之而既效者也。然犹欲求其本，岂有外于陛下之修身乎？

陛下屡诏中外，简拔贤才，其举错之法至矣，而犹欲求可行之法。臣愿陛下，谨修身以为举错之本。贤者必进，不肖者必退。如孔子所谓举直错诸枉⑥，则九德咸事，野无遗贤之效，不难至矣。陛下申敕诸司，

---

① 未遑：没有时间顾及，来不及。

② 俪美：并美。

③ 风斯下：风斯在下，比喻超越前贤。出自《庄子·逍遥游》："风之积也不厚，则其负大翼也无力。故九万里则风斯在下矣，而后乃今培风。"

④ 肆：遂，于是。

⑤ 超轶：超出，超过。

⑥ 举直错诸枉：选用贤者，罢黜奸邪。

修明治理，其督劝之典备矣，而犹欲求可举之典。臣愿陛下，谨修身以为督劝之原，劝者必赏，而怠惰者必罚，如《虞书》所谓戒之用休，董之用威，则百工惟时，庶绩咸熙之效，有可必矣，陛下既谨修身以为取人之本，将见人才之出，彬彬^①乎盛。所以阜厚化成乎天下者，此也，所以讲信修睦于夷狄者，亦此也。陛下尝轻徭薄赋^②以立民命，建学立师以复民性矣。使凡任教养之责者咸以利用，厚生教训，正俗为心，则人得以仰事俯育，而有尊君亲上之心。生齿虽繁，有不同归于至治乎？陛下尝柔远^③能迩，以怀弗庭^④，厚往薄来，以抚宾服矣。使凡典戎狄之职者，咸能论之以祸福，示之以恩信，去者不追，至者不拒，训兵练士，保境安民，则人畏威怀德，修贡称藩，四夷虽远，有不相安于永久乎！

夫为治之本，在于用人；用人之本，又在修身。必先其本，而后其末。故《论语》曰："君子务本，本立而道生。"《大学》曰："身修而后家齐，家齐而后国治，国治而后天下平。"《中庸》曰："知所以修身，则知所以治人。"治天下国家，皆此意也。虽然，修自固为用人之本，而欲用人致治，尤不可以不法诸古。盖古者，前代之法，圣帝明王精神心术之所存，仁义道德之所寓也。傅说告高宗曰："事不师古以克永世，匪说攸闻。"使泥于古而或不通于今，则为徒法不能以自行矣。又必益之损之，与时宜之，《中庸》所谓"时措之宜"是也。

陛下之策臣者，臣既略陈之矣，而于篇终窃^⑤有献焉。臣惟始勤终怠者，众人之常情；慎终如始者，圣人之要道。是故天地有常运而后岁功

① 彬彬：文质兼备貌。
② 轻徭薄赋：指减轻徭役，降低赋税。中国古代早期思想家就有减轻人民徭役和赋税负担的财政思想，历来被儒家奉为治国安邦的重要原则之一。
③ 柔远：安抚边远地区的人民。
④ 弗庭：谓不归顺。
⑤ 窃：犹私，常用作表示个人意见的谦辞。

成，帝王有常德而后治功著。陛下德配天地，明同日月，诚又加夫不息之诚，有常之念，终始惟一，宵旰无间，则以之修身任贤，以之安民致治，远足以追配二帝三王之道，近足以光昭祖宗四圣之业。上而致天地位，下而致万物育，而绵历数于无疆者，夫岂有越于此哉！

臣干冒天威，不胜战慄之至。臣谨对。

附：状元八股文　商辂

管仲^①之器小^②哉^③　一章

圣人陋霸臣之器，而两辟伸者之说焉。

夫管仲以其君霸，天下尊之久矣。器小之论，独自圣人发之，宜或人之未喻也。

且夫子亦尝大管仲之功矣，今曰器小者，何哉？盖功之大者，才有余于霸；器之小者，量不足于王也。

然夫子未尝尽言。

而或者眩^④于名实，因欲救而解之，谓俭则必固，器小其似也。仲之为人得无俭乎？不知俭者，德之共也，帝王以节道示天下惟此耳。三归之丽，家臣之冗，奢莫甚焉，曾是而可为俭哉？此夫子所以致斥也。

---

① 管仲（？—前645）：春秋初期政治家。名夷吾，字仲，颍上（颍水之滨）人。由鲍叔牙推荐，被齐桓公任命为为卿，尊称"敬仲"。在齐进行改革，从此齐国国力大增。助齐桓公以"王夷"相号召，成为春秋时第一个霸主。

② 器小：器局狭隘。

③ 此题出自《论语·八佾》：子曰："'管仲之器小哉！'或曰：'管仲俭乎？'曰：'管氏有三归，官事不摄，焉得俭？''然则管仲知礼乎？'曰：'邦君树塞门，管氏亦树塞门；邦君为两君之好，有反坫，管氏亦有反坫。管氏而知礼，孰不知礼？'"

④ 眩：迷乱，迷惑。

或者又谓器小而复于不俭，或几于礼矣。仲之为人殆知礼乎？不知礼者，国之维也，帝王以中道防天下惟此耳。树门之塞，反爵之坫①，僭莫甚焉，曾是而可为之礼哉？此夫子所以重斥也。

奢而犯礼，其无修身正心之学可知，斯言虽若为俭与知礼者辩，而器之所以小亦自可见矣。然则器大何如？君子而已。

文学常识

九德： 古谓贤人所具备的九种优良品格。九德内容，说法不一。

《尚书·皋陶谟》："皋陶曰：'都，亦行有九德，亦言其人有德，乃言曰：载采采。'禹曰：'何？'皋陶曰：'宽而栗，柔而立，愿而恭，乱而敬，扰而毅，直而温，简而廉，刚而塞，彊而义。彰厥有常，吉哉！'"

《孔传》："言人性行有九德以考察，真伪则可知。"

《左传·昭公二十八年》："心能制义曰度，德正应和曰莫，照临四方曰明，勤施无私曰类，教诲不倦曰长，赏庆刑威曰君，慈和徧服曰顺，择善而从之曰比，经纬天地曰文。九德不愆，作事无悔。"

《逸周书·常训解》："九德：忠、信、敬、刚、柔、和、固、贞、顺。"

---

① 反爵之坫（diàn）：周代诸侯宴会时的礼节。互相敬酒后，把空酒杯放回坫上。坫，古代设于堂中两楹间的土台，低者供诸侯相会饮酒时置放空杯，高者用以置放来会诸侯所馈赠的玉圭等物。

《旧唐书·杨绾传》："宽柔敬恭，协于九德；文行忠信，弘于四教。"

清颜元《存性编·明明德》："九德乃吾性成就。"

孝廉：亦作"孝廉举"，汉代选拔官吏的科目。西汉元光元年（前134），初令郡国举孝廉各一人。

《汉书·武帝纪》颜师古注云："孝谓善事父母者，廉谓清洁有廉隅者。"

后实际上多由世家大族互相吹捧，弄虚作假，故有"举孝廉，父别居"之讥。举孝廉者多任为郎，东汉尤为求仕进者必由之路。汉以后、隋以前，"孝廉"合为一称，州举秀才，郡举孝廉。唐贞观、宝应年间曾设此科。明代为荐举之一种。

《虞书》：《尚书》组成部分之一，相传为记载唐尧、虞舜、夏禹等事迹之书。今本凡《尧典》《舜典》《大禹谟》《皋陶谟》《益稷》五篇，其中《舜典》由《尧典》分出，《益稷》由《皋陶谟》分出。

八股文：亦称"时文""制义""制艺"，明清科举考试制度所规定的文体。每篇由破题、承题、起讲、入于、起股、中股、后股、束股八部分组成。"破题"用两句说破题目要义。"承题"是承接破题的意义而阐明之。"起讲"为议论的开始。"入手"为起讲后入手之处。下自"起股"至"束股"才是正式议论，以"中股"为全篇重心。在这四段中，都有两股排比对偶的文字，合共八股，故称"八股文"，也称"八比"。题目主要摘自《四书》，所论内容也要根据宋代朱熹的《四书集注》等书，不许作者自由发挥。

三归：《论语·八佾》："管氏有三归。"郭嵩焘《释三归》："此盖《管子》九府轻重之法，当就管子书求之。《山至数》篇曰：'则民之三有归于上矣。'三归之名，实本于此。是所谓三归者，市租之常例之归之公者也。"此外还有数说，如：（1）妇人谓嫁曰归；三归，是说管仲娶了三姓的女子（何晏集解引包威说）。（2）三处家庭（俞樾《群经平议》）。（3）台名（《说苑·善说》）。谓管仲筑三归之台，以伤民。朱熹《论语集注》取此说。（4）地名。管仲的采邑（梁玉绳《瞥记》）。（5）藏泉币的府库（武亿《群经义证》）。

状元文章

吴 宽

明成化八年（1472）壬辰科

吴宽（1435—1504），苏州府长洲人，字原博，号匏庵。成化八年（1472）会试、廷试皆第一，授修撰。侍明孝宗东宫，进讲闲雅详明。明孝宗即位，迁左庶子，预修《宪宗实录》，进少詹事兼侍读学士。丁忧后，入东阁，专典诰敕，进礼部尚书，卒谥"文定"。吴宽行履高洁，不为激矫，而自守以正。其诗冲情逸致，雅制清裁，自成一家，兼工书法，著有《匏翁家藏集》。

殿试策问 明宪宗朱见深

皇帝制曰：自古帝王继体守文，克弘先业，致盛治者多矣。而史臣独以成康、文景并称，何欤？其致治本末可指言欤？

朕光绍祖宗丕图，政令之行，悉遵成宪①，期臻至治，比隆前古。然夙夜祇勤，于兹八载，而治效犹未彰著，何欤？岂世有古今，故效有深浅欤？

今天下田野辟矣，而贡赋供于上者，每至匮乏。学校兴矣，而风俗成于下者，益至浮靡②。兵屯以制外者谨矣，未能使夷狄畏却而不敢侵。刑法以肃内者严矣，未能使奸顽惩艾③而不敢犯。凡若此者，其弊安在？

如谓政在用人，则方今百司庶府，文武具足，而科目之选拔，军功之叙迁④者，又济济其众。何官有余而政不举欤？无乃承平日久，习安逸而事因循者多欤？兹欲严以督之，则人情有不堪；宽以待之，则治理之难成，何处而得其中欤？

夫治必上下给足，风俗淳美，外夷服而中国安，底于雍熙泰和⑤之盛，斯朕志也。何施何为而可以臻此治？殆必有要道焉。

子大夫讲习经史之学久矣，其参酌古今，明著于篇，朕将采而用之。

---

① 成宪：原有的法律、规章制度。
② 浮靡：虚华不实。
③ 惩艾（chéng yì）：艾，亦作"乂"。惩戒。
④ 叙迁：按照资历或劳绩升迁官职。
⑤ 雍熙泰和：和乐升平，太平和睦。

状元殿试卷 吴宽

臣对：臣闻古之君天下者，莫不有治法，亦莫不有治人。盖天下之事，非法不能以自举^①；天下之法，非人不能以自行^②。故法所以举其事，而人所以行其法者也。然人亦岂能自用哉？又在人君之一心耳。昔傅说之告高宗曰："惟治乱在庶官。官不及私昵^③，惟其能；爵罔及恶德，惟其贤。"而必继之以"惟厥攸居^④"。此可见人君之图治，其心当先安于所止也。心既安于所止，故以是心而求天下之贤，则无一人之不用；以是人而付天下之法，则无一事之不举。而所谓足贡赋、厚风俗、攘夷狄、革奸顽之四者，皆不足以劳吾心矣。

钦惟皇帝陛下，抚^⑤盈成^⑥之运，当鼎盛之年，有聪明睿知之资，有孝友温恭之德，有宽仁博爱之度，有神武不杀之威。临御以来，八年于兹，图治之心，惟日不足。故不以臣之不肖，拔之草茅之中，置之廷陛之下，拳拳焉下询乎治天下之要道。臣虽至愚，能不感激而思效其愚直之一二乎？盖陛下每三年一策士于廷者，非欲为虚文也，盖将用其言也。臣之幼而学于家者，非欲为空言也，盖将用于世也。臣常怀用世之心，适陛下开用言之路，是机也，不可失也。然而，陛下之策臣者，其大要欲于治法治人加之意耳，而臣以为尤所当先治者，心也。心既治，而后天下之事可从而理。臣故先以心之说为献，然后于圣策之所及者，

---

① 自举：自己兴起。
② 自行：自己实行，自己处理。
③ 私昵：亲幸、宠爱的人。
④ 攸居：长久安居。
⑤ 抚：占有。
⑥ 盈成：完满，多指帝业。

次第而条陈之焉。

盖闻孔子曰："善人为邦百年，亦可以胜残去杀①矣。"又曰："如有王者，必世而后仁。"言治化非一朝一夕所能成也。臣观三代之时，治之盛者，莫盛于周。而周之治，亦莫盛于成康之世。盖有文武创业于前，而成康善于守成耳。自周而下，治之盛者，莫盛于汉。而汉之治，亦莫盛于文景之世。盖有高祖创业于前，而文景善于守成耳。四君之所以善于守成者，岂有他术哉？必至其持守而施为者，有本末也。《周书》之称成王曰："祗勤于德，而训迪厥官，作周恭先，而自时中乂②。"至于康王之敬忌天威，张皇③六师，此其实也。汉史之称文帝曰："身衣弋绨④而示朴为先，除田租税而厚于利民。"以至景帝加以恭俭，与民休息，亦不失文帝之家法者也。成康、文景之致治本末，所可知者如此。而其所以并称于后世者，有不在此欤？夫成康、文景之为君虽不可作，而其治法，犹有可得而行者。苟能行之，所谓道洽政治，泽润生民，移风易俗，黎民醇厚之效，当复见于后世。岂以世有古今，而效有浅深之殊哉！仰惟陛下传二帝二王之道，绍一祖四宗之统，政令之行，悉遵成宪，视成康、文景之治固优为之矣。而复以为治效犹未彰著者，此陛下不自满足之心也。臣虽至愚，敢不钦承而将顺之乎？

伏读圣策有曰："今天下田野辟矣，而贡赋供于上者，每至匮乏。"臣有以见陛下欲举治法，足食以充国用也。夫欲足食以充国用，莫若省浮费。《大学》曰："生财有大道，生之者众，食之者寡，为之者疾，用之者舒，则财恒足矣。"今之世生之为之者，果得为众且疾乎？食之用

---

① 胜残去杀：实行仁政，使残暴的人化而为善，因而可以废除刑杀。

② 中乂：居中央而治理天下。

③ 张皇：张大，壮大。

④ 弋绨（yì tí）：黑色粗厚的丝织物。弋，通"黟"。

之者，果得为寡且舒乎？借使众且疾矣，然民赋有常数，而国用无常数。以有常数之贡赋，而供无常数之用度，此田野虽辟，而贡赋所以不得不至匮乏也。臣故曰省浮费者以此。

圣策有曰："学校兴矣，而风俗成于下者益至浮靡。"臣有以见陛下欲侈①举治法，化民以厚风俗也。夫欲化民以厚风俗，莫若求实行。盖古者，以乡三物教万民而宾兴之。一曰六德：知、仁、圣、义、忠、和。二曰六行：孝、友、睦、姻、任、恤。三曰六艺：礼、乐、射、御、书、数。其宾兴之制，以德行居先，文艺居后者，欲使人重本而轻末也。今之取士，惟较其文艺，而不考其德行，士安得不惟末是趋乎？况所谓文艺，又非古之所谓文艺者乎？此学校虽兴，而风俗所以不得不至浮靡也。臣故曰求实行者以此。

有曰："兵屯以制外者谨矣，未能使夷狄畏却而不敢侵。"圣策及此，臣又见陛下欲举治法，攘夷狄，而非穷兵黩武②之所为也。夫夷狄之性，轻而寡信，贪而无亲。王者以禽兽畜之，来则有备，去则不追。《诗》曰："王命南仲，城彼朔方。"又曰"薄伐猃狁③，至于太原"是也。是故求速效者，急于战斗而未必残其类；怀永图者，加以岁月而卒能收其功。窃以为今日之计，亦惟先于宁而已。其必练士卒，积刍粮，严斥堠④，谨烽燧⑤，而据要害之地，以为持久之计可也。然欲为持久之计，必用持久之兵。盖古者兵出于农，故戍其地则用其地之民。今之

---

① 侈：张大。
② 穷兵黩武：谓穷竭兵力，好战无厌。
③ 猃狁（xiǎn yǔn）：亦称"猃狁"，古族名。《史记》载黄帝北逐荤粥。殷周之际，分布在今陕西、甘肃北部及内蒙古自治区西部。从事游牧。前8世纪，在周宣王的筑垒防守与迭次出兵打击下失败北遁。春秋时被称作"戎狄"。东汉服虔《春秋左氏传解谊》："尧时曰荤粥，周曰猃狁，秦曰匈奴。"
④ 斥堠：同"斥候"，侦察，候望。
⑤ 烽燧：烽火，古代边防报警的烟火。

边兵，安于水土，习于金革，犹夫地之民也。诚用之以守，庶免调发之扰，而得制御①之道。至于守之既固，而彼犹为吾患也，于是因地乘势，以议攻之之策。则边境既实，兵威自壮，以战则克，以攻则取，而夷狄岂有不畏却者哉！

有曰："刑法以肃内者严矣，未能使奸顽惩艾而不敢犯。"圣策及此，臣又见陛下欲举治法，革奸顽，而非刻法深文之所为也。盖刑所以为小人而设，小人而不加之以刑，则纵恶长乱，无所不至，是刑法诚不可不严也。然听狱②之际，一或不尽其心，则刑有不得其当者。是故刑得其当，虽岁罪一人，而天下有咸服之心；刑失其当，虽日罪千人，而人心无可服之理。今律之所载者，轻重舒惨③，至精至备，可谓无遗憾矣。但有一定之法，无一定之情。其情之所在，则惟典狱④者参错讯鞫⑤以求之耳。昔郑子产⑥铸刑书，晋叔向⑦讥之曰："先王议事以制，不为刑辟。"旨哉斯言！实万世典狱者之所当知也。然参以人固足以得其情，徇乎人亦不足以当其罪。成王之告君陈曰："殷民在辟。予曰辟，尔惟

---

① 制御：控制驾驭。

② 听狱：听理讼狱。

③ 舒惨：语本张衡《西京赋》"夫人在阳时则舒，在阴时则惨"。后以"舒惨"表示忧乐、好坏、阴晴、歉丰等。此处意为好坏。

④ 典狱：职官名。执掌刑狱的事务，泛指狱官。

⑤ 讯鞫：亦作"讯鞠"，审讯。

⑥ 子产（？—前522）：春秋时期思想家。名侨，字子产，一字子美。郑穆公之孙，亦称"公孙侨"；居东里，亦称"东里子产"。郑简公三年（前563），司氏、堵氏等四族作乱攻杀子驷等，他率军平定。二十三年（前543）执政，实行改革，整顿田地疆界和沟洫，发展农业生产。后又创立按"丘"征赋制度，将"刑书"（法律条文）铸在鼎上公布，不毁乡校，以听取百姓意见。为政宽猛相济，郑国气象一新。

⑦ 叔向：春秋时期晋国大夫。羊舌氏，名肸。食邑于杨（今山西洪洞东南），故称"杨肸"。晋悼公时，一度为太子彪（平公）的少傅。晋平公六年（前552），因弟羊舌虎和栾盈同党，为范宣子所囚。后被平公任为太傅。主张维持旧礼制，反对政治改革，曾写信指责郑国子产铸"刑书"。

勿辟；予曰宥①，尔惟勿宥。惟厥中。"穆王之告诸侯曰："尔尚敬逆天命，奉我一人，虽畏勿畏，虽休勿休。"其知狱之不可徇乎人者也。夫典狱者，下既得乎人之情，上不徇乎君之意，则刑之所加皆得其当，而奸顽岂有不惩艾者哉！

以是而知浮费不省，则贡赋不足。实行不求，则风俗不厚。不用边兵以守其地，则夷狄未可以攘。不任有司以求其情，则奸顽未可以革。此臣所以妄论四者之弊，在于此也。抑四者虽各为一事，其实有相通之道焉。何也？贡赋不至匮乏，则国用既足，而兵屯可以仰给矣。风俗不至浮靡，则民心既正，而刑法可以舍置②矣。刑法舍置，则中国安矣。中国安，则夷狄无衅可乘，不待攘之而自然畏却矣。有天下者之治法，信无先于斯四者。虽然，法之立也本无弊，法之用也始有弊。法不自用，待人而后用。人有正邪，才有长短，而法不能小为之异焉。此其过之不在于法，而在于人也审矣。然则，今日治天下之要道，孰谓不在于用得其人乎？

然而，圣策又曰："如谓政在用人，则方今百司庶府，文武具足，而科目之选拔，军功之叙迁者，又济济其众。何官有余而政不举欤？无乃承平日久，习安逸而事因循者多欤？兹欲严以督之，则人情有不堪。宽以待之，则治理之难成。何处而得其中欤？大治必上下给足，风俗淳美，外夷服而中国安，底于雍熙泰和之盛，斯朕志也。何施何为而可以臻此治？殆必有要道焉。"陛下之言至此，图治之心可谓益切矣。臣愚以为，要道莫先于用人，人才皆可用，特在人君用之何如耳。用得其人，官虽不足，而政无不举。用非其人，官虽有余，而政不能举。非惟不能举，而且有害于政焉。如欲省浮费也，使奉承者非其人，则一意陛

---

① 宥（yòu）：宽宥，赦罪。

② 舍置：丢弃。

下之足国用，而更为厚敛之计矣。欲求实行也，使奉承者非其人，则一意陛下之厚风俗，而更为诡行①之举矣。主兵而非其人，则兵无纪律，而赏功罚罪，惟其私意之轻重。所谓用边兵以守其地者，未必得其力也。典狱而非其人，则狱多冤抑②，而刑故宥过，惟其私意之出入，所谓任有司以求其情者，未必得其实也。

诚欲用得其人，又在乎陛下之一心焉。盖心安于所止则诚，诚则明，明则于天下之人，自能知其何者为正，何者为邪，于焉用其正，而黜其邪。于一人为短，于焉取其长而弃其短。不啻③若辨白黑，若数一二。无一能之才，自能知其何者为长，何者逃于洞察之下者。取其人于科目，则皆俊乂④多才；取其人于军功，则皆知勇之士。而凡列职于百司庶府者，其文真足以经邦，而文教无不修；其武真足以勘⑤乱，而武功无不成。盖莫不奋迅踊跃以趋其事，固无有乐因循而事安逸者矣。若然，亦何必严以督之哉！即欲严以督之，则为大舜之德威，非若唐德宗之苛察也。亦何必宽以待之哉！即欲宽以待之，则为成汤之克宽⑥，非若汉元帝之优游也。

当此之时，臣见陛下全大有为之资，居大有为之位，操大有为之具，乘大有为之势。有所不施，施之而无不当；有所不为，为之而无不成。盖纵横⑦上下，无不如吾意之所欲者，岂特足贡赋，厚风俗，攘夷狄，革奸顽之四者而已哉！如是则真可以垂拱南面，而臻雍熙泰和之盛

① 诡行：诡诈的行为。
② 冤抑：受到冤枉压抑而不得伸张。
③ 不啻：不止，不仅。
④ 俊乂：亦作"俊艾"，贤能的人。
⑤ 勘：审问，推究。
⑥ 克宽：宽大。
⑦ 纵横：奔放，不受拘束。

治矣。然则欲事之举也，在乎法。有治法，而天下无不举之事。欲法之行也，在乎人，有治人，而天下无不行之法。欲人之用也，在乎心，有治心而天下无不用之人。心之功用至于如此，臣请得为陛下复一言之。

夫人之心特方寸①耳，所以灵于万物者在是，所以参为三才者在是，所以具众理而应万事者在是。人皆有是心，而能治其心者寡。人皆治是心，而能安于所止者尤寡。始如是而终不如是，非安也。表如是而里不如是，非安也。安之云者，心与义理为一，而未始相违者也。夫欲心与义理为一，此岂可以袭取②之哉！要必无时无处而不用其力也。陛下居禁密之地，尝诚思之曰：吾心得无少放乎？得无异于坐朝之时乎？有放焉则求之，是能治其心也。处细微之事，亦尝思之曰：吾心得无少放乎？得无异于临政之际乎？有放焉则求之，是能治其心也。无一时而不用其力，久则无一处而不安所止。由是以此心而事天，以此心而治民，以此心而法祖宗，无乎不善者，又岂特善于用人之一事而已哉！臣故恳恳③焉以是说为献者，此探本之论也，此责难之义也，此区区爱君之忠也。虽然，世之持是说以告陛下者亦多矣，臣不能舍是而为新奇可喜之论者，以治道之大原止乎此也。惟陛下不以其言之可厌，而少加睿览，天下之幸，孰大于此。

臣干冒天威，无任战慄殒越④之至。臣谨对。

---

① 方寸：亦称"方寸地"，指心。

② 袭取：沿袭取用。

③ 恳恳：殷切貌。

④ 殒越：犹惶恐。

附：状元八股文 吴宽

子在齐闻《韶》①一节

圣人寓邻国而听古乐，学之久而专称其美也。

至夫古乐，莫美于《韶》也。观圣人所以学之与所以称之者，则圣乐之美、圣心之诚皆可见矣。

昔乐有名《韶》者，乃帝舜之所作者也。后千余年，列国惟齐能传其乐。孔子在齐适闻其音，想其慕舜之德，其心已极于平日。闻舜之乐，其身如在当时，故不徒听之以耳，而实契之于心。

于凡鸣球琴瑟之类，其声之依永者无不习，以至鼗②鼓笙镛③之属，其音之克谐者无不考，盖学之不厌也。至于三月之久，而好之甚专也。

本乎一心之诚，故当食之际，虽肉味有不知其为美者，何也？其心在于乐，则发愤至于忘食之勤；其志好乎古，则终日且有不食之笃。

彼刍豢何物，果是以悦我口耶？夫既学之而有所得，则称之自不能已。

盖谓舜之乐，昔尝识之于《书》，如后夔之所典者，以为犹夫乐也。今习其度数，不意若此其美，则其声之感召，真可致神人之协和

---

① 此题出自《论语·述而》："子在齐闻《韶》，三月不知肉味。曰：'不图为乐之至于斯也！'"《韶》，虞舜乐名。《尚书·益稷》："《箫韶》九成，凤皇来仪。"《礼记·乐记》："韶，继也。"郑玄注："韶之言绍也，言舜能继绍尧之德。"
② 鼗（táo）：乐器名。即长柄的摇鼓，俗称拨浪鼓。
③ 镛：大钟。

也；舜之乐，吾尝闻之于人，如季札①之所言者，以为犹夫乐也，今考其节奏，不意若此其盛，则其德之广大，信有如天地之覆载②也。

其感叹之意，溢于言表如此，然则《韶》非舜不能作，亦非孔子不能知。

彼端冕而听古乐，惟恐卧者，可以语此也哉！

文学常识

《大韶》：简称《韶》，亦称《大磬》《韶箾》《箾韶》《箫韶》《韶虞》《昭虞》《招》。西周制定的六舞之一，由九段组成，即所谓"箫韶九成"。相传为舜时代的乐舞，周代用以祭祀四望（即四方神，一说指名山大川，或指日月星海）。春秋鲁襄公二十九年（前544），吴季札在鲁国见到《大韶》的演出，叹为观止；孔子称《韶》为尽善尽美的乐舞。

六艺：西周贵族学校教育内容，也为大司徒教民的内容。起源于夏、商，包括礼（礼仪制度、道德规范）、乐（音乐、诗歌、舞蹈）、射（射箭）、御（驾车）、书（文字读写）、数（算法）六项艺能。见《周礼·地官司徒·保氏》。

---

① 季札（前576—前485）：亦称"公子札"，春秋时期吴国贵族，吴王诸樊之弟，多次推让君位。封于延陵（今江苏常州武进区南），称"延陵季子"。后又封州来（今安徽凤台），称"延州来季子"。吴王余祭四年（前544），出使鲁国，在欣赏周代传统的音乐诗歌时，加以分析，说明周朝和诸侯的盛衰大势。继游历齐、郑、卫、晋等国，与晏婴、子产、叔向等人评论时势。

② 覆载：覆盖承载。《礼记·中庸》："天之所覆，地之所载。"《庄子·天地》："夫道，覆载万物者也。"谓天地庇育包容万物。后亦用为天地的代称。

钱　福

明弘治三年（1490）庚戌科

状元文章

　　钱福（1461—1504），松江府华亭人，字与谦，所居近鹤滩，即以为号。弘治三年（1490），会试第一，殿试一举夺魁。授修撰。其生性淡泊，不愿为名利所累。未及升迁即告病归田。诗文以敏捷见长。著有《鹤滩集》。

殿试策问 明孝宗朱祐樘

　　皇帝制曰：朕惟天子，父天母地而为之子，凡天下之民皆同胞一气，靡所不统，故又曰：大君①者吾父母宗子②。宗子继承父母君主天下，其责甚大，必养之有道，教之有方，举天下之民无一不得其所，责斯尽焉。古之君天下者，莫盛于唐尧、虞舜、夏禹、商汤、周武，皆克尽宗子之责，号称至治。其后若汉若唐若宋，英君谊辟，宗子之责或尽或否，而治亦有称，其迹具载经史。可考而论之欤？

　　夫自唐虞而下，诸君宗子之责无不同，当时制度之立，政令之行，又无不同。而要其治效之所至，乃有不能同者。此固世道之渐降，然夷考其实，亦尚有可言欤？前贤论儒者之道，每以位天地，育万物，参天地，赞化育为极至，于是，宗子之责有相关欤？

　　朕膺天命，嗣守祖宗鸿基，宵旰孳孳③，思尽宗子之责，比隆古之圣帝明王，其行之之序自何而始欤？

　　子诸生饱经饫④史以待问，必有灼然之见。其详著于篇，朕将亲览焉。

---

① 大君：天子。
② 宗子：古代宗法制度，嫡长子为族人兄弟所共宗（尊），故称"宗子"。
③ 孳（zī）孳：同"孜孜"，努力不懈貌。
④ 饫（yù）：饱食。

状元殿试卷 钱福

　　臣对：臣闻人君尽代天之责，以成配天之治者，皆一心之用也。盖心者，天之所以与我者也。天下者，天之所以责我者也。天不能自养乎民，而责我以养；天不能自教乎民，而责我以教。所以与我者，与人同，而所以责乎我者，独备。故凡所以教养乎天下者，必反而求之于心，天下虽大，一心运之而有余矣。苟不求之天之所以与我之心，而徒务乎责我者之事，则为之而不得其本，施之而不得其序。养民虽勤，而终非仁心实惠之寓。教民虽悉，而终非躬行心得之推。欲天下民物之各得其所，亦难矣。天下之有一不得其所，则天之所以责我者不能尽。是天地自天地，民物自民物，而吾身自吾身，尚得为天地之宗子乎哉！天如此其高，地如此其厚，而吾之治如此其小，尚得为配天之治乎哉！《书》曰："天佑下民，作之君，作之师，惟其克相上帝[①]，宠绥[②]四方。"《易》曰："后以财成天地之道，辅相天地之宜，以左右[③]民。"皆言人君受天与之全，任天责之重，必当尽是责，以成是治也。然要其所以为之者，岂出于一心之外哉？即是而观，则唐尧、虞舜、夏禹、商汤、周武之底于盛治，汉唐之仅为小康，与今日之欲比隆前古者，盖必有说矣。

---

① 克相上帝：辅佐上帝。
② 宠绥：爱抚使其安定。
③ 左右：相帮，相助。

洪惟皇帝陛下，钟①天地之粹气，禀天地之全德，以抚有普天率土之人民。临御以来，励精图治，凡可以当天心，慰人望者，无所不用其极②，诚可谓大有为之君，可谓善继述之宗子矣。然乃不自满足，首进臣等于廷，询之以父母宗子之责，且谓儒者之道，以位天地，育万物，参天地，赞化育为极至，而求行之之序所自始焉。臣有以见陛下之心，真知儒道之至重，深图君责之惟难，直欲无一念之愧乎天，无一事之愧乎古，无一制度，无一政令之不得其宜，无一民一物之不被其泽而后已。顾臣愚昧，何足以知之。然于乾坤之间，得与胞与③之列，厕名为儒，久荷④教育，窃有志乎圣贤之学。其于参赞⑤之功，家相⑥之事，虽不敢与闻，而所得于天以生之理为心之所固有者，固不容倭于不知矣。敢不援经摘史，为陛下陈之。

臣惟天子，父天母地而为之子云者，此汉儒班固⑦之言也。大君者，吾父母宗子云者，此宋儒张载⑧之言也。盖天下之理未尝不一，而天下之分未尝不殊。故自天地而言，则君为天之子，对民物而言，则君又为天地之宗子。独不观诸家乎？一家之中，凡继其祖者，均得称为宗，凡继其宗者，均得称为子。惟宗子则上承宗祧⑨，下合宗族，而独得谓之宗子。故冠婚必告之而莫敢专，祭祀必主之而莫敢僭，富贵必保之而莫

① 钟：汇聚。

② 无所不用其极：把所有的极端的手段都使出来。

③ 胞与："民胞物与"的略语，旧称关怀或同情人的疾苦为"胞与为怀"。

④ 荷：担任。

⑤ 参赞：参与协助。

⑥ 家相：古代卿大夫家中助理家事的臣子。

⑦ 班固（32—92）：东汉史学家、文学家。字孟坚，扶风安陵（今陕西咸阳东北）人。

⑧ 张载（1020—1077）：北宋理学家。字子厚，凤翔郿县（今陕西眉县）横渠镇人，世称"横渠先生"。

⑨ 宗祧（tiāo）：宗庙。宗，祖庙；祧，远祖之庙。

敢加，岂故以是而尊宗子哉？诚以父母所遗之体，赖宗子以养，父母所遗之业，赖宗子以教。宗子之所在，即父母之所在，自不得不以父母尊之也。

天下之众，凡禀气于天者，均得父称乎天；凡赋形于地者，均得母称乎地。惟大君则继承天地，统理民物，而独得为天地之宗子。故谓其所居之位曰"天位"，谓其所享之禄曰"天禄"，谓其所都之邑曰"天邑"，亦岂故以是而尊大君哉？诚以天地所与之形，赖大君以养；天地所与之性，赖大君以教。大君之所在，即天地之所在，自不得不以天地尊之也。

向使为家之宗子者不能教养乎家，而家之人有不得其所，则一家得以尤之，而宗子亦何以逃其责于父母哉！为天地之宗子者，不能教养乎天下，而天下之人有不得其所，则天下得以望之，而天子亦何以辞其责于天地哉！试以唐虞三代之君天下者言之。其养民则敬授人时，播植百谷，六府^①孔修，辑宁^②邦家，大赉^③四海也。其教民则协和万帮，慎徽^④五典^⑤，文命四敷，克绥厥猷，重民五教也。其为治效则或赞其如天，或美其风动^⑥，或称其天迪，或以为格于皇天，或以为配天其泽也。其于代天之功，皆能大有所为，而宗子之责无不尽也。

以汉唐宋之君天下者言之，其养民则有藉田代田^⑦之诏，有口分世业

---

① 六府：古以水、火、金、木、土、谷为"六府"。

② 辑宁：安抚，安定。

③ 大赉（lài）：重赏。

④ 慎徽：恭谨宣美。

⑤ 五典：五常之教，即父义、母慈、兄友、弟恭、子孝。

⑥ 风动：教育感化。

⑦ 代田：代田法，中国古代北方干旱地区的一种耕作方法。

之法，民藉以定，经界以均。其教民则石渠①、白虎②之讲说，弘文广文之招延③，博学宏辞之有试，看详学制之有议。其为治效则或杂伯，或杂夷，或偏安不振。不尽民力者，不能免向隅之泣④。与民休息者，不能免徭役之劳。宽厚待民者，不能免闾里之怨叹。尊师重傅而徒事乎章句训诂之文，大召名儒而无以变风云月露之态，崇尚理学而无以革词赋浮靡之习。其于代天之功，虽或有所为，而宗子之责则不能以皆尽也。

夫其为宗子之责本同，为治之制度政令亦略同。而治效所至，乃若是悬绝⑤者，岂世道之降，端使然哉。臣尝求其故矣，曰钦明文思，曰浚哲文明，曰克勤克俭，曰克宽克仁，曰执兢维烈。此其心纯乎天，天地民物，皆其度内。所以立制度，行政令，而教养乎天下者，皆心之所为用也。或恭俭是尚，而学宗黄老；或经术是尚，而性多偏察⑥。欲行仁义者，大伦或已亏，仁厚有余者，刚断或不足。则其心为私欲所杂，而不知民胞物与之义。虽有制度之立，不过虚文美观，以为教养之具，恶能尽其心之用哉。

若夫位天地，育万物，参天地，赞化育云者，此则子思之言，而亦张载之意也。盖人之一身，与天地并立而为三，分虽有高下大小之不同，而理气之贯通者，未尝不同。吾之心正，则天地之心亦正，而天地

---

① 石渠：石渠阁议，是西汉宣帝时讲论"五经"同异的御前会议。甘露三年（前51），汉宣帝在未央宫石渠阁"诏诸儒讲五经同异"，会议情况后曾汇编成《石渠奏议》一书。
② 白虎：白虎观会议，东汉章帝时召开的一次经学讨论会。旨在重整今文经学，反对古文经学，以皇帝之权威、法典之形式，制定有关经学的标准疏释，以巩固其思想上的统治地位。后班固等奉命整理讲论记录，编撰成《白虎通》，全称《白虎通义》，亦称《白虎通德论》。
③ 招延：招纳延聘。
④ 向隅之泣：向隅而泣，对着屋角哭泣。形容感到孤独、绝望、十分悲伤。
⑤ 悬绝：相差极远。
⑥ 偏察：过分地显示精明，苛察。

位。吾之气顺，则天地之气亦顺，而万物育。吾能位天地，育万物，则化育之大吾得而赞之，天地之高厚吾得而参之。儒者之道，必极于此，而后可以为人，尤必极于此，而后可以为君，可以为宗子也。唐虞三代能尽宗子之责者，此也；汉唐宋有宗子之责，而未尽者，则未极于此也。然此岂可以矫伪①为，亦岂可以旦夕致哉？必自戒慎而约之，以至于至静之中，无少偏倚②，而其守不失，则有以致吾心之中，而天地之所由以位也。自慎独而精之，以至于应物之际，无少差谬，而无适不然，则有以致吾心之一，而万物之所由以育也。张载亦曰存心养性为匪懈③，即戒惧之事也。曰不愧屋漏④为无忝，即慎独之事也。此欲尽宗子之责者所当知，而今日行之之序，所自始焉者也。

臣草茅疏贱，未尝入侍帷幄⑤，亲奉旒扆，以仰窥所谓戒惧慎独之功。然读悯灾⑥儆变之谕，知陛下有畏天命之心。观守成由旧之政，知陛下有畏祖宗之心。至于人材之进退，奏疏⑦之可否，有以知陛下有畏公议之心。畏之一言，戒惧慎独之明念也。而臣行谆谆⑧言之不置者，诚以矜持。于天下耳目所共及者，易为力，于一己耳目所不及者，难为功。伏愿陛下于万几方暇之际，一念未萌之时，虽不必明堂听政也，而正衣冠，尊瞻视⑨，俨乎如百官之临。虽不必宣室致齐也，而定思虑，绝嗜欲，凛乎如上帝之对。使本源澄澈，如明镜止水，照之而无不见；使

---

① 矫伪：作伪，虚假。
② 偏倚：有所偏重或偏向。
③ 匪懈：不懈怠。
④ 屋漏：古代室内西北隅施设小帐的地方。
⑤ 帷幄（wò）：帐幕。在旁的称"帷"，四面合起来像屋宇的称"幄"。
⑥ 悯灾：指李梦阳所作《悯灾歌》。
⑦ 奏疏：古代臣下向帝王进言的文书。
⑧ 谆谆：忠诚谨慎。
⑨ 瞻视：观瞻，指外观。

方寸轩豁①，如空谷虚室，纳之而无不容。及夫卒然之顷，一念之萌，又必察其果出于天理之公，而天下民物所同欲乎，则毅然行之，惟恐其不力。果出于人欲之私，而天下民物所共恶乎，则断然去之，惟恐其不速。爱憎之动，则察其所爱而欲近之，与所憎而欲远之者何人。喜惧之发，则察其所喜而乐为，与所惧而不敢为者何事。毋曰九重②之邃，一念之差，人不得而知也，天下之视听于是而在焉。毋曰五位③之尊，一事之失，人不得而非也，神明之昭鉴于是乎存焉。斯可谓之戒惧慎独，而天之所以与我者为无慊矣。由是推之以立制度，则制度之立，此心也。推之以行政令，则政令之行，此心也。推是心以养民，自有以著保惠赒恤④之实。推是心以教民，自有以为转移感动之机。至于一法之废兴，则曰吾为天守法，非吾所得而轻变也。一钱之出纳，则曰吾为天惜财，非吾所得而妄费也。一官之命，则曰此天之所以命有德者，吾不得而专也。一刑之用，则曰此天之所以讨有罪者，吾不得而私也。凡吾祖宗之所贻谋⑤者，期之于必行；凡古帝王之所垂法者，期之于必可行；斯可谓之善教善养，而天之所以责我者为无负矣。如是而称为天地之宗子，真所谓践形⑥惟肖者矣，真所谓圣其合德者矣。代天之功乌有不尽，配天之治乌有不成，儒者之道恶有不极其至哉。然臣又闻之，周公之告成王曰："若生子，罔不在厥初生，自贻哲命⑦。"言始之不可不谨也。伊尹之告太

---

① 轩豁：开朗，开阔。
② 九重：指天，传说天高有九层。
③ 五位：九五之位，指帝位。
④ 赒（zhōu）恤：赒济抚恤。
⑤ 贻谋：指父祖对子孙的训诲。
⑥ 践形：孟子用语。践，履；形，形色。指人性体现于形色。
⑦ 哲命：智命。

甲①曰："终始惟一，时乃日新。"言终之不可不谨也。凡臣之所以为陛下谋始者，皆陛下之所当自贻者也。日新之功，独不当加之意乎？夫难操而易合者心也，难成而易弛者治也。陛下于今日之所言，试以质诸他日之所言者，果有异乎？今日之所为，试以质诸他日之所为者，果有异乎？保守于盈成之间，而儆戒于宴安之后，持循于奋迅之徐，而驯致乎久大之盛，则所以代乎天者，有自强不息之功；所以配乎天者，有纯一不已之妙。天下之所戴以为大君，所赖以为宗子者，真足以比隆唐虞三代而不愧矣。臣请以是为终篇献。

臣不胜恳切忠爱之至。臣谨对。

附：状元八股文　钱福

春秋无义战②一章

圣经不与诸侯之师，以其不知有王而已。

夫所谓义战者，必其用天子之命也。敌国相争，则无王矣。人称之斯师也，何义哉？此《春秋》尊王之意，而孟子述之以诏当世也。

盖曰：夫《春秋》何为者也？夫《春秋》，假鲁史以寓王法，拨乱世而反之正，如斯而已。

是故来战于郎，战于艾陵，战之终始也；郑人伐卫，楚公子申伐郑，伐之终始也。

---

① 太甲：甲骨文作"大甲"。商朝国君，名至，汤嫡长孙，太丁之子。即位后，因不遵汤法，不理国政，被伊尹放逐。三年后悔过，被接回复位。一说伊尹将他放逐，篡位自立。七年后，他潜回，杀伊尹。复位后，励精图治，继汤之业。在位十二年，死后尊为"太宗"。
② 此题出自《孟子·尽心下》："孟子曰：'春秋无义战。彼善于此，则有之矣。征者，上伐下也，敌国不相征也。'"

然或讳不书败，或虽败不讳，其辞不同，要皆随事以示讥而已，以为合于义而许之者谁欤？或称人以贱之，或称师以讥之，所书不同，要皆因文以见贬而已，以为合于义而许之者谁欤？

但就中而言，若召陵以义胜，而犹有借名之力；城濮以威胜，而不无假义之功，则固有彼善于此而已矣，而要之皆非义战也。

是何也？

天下有大分，上下是已；天下有大权，征伐是已。然其分也，不可得而犯也；其权也，不可得而僭也。

故诸侯而有贼杀其亲则正之，所以正之者，天子之命也，而大司马不过掌其制而已矣；诸侯而有放弑其君则残之，所以残之者，天子之命也，而方伯连帅不过修其职而已矣。

惟辟作威，而势无嫌于两大；大君有命，而柄不至于下移。是征也者，上伐下之谓也。未闻敌国而相征者也。敌国相征，是无王也，无王是无义也。春秋之战，皆敌国而相征者也，此春秋所以无义战也。

然则春秋之诸侯，不皆先王之罪人耶？孔子之《春秋》，其容己于作耶？

文学常识

博学宏辞：博学鸿词科，科举考试中临时设置的考试科目，为制科之一种。始于南宋绍兴三年（1133）。"鸿"本作"宏"，至清代，"宏"字近似清高宗名（弘历）而改。清康熙十八年（1679）、乾隆元年（1736）两次举行。先由内外大臣荐举，不分已仕、未仕，定期在殿廷考试。录取者分一、二等，分别授以翰林官。

杨 慎

明正德六年（1511）辛未科

　　杨慎（1488—1559），明代文学家、学者。字用修，号升庵，四川新都（今成都）人。科场极为顺利，正德二年（1507），乡试第三。正德六年（1511），会试第二，殿试一举夺魁，时年24岁，授翰林修撰。明世宗时，为经筵讲官，以议"大礼"事获罪，谪戍云南永昌。投荒三十余年，死于戍所。学识广博，工诗文，善词曲。诗宗六朝初唐，推崇含蓄蕴藉的风格，于明代独立门户。著述多达百余种，后人辑其要者为《升庵集》，另有杂著《升庵外集》，又有词曲《升庵长短句》《陶情乐府》《廿一史弹词》等。

殿试策问 明武宗朱厚照

皇帝制曰：创业以武，守成以文，昔人有是说也。然兵农一致，文武同方[1]，其用果有异乎？文武之分始于何时？兵民之判[2]起于何代？尝质诸古矣，《书》称尧曰乃武乃文，于舜称文明、禹称文命而不及武，于汤称圣武而不及文，周之谟烈[3]各专其一。且三代迭尚而不言武，周列四民而兵不与焉，何也？

汉、唐、宋之英君令主，或创业而兼乎文，或守成而兼乎武，或有未备，亦足以善治。论者又谓天下安，注意相[4]。又谓天下虽安，忘战则危。是治兵之道，果与治民者同耶，异耶？

我太祖高皇帝，以圣神文武统一天下，建官分籍，各有定制。列圣相承，率循是道，百五十年治定功成，实由于此。然承平既久，玩愒[5]乘之。学校之法具存，而士或失业；蠲[6]货之诏屡下，而人多告饥。流徙之余，化为盗贼，以遗朕宵旰之忧。今赋税馈运[7]，民力竭矣，而军食尚未给；调发战御，兵之力亦劳矣，而民患尚未除。或者官非其人乎？而选举之制，黜陟之典，赏罚之令，亦未始不加之意也。兹欲尽修攘[8]之实，谨恬嬉[9]之戒，文治举而武功成，天下兵民相卫相养于无事之天，以保我

---

① 同方：谓同在一体。

② 判：分开。

③ 谟烈：谋略与功业。

④ 相：旧时迷信，观察容貌以测定贵贱安危，占视宅地以断吉凶等。

⑤ 玩愒（kài）：亦作"忨愒"，苟安懈怠，蹉跎岁月。

⑥ 蠲（juān）：通"捐"，除去，减免。

⑦ 馈运：运送粮食。

⑧ 修攘：内修政教，抵御外敌。

⑨ 恬嬉：嬉戏逸乐。

国家久安长治之业，宜何如而可？

子大夫志于用世，方策试之日，不暇以微辞隐义为问，姑举其切于时者，其为朕陈之。

状元殿试卷 杨慎

臣对：臣闻帝王之御天下也，有出治之全德，有保治之全功。文武并用，出治之全德也；兵农相资，保治之全功也。于并用而见其同方，则天下之政出于一，而德为全德。如日月之在天，凡所以照临者，胥天之德也。于相资而见其一致，则天下之治出于一，而功为全功。如手足之在人，凡所以持行者，皆人之功也。由是联属天下以成其身，纲维其道以适于治，体统相承而无偏坠不举之患，本末具备而无罅隙①可议之疵，放之四海而皆准，传之万世而无弊。帝王为治之要，孰有加于此哉？臣自少读帝王之书，讲帝王之道，窃有志于当世之事。然学焉而不敢言，言焉而不得达。今幸近咫尺②之威，立方寸之地，制策所及者，皆是道与是事也。臣敢不罄一得之愚，以为万分之助乎！

伏睹圣问，首曰："创业以武，守成以文。"而又曰："文武同方，兵农一致，果有异乎？"臣惟三代而上，同一道也，勘乱则曰武，守成则曰文。同一民也，无事则为农，有事则为兵。初未始异也。在《易》明两作离，文明之象也。上九王用出征，有嘉。释之者曰："刚明及远，

---

① 罅（xià）隙：裂缝，缝隙。
② 咫（zhǐ）尺：比喻距离很近。

176

威振而刑不滥。"斯不亦可见文武之同方乎？地中有水，师，师旅①之象也。而释之者曰："伏至险于大顺，藏不测于至静。"盖寓兵于农之意。斯不亦可见兵农之一致乎？是故一张一弛，号为善道，刚克柔克，协于皇极。

周公冢宰，实兼东征。毕公为公，亦总司马。武夫堪腹心②之寄，吉甫有文武之称。以《天保》治内，而未尝无武，以《采薇》治外，而未尝无文。文武固未分也。自秦不师古，专以武勇立国，语诗书者有刑，斩首级者进爵。民勇于战，皆忘生好利之人。士贱以拘，废干戈羽籥③之习。至汉袭秦制，立丞相、将军，而将相之职异。唐宋以来，置中书、元帅④、枢密，而军国之权偏。此文武之分出于三代之后也。

成周之制，以田赋出兵。一同⑤之田，出戎马四百匹，兵车百乘；一封⑥之田，出戎马四千匹，兵车千乘。畿方千匹，提封万井，出戎马四万匹，兵车万乘。自五人为伍，积而为两为卒。自五卒为旅，积而为帅为军。天子之六卿六军，诸侯之大国三军，次国二军，小国一军，而降杀有等焉。一方有事，则命将出师，迨功成献俘，将归于朝，即守职之吏。兵散于野，即缘亩之农。兵农固未判也。至管仲相齐，欲速图霸业，乃坏周兵于内政，分国中以四乡，使国中之民为兵，鄙野之民为

---

① 师旅：古代军队的编制有师有旅，五百人为旅，五旅为师，因以"师旅"为军队的通称。

② 腹心：心腹，比喻左右亲信。

③ 干戈羽籥（yuè）：《礼记·文王世子》曰："春夏学干戈，秋冬学羽籥，皆于东序。"干戈，古代武舞也；羽籥，古代文舞也。

④ 元帅：官名。渊源于《左传·僖公二十七年》所载晋文公的"谋元帅"。北周始设行军元帅和元帅作为军事职官名称。李渊（唐高祖）入关后设左、右元帅。唐、宋、元、明各代都设有各种名称的元帅，均为高级军事职官名称。

⑤ 一同：古谓方百里之地。

⑥ 一封：古以十万平方里为"一封"。

农。兵不服耒耜之勤，民不识干戈之具。以至勾吴之水犀①，秦昭之锐士，成周之制，变易尽矣。此兵农之判于三代之衰也。

载质之《诗》《书》所称，古之帝王，未有不兼文武之德，均兵农之功者。称帝尧者曰乃武乃文。四表之被，即所谓文；丹水之战，则所谓武也。舜之诛四凶，禹之格有苗②，固可以武功名，而亦文明、文命之余事也。布昭圣武，见于《伊训》③。然圣谟嘉言，谓非文武之全欤？文谟武烈④，称于《君陈》⑤。然整旅伐崇⑥，下车访道，二者正未始偏废也。三代迭尚，曰忠，曰质，曰文，而不及武者，盖言忠、质、文，则武固在其中。必以武言，则是秦之所尚，而非三代之治矣。周列四民，曰士、农、工、商，而兵不与者，即臣前所陈寓兵于农之说。专以兵言，是为后世之制，而非成周之旧矣。

汉、唐、宋之君，如光武之投戈讲艺，太宗之身兼将相，庶几创业而兼乎文。其未备者，如汉高之不事诗书，而规模宏远，盖其宽仁大度，暗合乎道，况能善陆贾文武并用之言乎？孝武之封狼居胥，宪宗之平淮西、西蜀，庶几守成而兼乎武。其未备者，如仁宗之时，西夏猖獗，而致四十二年之太平，盖其深仁厚泽培植国本，况能用韩、范儒者之将乎？陆贾之言曰："天下安，注意相。"则在承平时，不可不修文

① 水犀：犀牛的一种，生活于水中，皮可制成铠甲。《国语·越语上》："今夫差衣水犀之甲者亿有三千，不患其志行之少耻也，而患其众之不足也。"此处指披水犀甲的水军。
② 有苗：亦称"三苗"或"苗民"，古族名。《史记·五帝本纪》载其地在江、淮、荆州（今河南南部至湖南洞庭湖、江西鄱阳湖一带）。传说舜时被迁到三危（今甘肃敦煌一带）。
③ 《伊训》：《尚书·商书》篇名。《尚书·伊训》："伊尹乃明言烈祖之成德以训于王。"训，教诲，开导。
④ 文谟武烈：谋略和武功，此处意为文武双全。
⑤ 《君陈》：《尚书·周书》篇名。周公既没，命君陈分正东郊成周，作《君陈》。
⑥ 崇：商的与国。在今陕西西安鄠邑区东，至崇侯虎时，为周文王所灭。

德，故曰："人君以论相为职。"又曰："将特大有司耳，非比也。"《司马法》①曰："天下虽安，忘战必危。"则在承平时，不可不饬武备，故曰："君子以除戎器，戒不虞。"又曰："圣人贵未然之防。"是知兵以卫民，民以给兵，治兵乃所以销兵②，讲武即所以偃武。治兵之与治民，亦异而同也。

汉之军制以南北分，南军主环卫王宫，北军主巡缉③京城。有骑士，有材官，与夫西北之车骑，东南之楼船④，临淄之弩手⑤，荆楚之剑客，皆仰给于县官，而不编于齐民。识者惜其去古未远，而不能复。此汉之治民与治兵异也。唐府兵之立，其制最善。兵散于府，将归于朝，所以弭祸乱之原。二十为兵，六十而免，而民无久役之劳。三时⑥耕稼，一时⑦讲武，而兵无常聚之患。器甲出于民，衣粮出于民，而国无养兵之费。治民与治兵同。而论者许其为近古，良有以也。宋之制有三衙、四厢⑧，诸司总管钤辖诸将。然终宋世国威不振者，殆兵权失之轻，而兵民分之过也。由是言之，文武者，其名也；兵农者，其实也。三代而上，兵出于农，而文武不得不合；三代而下，兵判于农，而文武不得不分。夫苟知文武之所以同，则所以治民与兵者，不容以异矣。

洪惟我太祖高皇帝，独禀全智，首出庶物，扫开辟所未有之污，复

---

① 《司马法》：亦称《司马穰苴兵法》《军礼司马法》，中国古代兵书，"武经七书"之一。

② 销兵：消弭战争。

③ 巡缉：巡察警戒。

④ 楼船：古代兵种名。西汉时根据地方特点训练各个兵种，江淮以南各郡训练水军，称为"楼船士"或"楼船"。汉武帝曾命杨仆为"楼船将军"。

⑤ 弩（nǔ）手：弓箭手。

⑥ 三时：指春、夏、秋三季农作之时。

⑦ 一时：一个季度。《国语·周语上》："三时务农而一时讲武。"韦昭注："三时，春夏秋；一时，冬也。"

⑧ 四厢：古军队编制名。《魏书·太宗纪》："秋七月己巳朔，东巡。置四厢大将。"

帝王所自立之地，武功之盛无以加矣。整人伦于用夏变夷之余，兴文教于拨乱反正之始。文德之隆，又何如哉！当时之建官也，科目则有文举武举，官联有文班武班，部属则有文选武选。当时之定籍也，常产则有屯田①民田，户籍则有军籍民籍，官署则有州县卫所。然乾纲独断，无威柄下移之失；犬牙相制，无尾大不掉之患。有事则共与机密之谋，无事则各掌兵民之寄。在京有司马以提督军营，在外有宪臣以总制边务，臬司②有兵备之权，县吏专巡捕之职。名若分而实则相属，职若判而任则相维，保治之法，盖与三代而同符也。至若太宗表章经史，而外清朔漠③之尘。宣宗崇重儒臣，而出平汉邸之变。列圣相继，益懋益敦④，百五十年来，固皆以文致治，而庙算无遗，神武不杀，伟烈宏功，照耀简册，寿国脉于箕翼，安国势于磐石⑤，斯世斯民，盖有由之而不知者。

恭惟皇帝陛下，保富有之业，思日新之图，阅历熟而见理明，涵养深而持志定。垂衣拱手而天下向风，动颜变色而海内震恐，疆场之虞扑之于方炽⑥，萧墙之梗消之于未形。君子洗心以承休德，小人延颈以望太平。而皇心谦冲，谓承平既久，玩愒随之。臣伏读至此，有以知陛下出治之全德，保治之全功，可因此一念而举矣。

臣窃以为陛下求治之心甚至，而奉行者或有所未至焉。夫学校者，风俗之首也。程颢谓：治天下以正风俗得贤才为本。使主学校者皆得其人，教之之法，悉如阳城之在国学，胡瑗之在湖学，一道德以明礼义，

---

① 屯田：古代政府利用兵士和农民垦种荒地以取得军队给养和税粮的措施，亦指屯垦的土地。

② 臬（niè）司：明、清按察使别称。

③ 朔漠：北方沙漠地带。

④ 敦：勉力。

⑤ 磐石：亦作"盘石"，厚重的石头，比喻坚固不动，能负重任。

⑥ 炽（chì）：旺盛。

尊经术以定习尚，不荒于嬉而毁于随，则淳厚之风可臻，而士之失业者，非所忧矣。民者，国本所系。邵雍①谓：宽一分则民受一分之赐。所以宽之者在朝廷，而近民者莫切于守令。使为守令者皆得其人，养之之法，悉如黄霸之在颍川，张咏②之在益州，遵奉诏条，宣布德意，不以茧丝③先保障，不以抚字后催科，则殷阜之俗可期，而民之告饥者，非所忧矣。

流徙之余，聚为盗贼，亦由教之无法，养之无素故也。以人情言之，盗贼亦人耳。人莫不爱其筋力肌肤也，莫不爱其父母妻子也，莫不爱其田庐赀产也。在上者，不以无益之工役苦其筋力，不以不中之刑罚残其肌肤，不以流离病其父母妻子，不以诛求损其田庐赀产，则彼之所爱者，皆为所有矣，不幸而死，犹不舍其所爱，况舍所爱以蹈必死之地哉？今潢池④弄兵，绿林称号者，在在⑤有之。

赋税之过，春支秋粮。馈运之弊，十室九空。农事在所当重也。迩者出内帑⑥银二十万两，以济西蜀之军储，爱民可谓深矣。臣愚以为，本土之蓄积，宜自足用。昔人有言："兵务精，不务多。"今为将者，兵每务多，而财馈每患其寡。兵既多，则财馈不得不多，财馈既多，则民力不容以不屈。是民以养兵，而亦不可反为兵困也。

调发之伍，动以千百，战御之功，十无二三，兵政尤所当急也。迩者发京营兵三千骑以平山东之反侧，御患可谓切矣。臣愚以为，本土之

---

① 邵雍（1012—1077）：北宋理学家。字尧夫，谥"康节"。
② 张咏（946—1015）：北宋诗人。字复之，号乖崖，濮州鄄城（今山东鄄城县）人。
③ 茧丝："蚕丝"，比喻统治者向人民苛征暴敛，有如剥茧抽丝。
④ 潢池：天潢，本星名，转义为天子之池，借指皇室。后以"弄兵潢池"为造反的讳称。
⑤ 在在：处处，到处。
⑥ 帑（tǎng）：国库。

壮士，宜自可用。昔汉击匈奴，用六郡良家子，盖其熟知险易，力卫桑梓①，比之他方所调发，一可当百。况京兵一出，既有行和居饷之劳，亦有居重驭轻之戒，固可权其宜于一时，而非可继于旬月。是兵以卫民，而亦不可以为民殴也。

圣问又谓，或者官非其人。臣愚以为，一代之才，自足以周一代之用，特患用之不得其道耳。用之诚得其道，则贪可使也，诈可使也，况蕴德行而志功名者乎？选举之制公矣，宁无腐儒而当事局，历济②而投散地者乎？黜陟之典当矣，宁无冗食备员之辈，隐贤遗才之叹乎？赏罚之令明矣，宁无滥竽而受赏，戴盆③而免罚者乎？诚使官各尽其人，才各尽其用，人人有忘私之公，事事有爱国之诚。彻桑土于未阴之时，徙积薪于未火之日。一郡有警，则旁郡切震邻之忧，一时有警，则先时思噬脐④之悔，敌至不惧，敌去不侮。不因人成事而老吾之师，不旷日持久而匮吾之财，内修外攘之实，必尽于条教之外，文恬武嬉之弊，必振起于玩习之余。则文德之敷，云行雨施；武功之建，雷厉风行。远可以复帝王之善治，上可以光祖宗之谟烈，国家亿万年之历，可以配天地于无穷矣。臣愿陛下益崇此德，益保此功，存无怠无荒之心，为可久可大之道。惟万几之暇，少留意焉，则凡所以策臣者，可次第而举矣，何暇于多言为哉！

臣干冒天威，不胜战慄之至。臣谨对。

---

① 桑梓：《诗经·小雅·小弁》："维桑与梓，必恭敬止。"桑和梓是古代家宅旁边常栽的树木，见了容易引起对父母的怀念。后用作故乡的代称。
② 历济：指有为之人。
③ 戴盆：犹覆盆，喻冤屈难伸。
④ 噬脐：亦作"噬齐"，自啮腹脐，喻后悔不及。

西夏：亦称"白上国"，宋人称"西夏"，朝代名，党项拓跋氏所建。北宋明道元年（1032），李元昊嗣夏王位，景祐五年（1038）称帝。都兴庆府（今宁夏银川），最盛时辖二十二州，包括今宁夏、陕西北部、甘肃西北部、青海东北部和内蒙古一部分地区，先后与辽、金及宋鼎峙。居民有党项羌、汉、回鹘等族，从事农牧业，产青白盐，织毡毯。与宋经济文化联系极为密切，茶、马、盐、铁交易频繁。部分政治制度仿宋，有文字，汉文典籍也广为流传。与宋、辽、金多次发生战争，南宋宝庆三年（1227）被蒙古所灭，共历十帝。

武经七书：亦称《武学七书》，简称《七书》，北宋官方颁行的中国第一部军事教科书。全书收录七部重要兵书，即《孙子兵法》《吴子兵法》《司马兵法》《六韬》《尉缭子》《三略》《李卫公问对》。北宋元丰年间，神宗诏命国子司业朱服等人校定并雕版刊行，颁为武学经书。该书的颁定确立了兵学在中国传统文化中的正统地位，促进了中国古代军事学术的发展。宋代施子美的《七书讲义》为最早注释本，明清时期注解《武经七书》蔚然成风，代表性注本有刘寅《武经七书直解》，王守仁、胡宗宪《新镌标题武经七书七卷》，张居正《增订武经直解》，李贽《七书参同》，朱墉《武经七书汇解》等。现存有南宋及明清刊本多种。

三衙：军事机构，负责掌管禁军。宋代以殿前司、侍卫亲军马军司、侍卫亲军步军司分掌禁军，各置都指挥使等为长官。因唐代藩镇之亲兵称"牙兵"（"衙兵"），而五代至宋的皇帝多半出自藩镇，故相沿称为"三衙"。三衙长官分称"殿帅""马帅""步帅"，合称"三帅"。北宋亡，三衙制随之终结。南宋初恢复三衙，已无管辖全国军队权力，仅统领驻守行在临安府的正规军。

按察使：唐初仿汉刺史制设立，赴各道巡察，考核吏治。景云二年（711）分置十道按察使，成为常设官员。开元二十年（732）改称"采访使"，乾元元年（758）又改称"观察处置使"。实为各州刺史的上级，权力仅次于节度使，凡有节度使之处亦兼带观察处置使衔。宋代不设节度使，转运使初兼领提刑，后别设提点刑狱，是为后世按察使前身，与唐代观察使性质不同。金承安四年（1199）改提刑使为按察使，主管一路的司法刑狱和官吏考核。元代改称"肃政廉访使"。明初复用原名，为各省提刑按察使司的长官，主管一省司法，又设按察分司，分道巡察。中叶后各地多设巡抚，按察使成为巡抚属官。清沿明制，各省均设，掌刑名按劾之事，隶属各省总督、巡抚，为正三品官。别称"臬司"，清末改称"提法使"。

杨维聪

明正德十六年（1521）辛巳科

杨维聪，字达甫，号方城。北直隶顺天府固安县（今河北廊坊固安县）城内人，明朝状元、政治人物、学者。正德十四年（1519）顺天乡试解元，次年会试第十，正德十六年（1521）殿试登第一甲第一名，授官翰林院修撰。嘉靖初年"大礼议"期间，杨维聪等随杨慎力争大礼，反对明世宗，遭到廷杖。后被放为官，在山西、山东任职多年，累官山东布政左使。身后入祀固安乡贤祠。杨维聪是固安县历史上唯一的状元，固安城内曾建有"状元及第"等牌坊。其著作有诗文数篇传世，并辑《性理诸家解》三十四卷。

殿试策问 明世宗朱厚熜

　　皇帝制曰：朕惟自古人君临御天下，必慎厥初，而为其臣者亦未尝不以慎初之说告之。盖国家之治忽①，君子、小人之进退，世道之否泰②，其机皆系于此，诚不可以不慎也。然观之《诗》《书》所载，则亦不能无疑焉。

　　舜正月上日受终于文祖，首察玑衡以齐七政，而类禋③望遍之并举，观天交神，庶政固在所先矣。异时月正元日，格于文祖，询四岳，辟四门④，明目达聪，惟恐或后，且进十二牧⑤而历咨之，岂听言用人又在所急欤？太甲元祀⑥，祗见厥祖，伊尹明言烈祖之成德，以训于王。是天下之政，无大于法祖宗矣。高宗恭默思道，傅说告之，尤拳拳逊志时敏之务，典学亦岂容缓欤？成王即位，周公作《无逸》⑦，举三宗以劝之，惟以畏天爱民为主；《访落》⑧一诗，乃又以尽下情守家法为说；《立政》⑨一书，又以三宅⑩三俊⑪为不可忽，终之无误庶狱为重。意固各有在欤？

---

① 治忽：治理及荒怠。
② 否泰：否（䷋）、泰（䷊），《周易》的两个卦名，泰谓"天地交而万物通"，否与泰反，谓"天地不交而万物不通"。后常合用"否泰"指世道盛衰和人事通塞。
③ 禋（yīn）：升烟以祭。古代祭天的典礼。
④ 四门：指明堂四方的门。
⑤ 十二牧：传说中舜时十二州的长官。
⑥ 元祀：指大祭天地之礼。
⑦ 《无逸》：《尚书》的篇名。
⑧ 《访落》：《诗经·周颂》篇名。《诗序》："《访落》，嗣王谋于庙也。"孔颖达《毛诗正义》："谓成王既朝庙，而与群臣谋事，诗人述之而为此歌焉。"朱熹《诗集传》则谓："成王既朝于庙，因作此诗，以道延访群臣之意。"
⑨ 《立政》：《尚书》的篇名。
⑩ 三宅：指上古时常伯、常任、准人三种官职。
⑪ 三俊：古指具备刚、柔、正直三德的人。

抑又有可疑者，禹受命于神宗，不旋踵①会群后，誓师征苗。康王率循天下，人臣进戒，首以张皇六师为言，他务未遑。顾以兵事先之，何欤？若乃禹祗承于帝，有精一执中之传；汤黜夏命，有克绥厥猷之任。武王胜殷，访《洪范》于箕子，践阼②，授《丹书》③于尚父。且退，而几席、豋豆、刀剑、户牖④，莫不有铭，则又万世道学渊源所自，未可以寻常政事目之也。然则，人君慎初之道，果孰有外于是欤？

汉、唐、宋以来，其君臣之间盖无足与于斯者。然一代之治功、论议，亦不可泯。观夫求端于天之策，治审所尚之疏，尚德缓刑之书，荡涤烦苛之奏，与夫先天要说之十事，奉天罪己之一诏，元祐修德为治之十要，淳熙谨始自新之十目，皆于初政深致意焉。其与十渐之虑，五始之义，三卿序进授策之戒，指归所在，其果无大相远欤？

夫人事有本末，物理有终始，王道之施设固有先后。端本所以治末，谨始所以图终，施之宜先则不可以少后，皆治体所关甚大，不可以苟焉者。何众说不能以归一欤？

朕奉天明命，嗣承祖宗大统，临御以来，厘革⑤弊政，委任旧臣，凡夫敬天法祖，修德勤政，求贤纳谏，讲学穷理，节财爱民诸事，惟日孜孜，次第举行。取《无逸》中嘉靖殷邦之语，建号纪元。方将体元居正⑥，以求俪美《诗》《书》所称帝王熙明之治。特进尔多士于廷，咨以慎初之道。

---

① 旋踵：旋转脚跟，比喻时间短暂、迅速。
② 践阼：即位，多用于帝王。践，履也。古代庙堂前两阶，主阶在东，称阼阶。阼阶上为主位，因称即位行事为"践阼"。
③ 《丹书》：指《洛书》。
④ 户牖（yǒu）：门窗。
⑤ 厘革：调整改革。
⑥ 体元居正：谓人君以天地之元气为本，常居正道以施政教。多指帝王即位。

尔多士，尚酌古准今，稽经订史，明本末之要，审先后之序，悉意敷陈，用辅朕维新之意。

状元殿试卷 杨维聪

臣对：臣闻帝王之御天下也，有治法，有心法。酌其因革，制其缓急，足以周天下之务，立天下之纲，是谓治法；根于躬行，原于心得，使其出之而有本，运之而不穷，是谓心法。治法不善，则施为注措之间，乖谬①舛错②，必无以成治。苟治法善矣，心法或未端焉，则科条虽具，品式虽详，亦弥文粉饰③，而未必征之实事，勉强一时，而不能持于悠久，虽欲言治，皆苟而已。故心法存于内以为之本，治法施于外以为之用。本端而末治，体立而用行，斯为治不易之常道也。况人君临御之初，天命眷顾方新，人心向望方切，治忽否泰之机胥此系焉。所以慎其初而图其终者，可不加之意耶？是故得心法而举治法，三代以上之所以善治也。心法不纯而治法亦有所未备，三代以下之所治不古若也。然则，今日慎初之道，奚有外于是二法哉？

钦惟皇帝陛下，睿哲天挺④，仁孝夙成，昔潜藩邸⑤之时，已系元元之望，一旦龙飞虎变，御极当天，宵旰孜孜，励精图治，任耆旧之臣，

---

① 乖谬：亦作"乖缪"。荒谬违逆，背离常道。
② 舛（chuǎn）错：差错，错乱。
③ 粉饰：指文辞的提炼润色，引申为过分雕饰文辞。
④ 天挺：谓天生卓越超拔。
⑤ 藩邸：藩王之第宅。

厘积习之弊，天下之人莫不延颈举踵，观政听风，思见德化之成。臣以草茅，首蒙赐对，虽至愚陋，不足仰承休德，而喜庆之深，敢不掇拾①旧闻，对扬清问之万一？

臣惟人君之治天下有机焉，识治势者乘其机以为之，则力不劳而功可成。所谓机者，初是也。盖临御之初，好恶未著，虽有邪佞之臣，卒然不敢售②其奸，唯左右观望，一有隙焉，即投以所好。人君唯好之欲也，于是溺其所可乐，忘其所可惧，而后彼得以肆。天下之事，将遂偾焉以至于不可为。诚自其初谨之，不堕于小人之计，小人亦洗心涤虑③，唯正之趋矣。是故识其机者，慎其初，不慎其初，不识其机也。识其机，则国家由之而治，君子由之而进，世道由之而泰。不识其机则治者忽，进者退，泰者否矣。其关系岂小小哉！太甲初嗣位，伊尹告曰：“今王嗣厥德，罔不在初。”成王初营洛，召公告曰：“若生子，罔不在厥初生，自贻哲命。”自古人君临御天下，率以慎初为事，臣之贤者，亦未尝不以慎初之说告之也。臣请稽经订史，用圣制所及者条陈之。

舜初摄位，在璇玑玉衡以齐七政，而观天之道尽，类上帝，禋六宗，望山川，遍群神，而交神之礼举。及其即位，询四岳，辟四门，明四目，达四聪，务进贤以决壅蔽之患，且进十二牧，而历以五事咨之，务用人以赖辅理之益。伊尹作《伊训》，明言烈祖之成德以训太甲，盖逆知其欲败度纵败礼，颠覆汤之典刑，故以法祖为说。高宗以交修命傅说，说告之曰：“惟学逊志，务时敏，厥修乃来。”则以君德既修，然后大臣可举其职也。周公作《无逸》以训成王，举殷中宗、高宗、祖甲

---

① 掇拾：搜集。
② 售：达到，实现。
③ 洗心涤虑：涤除私心杂念，比喻彻底改悔。

畏天爱民之事，欲其知小人之依，以为祈天永命之本。成王朝庙听政，思先人顾托之重，乃作《访落》一诗，延群臣以尽下情，率昭考以守家法。《立政》一书，周公戒成王以任用贤才之道，始以宅俊为不可忽，而终之以无误庶狱为重，使王尤知刑狱之可畏，必专有司牧夫之任，而不以己误之也。

若夫禹受命神宗，不旋踵会群后，誓师征苗。康王率循天下，召公进戒，首以张皇六师为言，似若忽内而重外者。然圣人之治，固不因外以废内，亦不因内以遗外。有苗弗率，民弃不保，禹承舜命，安得不征之？然班师振旅①，诞敷文德，卒格于干羽两阶之化。周至康王三叶②矣，承平既久，玩愒随之。老臣爱君，得不以张皇六师为戒。且张皇云者，亦国之常政。军伍藏于井甸③，陈法讲于蒐狝④，巡边四征，寓于巡狩。会同徼军，实阅器械严纪律而已。非若后世守文者以兵为讳，喜功者则又穷兵黩武之为也。

夫三代以上之君，临御之初，莫不急所先务，其治法可谓举矣。至其心法之所存，则尤致意焉。是故"人心惟危，道心惟微，惟精惟一，允执厥中"，禹之祗承于帝也。"惟皇上帝，降于下民，若有恒性，克绥厥猷惟后"，汤之自任于己也。武王之始克商也，访《洪范》于箕子。初一曰五行，次二曰敬用五事，次三曰农用八政，次四曰协用五纪，次五曰建用皇极，次六曰乂用三德，次七曰明用稽疑，次八曰念用庶征，次九曰向用五福，威用六极。其始践阼也，又访《丹书》于太公，曰敬胜怠者吉，怠胜敬者灭，义胜欲者从，欲胜义者凶，退而几席、觞豆、

---

① 振旅：整顿军队。
② 三叶：三世。
③ 井甸：古代九夫为井，四井为邑。四邑为丘，四丘为甸，因用以泛指村落。
④ 蒐狝（sōu xiǎn）：春猎与秋猎，亦泛指狩猎。

刀剑、户牖，莫不有铭。夫武王之皇极敬义，即成汤之绥猷。成汤之绥猷，即禹之中。心法之相传，精神之相契，有以开万世道学之渊源。立政非此无以为立之之本，宰事非此无以为宰之之要。慎初之道，莫有先于此者，可以寻常政事目之哉！

自是而后，若汉，若唐，若宋，不足与于斯矣。安马上之习者，不事《诗》《书》，修玄默之德者，崇尚黄老。投戈①讲艺，息马论道矣。溺心图谶②之说，父事三老，兄事五更矣。专为章句之习。以至锐情经术而闺门惭德③，礼延文儒而声色荒心。曰心无邪曲，顾任智谋以成功，曰重道崇儒，至指道学以为党。心法之传，寥乎未有闻也。故其为治法也，或驳焉而不纯，或行焉而有所不尽。然当时群臣之所论议，深有可取者。

董仲舒对策于武帝之初，曰王者求端于天，欲人君任德不任刑。匡衡④上疏于元帝之初，曰治天下者审所尚，欲朝廷崇礼而敦让。宣帝刑名绳下，路温舒⑤以尚德缓刑劝之。章帝承永平后，陈宠⑥以荡涤烦苛劝之。汉之臣致意于新政者如此，惜乎其君无能以行之也。

玄宗开元之初，姚崇以十事要说，曰政先仁恕，曰不幸边功，曰法行自近，曰宦竖⑦不与政，曰罢赋外之征，曰戚属不任台省，曰大臣接之

---

① 投戈：放下武器。
② 图谶（chèn）：亦称"谶书"。巫师或方士制作的一种隐语或预言，作为吉凶的符验或征兆。
③ 惭德：因德行的缺失而惭愧。
④ 匡衡：西汉经学家。字稚圭，东海承（今属山东）人。能文学，善说《诗》，时引经义议论政治得失。
⑤ 路温舒：西汉司法官。字长君，巨鹿（今属河北）人。通《春秋》经义，曾任县狱史，举孝廉，官至廷尉奏曹掾、太守等职。
⑥ 陈宠（？—106）：东汉司法官。字昭公，沛国洨县（今安徽固镇东）人。世代传习法律，也熟悉儒家经籍。
⑦ 宦竖：宦官的贱称。

以礼，曰群臣得犯忌讳，曰绝营造，曰推鉴戒。德宗奉天之难，陆贽劝下罪己之诏，曰：天谴于上而朕不寤，人怨于下而朕不知，痛心腼面^①，罪实在予。使狂将悍卒闻之，无不感激挥涕。唐之臣致意于新政者如此，惜乎其君行之而不尽也。

吕公著^②当哲宗之初，尝上十事于朝，则畏天也，爱民也，修身也，讲学也，任贤也，纳谏也，薄敛也，省刑也，去奢也，无逸也。朱熹当光宗之初，拟上十目于朝，则讲学以正心，修身以齐家，远便佞以近忠直，抑私恩以抗公道，明义理以绝神奸，择师傅以辅皇储^③，精选任以明体统，振纲纪以厉风俗，节财用以固邦本，修政事以攘夷狄。宋之臣致意于新政者如此，惜乎元祐行之而不终，淳熙拟之而未上。故当时之治，卒莫能底于善也。

由诸臣之建白观之，虽言人人殊，其视十渐、五始、三卿序进授策之戒，指归所在，亦无大相远者。盖魏征^④十渐之虑，以太宗初寡欲而今市骏马，初护民而今用民力，初役己而今纵欲，初亲贤而今近奸，初贱异物而今进难得，初求士而今任好恶，初绝田猎而今事驰骋，初达群情而今多间隔，初求治而今恃势，初抚宁而今劳弊，所以虑不克终也。五始之义，则《春秋》之，必书元年春、王正月、公即位者，以元者气之始，春者四时之始，王者受命之始，正月者政教之始，即位者一国之始。荀况^⑤所谓三卿序进授策，则天子即位，上卿进除患为福之戒，而授

---

① 腼（miǎn）面：面容羞愧。

② 吕公著（1018—1089）：北宋大臣。字晦叔，寿州（今属安徽）人，吕夷简之子，庆历年间进士。

③ 皇储：已确定的皇位继承人。

④ 魏征（580—643）：唐初政治家。字玄成，魏郡馆陶（今属河北）人，生于相州内黄（今河南内黄西北）。

⑤ 荀况：荀子（约前313—前238），战国末期思想家、教育家。名况，时人尊而号为"卿"，汉代避宣帝讳，称孙卿，赵国人。

一策。中卿进虑事虑患之戒，而授二策；下卿进敬戒无怠之戒，而授三策。所以欲人君谨于始也，盖与诸臣之所建谨始图终者一矣。

夷考上下数千年间君臣图治之说，既有所谓心法，又有所谓治法。而其为治法之说，又或天或祖，或君或民，或内或外，或彼或此，棼^①然其不能齐，何也？天下之理固有大分，而于其中又各自有界限，必析之有以极其精而不乱，然后合之有以尽其大而无余。故以心法对治法言之，心法，人事之本也，物理之始也。又于治法之中，以事之大且急者，对事之小且缓者言之，大且急者，人事之本也，物理之始也。君人者欲端本以治末，谨始以图终，其施设之序，心法固所当先。而治法之大且急者，亦奚容以或后。圣君贤臣唯有见于此，执中绥猷，《洪范》《丹书》与夫典学之说，修身讲学之说，正心齐家之说，直指乎心法之源。而其他政事之说，亦就法治之中，因其时之所宜，据其势之所至，顺其理之所在，指其大且急者言之也，又奚必其词之同哉！

臣窃伏观陛下践阼之初，责成辅臣，奖纳台谏。凡弊政之所当革者，革之无不尽；凡旧章之所当遵者，遵之无不笃。其于敬天法祖，修德勤政，求贤纳谏，讲学穷理，节财爱民诸事，固次第举行之矣。励精之实，发于即位之一诏。中兴之志，著于嘉靖之纪元。凡在覆载之间，稍有血气之属，莫不以殷宗、周宣为望。乃犹不自满假，于圣制之终曰：方将体元居正，以求俪美《诗》《书》所称帝王熙明之治，欲臣等悉意敷陈，以辅维新之化。即此观之，臣有以知陛下必为殷宗、周宣无疑矣。臣之所以为献者，亦惟愿不失此机而已。何则？数年以来法度废弛，天下之事已极于弊。陛下一起而新之，百官承德者日奋，人心望治

---

① 棼（fén）：纷乱。

者方切。此祈天永命之时，可以有为之会也。乘此机以为之，矢①去川决，殆无难者，在陛下加之意而已。

近世人君，孰无愿治之心，然或卒不逮焉。岂皆力之不足，亦其初之不慎也。陛下欲求慎初之道，则心法、治法乌可不加意哉！是故精察一守以执中，肇修②人纪以绥猷，逊志时敏以典学，建皇极以序九畴，戒怠欲之胜敬义，正心以修身，修身以齐家，则心法得之矣。克谨天戒以畏天，监于成宪以法祖，亲贤远奸以致治，早朝晏罢以勤政，明扬侧陋以求贤，虚怀受言以纳谏，节财以制国用，爱民以固邦本，慎刑宪以恤人命，诘③戎兵以防边患，则治法得之矣。有心法以为治法之本，有治法以为心法之用，本末不差，先后有序，而谓美不俪于《诗》《书》，治不隆于熙洽④，岂理也哉？慎初之道，如是而已。虽然，非初之难，而终之难也。陛下以慎初为问，臣既陈之矣。至于图终之说，臣敢复为陛下言之。

《易》曰："天行健，君子以自强不息。"天之行也，一日一周，而明日又一周，未有一时之息，健故也。唯其健也，故四时万物皆得顺其序，遂其生，使君子自强之健于天，少不似焉，则几成而复坏，未久而已息，何以成其治哉！然所谓健治者，非血气之谓，又以心为之本。陛下诚求之心，日御经筵，讲求至理，以学养此心，整齐严肃，主一无适⑤，以敬存此心。延见公辅，亲近儒臣，随侍便殿，时备顾问⑥，以君

---

① 矢（shǐ）：箭。
② 肇修：创建整治。
③ 诘（jié）：查究。
④ 熙洽：清明安宁之世。
⑤ 主一无适：专一，没有杂念。
⑥ 顾问：指供帝王咨询的侍从之臣。

子维持此心。则圣心湛然①，义理为之主，而物欲不能夺其健，即乾矣。又何不终之足患哉？伏惟陛下深留圣意，以无失今日之机，以无负今日之望，以无忝今日改元之意，则生民幸甚，宗社幸甚。

臣干冒天威，无任战慄殒越之至。臣谨对。

---

① 湛然：安然。

茅瓒

明嘉靖十七年（1538）戊戌科

茅瓒，字邦献，号见沧，浙江钱塘（今杭州）人。嘉靖十六年（1537）乡试中举。次年会试中式，殿试一举夺魁。授翰林院修撰，后任南京国子监祭酒，嘉靖三十五年（1556）回京任礼部左侍郎，不久加太子宾客，兼翰林学士，累官至吏部左侍郎。当时严嵩当政，吏治腐败，自度无力抗拒，遂萌生退意。嘉靖四十年（1561）回乡养病。

殿试策问　明世宗朱厚熜

皇帝制曰：朕闻立天之道，曰阴与阳；立地之道，曰柔与刚；立人之道，曰仁与义。三才之道一而已，何又有去义为论乎？于是未免贤者自相私①反，必如圣经而后可。且今人尤大非贤者，及人君才一用义，即谓严刻②。乃作言曰：上任刑以为治，非三代之治也。却一不之反于己。三代之人皆人也，不待义临而自恃，惟恐放侈③。今之人果三代之同欤？将欲利之是贪，欲之是纵，国而罔思，民而罔恤，以至于上下礼度，悉不之慎为之。君人者，可不一教一治之，是非当否？抑果当乎？朕祇承天位，惟民是保。何官人者比比皆负国虐民之图，奚为用哉？

尔多士师孔子之学，必心孔子之心。将此心之平正，陈为篇列，以除弊革私之道，衍为仁育义断之方以告我。勿讳勿欺，朕览之。

状元殿试卷　茅瓒

臣对：臣闻帝王之御临天下也，内必有敬天之心，而外必有宪天之政。夫天者，理之原也。人君代天理物，故其所行必求端于天。天之道虽广博而难终穷，神妙而不可测，而其端不过有二，曰阴与阳而已矣。

---

① 私：利己。
② 严刻：严厉苛刻。
③ 放侈：放纵。

阳居春夏以长育①为事，有刚道焉。王者继天而为之子则用仁，而凡为慈爱，为谦屈，无非仁之统体矣。阴居秋冬以肃杀②为事，有柔道焉。王者继天而为之子则用义，而凡为果断，为裁制③，无非义之散殊④矣。故天道运而无所积，帝德运而无所私。以此存之于中，是谓敬天纯王之心也。以此发之于事，是谓宪天纯王之政也。合心与政皆纯乎天，夫是之谓格天之治。而尧舜、禹汤、文武由此其选也，奚独三代之治为然乎？

　　钦惟皇帝陛下，禀刚健中正之资，备文武圣神之德，自即位以来，信赏必罚，威行如雷霆；发奸摘伏⑤，明照如日月。对时茂育，容保如天地。盖粹乎斯道之中，而建维皇之极者也。臣也窃伏草茅，遥被治化久矣。乃者叨⑥有司之荐，得以与于大廷之对，而清问及焉。永惟圣经之言，而有取于仁义并行之道。既而有慨于庶官之庞，而欲以兼夫治教之法，且冀臣等以除弊革私之道，为仁育义断之方，而戒之以勿讳勿欺也。顾臣之愚陋，何足以仰裨休德之万一乎？虽然，有所言而不实是之谓欺，则上负陛下矣；有所言而不尽是之谓讳，则下负所学矣。上负天子，下负所学，畴昔⑦之所自许者谓何，朝廷之作养者谓何，而可如此也？臣敢不披沥衷悃⑧，就陛下之所问及者而条陈之，陛下试垂听焉。

　　臣惟天下之道，有经有权。经也者，一定而不可易者也。权也者，或相兼以适其宜，或相济以补其所不及者也。人君抚舆图⑨之广，临兆

① 长育：培养。
② 肃杀：严酷萧瑟貌。
③ 裁制：制裁。
④ 散殊：各不相类，各有区别。
⑤ 摘伏：揭发隐秘的坏人、坏事。
⑥ 叨：承受，辱承。
⑦ 畴昔：日前，往昔。
⑧ 披沥衷悃（kǔn）：竭尽忠诚。悃，诚挚。
⑨ 舆图：疆土。

民之众，天下之所恃以立命者也。苟一于义则威之太震，民畏之而不敢亲；一于仁则惠之太亵，民狎①之而不知敬。是仁之与义，犹天之有阴阳而不容以或偏也。臣故曰：道之一定而不可易者也。然德教以象天之生育，仁矣，而义者未尝不防之于中；刑戮以象天之震撼，义矣，而仁者未始不贯乎其内。是仁义之交相为用，犹阴阳之互为其根。臣故曰：道之相兼以适其宜也。然天下之势有强弱，而人君之政有德与刑。乘弱之后者利用威，而乘强之后者利用惠，此其斟酌操纵之间，犹之天道之雨以润，而日以晅②，雷以动，而风以散，既成万物，而人莫窥其神。臣故曰：道之相济以补其所不及者也。是故仁义之为道也，一定而不可易者，以立天下之经。或相兼以适其宜，相济以补其所不及者，以达天下之变。稽之于圣经，验之于往古，何莫不然。彼其去义以为论，专任德而不用刑者，何其失之偏乎？

臣伏读圣制之篇，而有以辨人言之为妄矣。人之言曰：人君才一用义，即谓之严刻任刑，非三代之治。臣愚以为，用义之与严刻任刑不同也。既曰用义，则不可谓之严刻任刑；曰严刻任刑，则不得谓之用义。人君之于天下何容心哉？视其理之所宜而已矣。苟于义所当用，则虽杀人而不可谓之严，虽致人于死而不得谓之刻，盖以义之为道当如是也。至谓用义非三代之治，此尤非所谓知理者。臣不暇远引泛取，即以三代之事明之。禹之承舜也，先罚后赏以示威。汤之革夏也，申代誓众以张武。而文、武之继殷也，驱除元恶，歼灭暴国以救民。故夏有禹刑，商有汤刑，周有甫刑。三代之得天下虽曰以仁，而未尝专倚于仁，有义以济其仁之所不及也。

后世事不师古，遂以为三代之治，纯用德而不用刑，何失之远欤？

---

① 狎（xiá）：亲近，熟习。
② 晅：晒干。《周易·说卦》："日以烜之。"陆德明释文引作"晅"。

是故不朝者赐之几杖①，受赂者馈之金钱，言宽仁者莫如汉之文帝矣，然姑息②成风，乾纲罔断，故不再传，而有指大如股、胫③大如腰之患。刑以不杀为威，财以不蓄为富，言仁厚者亦莫如宋之仁宗矣。然声容④盛而武备衰，议论多而成功少，故不再传，而有流言道路，变令推恩之讥。夫二君则汉宋之良也，一于仁而不义，而其弊犹不免有如此者。若是而谓三代之专于任德，后世之专于任刑，可乎？不可乎！由是观之，三代之所以治隆俗美者，以其仁义之并用，内有敬天之心，而外有宪天之政也。后世之所以不古若者，以其仁义之或偏，而不能审时以度势。其于天也，或亵焉而不知敬，或悖焉而不知法也。

我太祖高皇帝承元人积弊之后，故其所以创制立法者，大率以严为本。及天下已定，又戒圣子神孙，不得复用国初之典。是其仁义之并行，刚柔之相济，其所以察乎天人之际，审乎消息之宜，而为万世虑者深矣。但国家承平日久，重熙累洽，民志日趋于玩愒，事体日废于因循。盖自正德以来，兹弊极矣。肆陛下入继大统，始振起而一新之。故自临驭⑤十有七年以来，革者故，鼎者新，蛰者奋，困者苏，天下欣欣，咸睹太平于有象矣。而陛下犹有歉于官人者负国虐民，若追羡⑥于三代之英，而未之逮者。

臣愚以为，虽尧舜在上，不能无小人，此在君人者驭之得其道耳。驭之之道，臣前所谓仁义之并用者是也。盖尝闻之，法禁之不行，自上犯之也。而小民之所以敢为非义者，庶官之贪顽者启之也。今天下之

---

① 几杖：老人居则凭几，行则携杖。古时常用以表示敬老。
② 姑息：无原则地宽容迁就。
③ 胫（jìng）：脚胫，自膝至脚跟部分，俗称小腿。
④ 声容：指声势。
⑤ 临驭：指天子统治宇内。
⑥ 追羡：追随钦慕。

大，其在于朝廷辇毂，岂无有秉义竭忠之臣？然而违上所好，朋家作仇者未尽无也。其在于百工庶府，岂无有亮采^①惠畴之臣？然而胁权^②相灭，诬上行私者未尽无也。其在于都邑藩省，岂无有旬宣^③和惠之臣？然而违道干誉^④，尸禄^⑤养望者未尽无也。甚者削民之膏脂以肥其家，窃君之荣宠以张其势，掠众之美以示其恩，恣己之私以败其度者，未尽无也。陛下尊礼大臣，愈久益亲；体悉群臣，有隆弗替。其于股肱之良，而谟明^⑥弼谐者，固尝抚之以恩，而动之以礼矣。而于此不悛^⑦之徒，明罚敕法，惩一以警其百，是犹春阳之后，而震之以雷雨之威。天下方将感陛下之仁，而畏陛下之法，奚为而一驭臣为然也。不可行乎？虽然，处今之时势，而义之所当用者，非独夷狄跳梁^⑧，而横于西北，则薄伐之师，不可以不整也。庶民僭越，而似于王章，则奢汰之禁，不可以不严也。军旅疲弊，而阙于勇敢，则简阅之令，不可以不怒也。凡若此者，要皆以精明之治，而敦夫浑厚之体，以立君道之纪纲，以济中兴之盛业，道莫有先于此者矣。抑臣又闻之：仁育而义，王者之政也。所以主是政者，心也。故必有纯王之心，斯有纯王之政，而宪天下之政，谓非有敬天之心不可也。臣尝庄诵陛下敬一之箴，而有以知陛下之心，直可以质诸天地而无疑也。有德弗降，是违天之所喜矣，敢不敬欤？有恶弗惩，是渝^⑨天之所怒矣，敢不敬欤？以此常存于心，兢兢业业，罔敢失

---

① 亮采：辅助办事。
② 胁权：挟权，假用君上权命胁迫别人。
③ 旬宣：周遍宣示。
④ 干誉：追求名誉。
⑤ 尸禄：食禄而不尽职。
⑥ 谟明：谋略美善。
⑦ 不悛（quān）：不悔改。
⑧ 跳梁：比喻跋扈的情状。
⑨ 渝：改变，违背。

坠，夫然后以达于政也。仁足以育天下，而天下莫不归于仁；义足以正天下，而天下莫不疆于义。宪天之政，由是而会其全；格天之功，至是以要其极矣。虽然，敬亦未易言也。隐征之间，真妄错杂，毫厘之差，千里之缪①。苟辨察之功不悉于几微，持守之力不继于厥服，则人得以胜天，欲得以夺理，又恶知其为仁而在所当体，恶知其为义而在所当用也哉！故曰：勿叁以三，勿贰以二，行顾其言，终如其始，静虚无欲，日新不已。然则，陛下之言，固可谓能自得师者矣。除弊革私之道，仁育义断之方，岂外此而他求哉！

臣始以仁义并行之道为陛下告，终以主敬协一之功为陛下勉。初非有惊世可喜之论，然直意陛下以言求士，而臣之所以献言于陛下者，惟以明诸其心，上不敢负明问，下不敢负所学而已。惟陛下矜其愚，不录其罪，而留神秉纳焉。臣不胜拳拳陨越之至。臣谨对。

---

① 缪：通"谬"，错误。

赵秉忠

明万历二十六年（1598）戊戌科

　　赵秉忠（1573—1626），字季卿，青州府益都县（今山东青州）人，明朝官员。生于明神宗万历元年（1573），十五岁补府学生。万历二十五年（1597）举乡试第九名，万历二十六年（1598）联捷一甲第一名进士（状元）。授翰林院修撰。历任侍读学士、礼部侍郎，官至礼部尚书。明熹宗天启二年（1622）被黄尊素弹劾去职。天启六年（1626）去世。明思宗崇祯三年（1630）追复原官，赠太子太保，赐祭葬。

　　此篇状元卷是中国大陆现存唯一的殿试状元卷真迹，国家一级文物，现藏青州博物馆。试卷为十九折册页，分前后两大部分。通高47.6厘米，每折宽14.1厘米，天头8.6厘米，地脚3.3厘米，中间行文高35.7厘米。

殿试策问 明神宗朱翊钧

制曰：朕惟自昔帝王理人群，凝庶绩，率以综核名实为先务。唐虞之时，明良相信，称无为矣。而询事考言，敷奏明试，三载九载，屡省乃成，为法亦何备欤？世降而言，法愈详人益伪，名实溷淆，治亦刓敝①。或乃曰诚感则孚，第宜一切用君子长者之道。但不知诚在中，何由而达？昔之考询云者，岂其诚未至欤？

后世之综核者，毋若汉宣帝，当时吏称民安，可谓效矣。乃尚有伪增受赏者，意检察之犹未密欤？若文帝躬修玄默②，简节疏目，镇天下以无名之朴，而人顾谓孝宣不如，又何指也？

洪惟我太祖高皇帝，勇智天锡，超越千古，立纲陈纪，法度森严。旌廉能，摧奸暴，用夏变夷，重辟鸿荒。列圣遵承，有加无坠③。至我皇祖世宗肃皇帝，英断如神，振怠起衰，制礼作乐，品式具备，泽雨露，威雷霆，赫然中兴，光绍前烈，于铄④哉！范垂当年，而功流万祀矣。

朕嗣守祖宗丕业，任人图政，惟名实为兢兢。夫何与我共理者，不明朕心，诞谩成习，旷官不惭而越局以逞，浮靡相尚而利口惟贤。求其循理奉法忧国如家者，曾几何人？嗟乎！文盛则质衰，言华则行薄，自古记之矣。故上下以空文相加遗，而苟且塞责⑤，敷同罔功。巡行遣矣而

---

① 刓（wán）敝：凋敝，损伤。

② 玄默：清静无为。

③ 坠：失去。

④ 铄：通"烁"，光辉美盛貌。

⑤ 塞责：抵塞罪责，弥补所任事的不足。

吏习尚偷，教化宣矣而士风尚诡，赈恤颁矣而民困未苏，戎兵诘矣而挞伐①未张，虑谳详矣而免滞犹多，工费厘矣而虚冒犹故。束旧章而不守，悬新诏而不遵，求治弥劳，取效弥远，诚不足恃，法不能维。意者，朕不敏不明，无能风之欤？兹欲循名责实，黜无稽，旌有功，俾治理远驾汉宣，以溯唐虞雍熙之盛，何施而可？

尔诸士方当始进，心志精白，俯仰世变，必有概于中矣。宜各据所怀备言之，朕将采而行焉。

状元殿试卷② 赵秉忠

臣对：臣闻帝王之临驭宇内也，必有经理之实政③，而后可以约束人群，错综万几，有以致雍熙之治；必有倡率之实心④，而后可以淬励百工，振刷庶务，有以臻郅隆⑤之理。

何谓实政？立纪纲，饬法度，悬诸象魏之表，行乎令甲⑥之中，首于岩廊朝宁⑦，散于诸司百府，暨及于郡国海隅，经之纬之，鸿钜纤悉⑧，

---

① 挞伐：挞，急速貌。原意为迅速攻伐，后以挞为打击，伐为攻伐，合为征讨、攻击之意。
② 此篇为雍正刊刻《历科廷试状元策》版本。
③ 实政：实在可行的治国政策。
④ 实心：切实可行的治国思想。
⑤ 郅隆：昌盛，兴隆。
⑥ 令甲：亦称"甲令"，法令的首章。
⑦ 朝宁：犹朝廷。
⑧ 鸿钜纤悉：大小区域。

莫不备具，充周严密，毫无渗漏者是也。何谓实心？振怠惰，励精明，发乎渊微之内，起于宥密①之间，始于宫闱②穆清，风于辇毂③邦畿，灌注于边疆遐陬④，沦之浹之，精神意虑，无不畅达，肌肤形骸，毫无壅阏者是也。

实政陈⑤，则臣下有所禀受，黎氓⑥有所法程，耳目以一，视听不乱，无散漫飘离之忧，而治具彰；实心立，则职司有所默契，苍赤⑦有所潜孚⑧，意气以承，轨度不逾，无丛脞⑨惰窳⑩之患，而治本固。有此治具，则不徒驭天下以势，而且示天下以守，相维相制，而雍熙以渐而臻。有此治本，则不徒操天下以文，而且喻天下以神，相率相勖，而郅隆不劳而至。

自古帝王所为，不下堂阶而化行于风驰，不出庙廊而令应于桴海⑪，用此道耳！厥后，崇清净者，深居称朕，不理政务；尚综核者，欺蒙虚冒，总事空文。人日以伪，治日以敝，亦何以继帝王之上理，复隆古之休风，而称统理民物，仰承天地之责哉！

恭惟皇帝陛下，毓⑫聪明睿智之资，备文武圣神之德，握于穆之玄

---

① 宥密：隐密之地。
② 宫闱：指宫廷。
③ 辇毂：皇帝的车舆，代指京城。
④ 遐陬：边远一隅。
⑤ 陈：此处意为实行。
⑥ 黎氓：亦作"黎萌"，黎民。
⑦ 苍赤：指百姓。
⑧ 潜孚：暗中信服。
⑨ 丛脞（cuǒ）：烦琐，细碎。
⑩ 惰窳（yǔ）：怠惰。
⑪ 桴海：舟行于海上。
⑫ 毓（yù）：本意为孕育，此处意为天生的。

符，承国家之鸿业，八柄以驭臣民而百僚整肃，三重以定谟猷而九围①式命②，盖已操太阿③于掌上，鼓大冶④于域中，固可以六五帝，四三王，陋汉以下矣！乃犹进臣等于廷，图循名责实⑤之术，欲以绍唐虞雍熙之化，甚盛心也。臣草茅贱士，何敢妄言？然亦目击世变矣！顾身托江湖有闻焉而不可言，言焉而不得尽者，今幸处咫尺之地，得以对扬而无忌，敢不披沥以献！

臣闻：人君一天也。天有覆育之恩，而不能自理天下，故所寄其责者，付之人君。君有统理之权，而实有所承受，故所经其事者，法之昊天。用是所居之位，则曰天位；所司之职，则曰天职；所治之民，则曰天民；所都之邑，则曰天邑。故兴理致治，要必求端⑥于天。今夫天幽深玄远，穆然不可测也；渺茫轻清，隤然⑦莫可窥也。而四时五行，各效其官，山岳河海，共宣其职。人人沾浩荡普济之泽，在在蒙含弘广大之休，无欠缺以亏其化，无阻滞以塞其功者，盖不贰之真默酝酿于太虚，不已之精潜流衍于无极，故实有是化工耳。然则人君法天之治，宁可专于无为，托以深密静摄哉！是必有六府三事之职司为实政者；人君宪天之心，宁可专于外务，强以法令把持说！是必有不贰不已之真精为实心者。

---

① 九围：九州。
② 式命：俯首听命。
③ 太阿：一作"泰阿"，古宝剑名。
④ 大冶：冶炼大匠，此处引申为冶炼之炉。
⑤ 循名责实：按其名而求其实，要求名实相符。
⑥ 端：本意为端正，此处意为审正。
⑦ 隤然：沉醉貌。

粤稽唐虞之世，君也垂裳而治，贻协和风动之休，民也画象而理，成《击壤》①从欲之俗。君臣相浃，两无猜嫌；明良相信，两无顾忌，万古称无为之治尚矣！而询事考言，敷奏明试，三载九载，屡省乃成，法制又详备无遗焉。盖其浚哲温恭②，日以精神流注于堂皇，钦明兢业，日以志虑摄持于方寸，故不必综核而庶府修明，无事约束而九官效职，固以实心行实政也。

后世语精明者，首推汉宣，彼其吏称民安，可谓效矣！而专意于检察，则检察所不及者，必漏遗焉，故伪增受赏所从来也。语玄默者，首推文帝，彼其简节疏目，可谓阔矣！而注精于修持，则修持之所默化者，必洋洋焉，故四海平安所由然也。盖治具虽设而实心不流，则我欲责之臣，臣已窥我之怠而仿效之；我欲求之民，民已窥我之疏而私议之。即纪纲、法度灿然明备，而上以文，下以名，上下相蒙，得聪察之利，亦得聪察之害。实心常流而治具少疏，则意动而速于令，臣且孚我之志而靖共焉。神驰而慑于威，民且囿吾之天而顺从焉。凡注厝③、规画裕焉不设，而上以神，下以实，上下交儆，无综核之名，而有莫大之利。彼汉宣不如汉文者，正谓此耳！

洪惟太祖高皇帝，睿智原于天授，刚毅本于性生。草昧④之初，即创制设谋，定万世之至计，章考盘之高蹈。颍川之治理，必旌奖之，以风

---

① 《击壤》：指《击壤歌》，古歌名。相传唐尧时有老人击壤而唱此歌，词云："日出而作，日入而息。凿井而饮，耕田而食。帝力于我何有哉？"见《群书治要》卷十一引《帝王世纪》。此歌早见于《论衡·艺增》，文字略有不同。又孔颖达《礼记正义》引《尚书大传》，仅有后三句。
② 浚哲温恭：智慧而又温和谦恭。
③ 注厝（cuò）：规则措施。
④ 草昧：指国家草创秩序未定之时。

有位。浚民之鹰鹯，虐众之枭①虎，必摧折之，以惕庶僚。用能复帝王所自立之地，成古今所未有之功，乾坤辟而再位，日月涤而重朗。盖以一心行实政，以实政致弘勋。其载在祖训，有曰"诸臣民所言有理者，即付所司施行，各衙门毋得阻滞，而敬勤屡致意焉"。列圣相承，守其成法，接其意绪，固有加无坠者。至世宗肃皇帝，返萎靡者振之以英断，察废弃者作之以精明，制礼作乐，议法考文。德之所被，与河海而同深；威之所及，与雷霆而共迅。一时吏治修明，庶绩咸理，赫然中兴，诚有以远绍先烈，垂范后世也！

今我皇上，任人图治，日以实政，望臣工矣！而诞慢成习，诚有如睿虑所及者，故张官置吏，各有司存，而越职以逞者，贻代庖之讥。有所越于职之外，必不精于职之内矣！则按职而责之事，随事而稽之功，使春官不得参冬署，兵司不得分刑曹，今日所当亟图者也。耻言过行，古昔有训。而竟靡以炫者，招利口之羞②。有所逞于外之靡，必不深于中之抱矣！则因言而核之实，考实而责之效，使捷巧不得与浑朴齐声，悃愊③不至与轻浮共誉，又今日所当速返者也。巡行者，寄朝廷之耳目，以激浊扬清也。而吏习尚偷，即使者分遣，无以尽易其习。为今之计，惟是广咨诹，严殿最，必如张咏之在益州，黄霸之在颍川，斯上荐剡焉，而吏可劝矣！教化者，齐士民之心术，以维风振俗也。而士风尚诡，即申令宣化，无以尽变其风。为今之计，惟是广厉学官，独重经制，必如阳城之在国学，胡瑗之在乡学，斯畀重④寄焉，而士可风矣！

---

① 枭（xiāo）：通"鸮"，亦称猫头鹰。
② 利口之羞：指舆论的羞辱。
③ 悃愊（kǔn bì）：至诚。
④ 畀重：重托。

四海之穷民，十室九空，非不颁赈恤也。而颠连无告者，则德意未宣，而侵牟①者有以壅之；幽隐未达，而渔猎者有以阻之。上费其十，下未得其一。何不重私侵之罚，清出支之籍乎？四夷之内讧②，西支东吾，非不诘戎兵也。而挞伐未张者，则守圭纨绔之胄子，无折冲御侮之略，召募挽强之粗才，暗弛张奇正之机，兵费其养，国不得其用。何不严遴选之条，广任用之途乎？黎氓之积冤，有以干天地之和。而抑郁不伸，何以召祥？则刑罚不可不重也！故起死人、肉白骨，谳问详明者，待以不次之赏。而刻如秋荼③者，置不原焉，而冤无所积矣。天地之生财，本以供国家之用。而虚冒不经，何以恒足？则妄费不可不禁也！故藏竹头、惜木屑，收支有节者，旌其裕国之忠。而犹然冒费者，罪勿赦焉，而财无所乏矣！盖无稽者黜，则百工惕；有功者赏，则庶职劝。劝惩既明，则政治咸理，又何唐虞不可并轨哉！而实心为之本矣！实心以任人，而人不敢苟且以应我；实心以图政，而政不至惰窳而弗举。不然，精神不贯，法制虽详，无益也。

而臣更有献焉：盖难成而易毁者，此实政也；难操而易舍者，此实心也。是必慎于几微，戒于宥密。不必明堂听政也，而定其志虑，俨如上帝之对；不必宣室致齐也，而约其心神，凛若师保之临，使本源澄彻，如明镜止水，照之而无不见；使方寸轩豁，如空谷虚室，纳之而无不容。一念萌，知其出于天理，而充之以期于行；一意动，知其出于人欲，而绝之必期于尽。爱憎也，则察所爱而欲近之与所憎而欲远之者何人。喜惧也，则察所喜而欲为与所惧而不欲为者何事。勿曰屋漏人不得知，而天下之视听注焉；勿曰非违人不得禁，而神明之降监存焉。一法

---

① 侵牟：侵占掠夺。牟，取。
② 内讧：亦作"内哄"，指内部互相倾轧或冲突。
③ 秋荼（tú）：比喻刑法繁苛。

之置立，曰吾为天守制，而不私议兴革；一钱之出纳，曰吾为天守财，而不私为盈缩；一官之设，曰吾为天命有德；一奸之锄，曰帝为天讨有罪。盖实心先立，实政继举，雍熙之化不难致矣，何言汉宣哉！

臣不识忌讳，干冒宸严，不胜战栗陨越之至。臣谨对。

文震孟

明天启二年（1622）壬戌科

文震孟（1574—1636），苏州府长洲（今江苏苏州）人，字文起，号湛持。曾十赴会试，天启二年（1622）殿试第一。授修撰。当时魏忠贤已用事，文震孟愤而上《勤政讲学疏》。魏忠贤摘疏中语，谓比帝为偶人，调外，辞官归。天启六年（1626），又因事株连，斥为民。崇祯元年（1628）召置讲筵，因连劾忠贤遗党王永光，忤权臣，乃乘出封益府之机，归家不出。崇祯五年（1632）复出，累进少詹事。八年（1635）擢礼部左侍郎兼东阁大学士，不肯循例投刺司礼监，又与温体仁不协，被劾落职。归卒。著有《姑苏名贤小记》《念阳徐云定蜀记》。

殿试策问 明熹宗朱由校

皇帝制曰：朕惟自古帝王，所为搏挽^①乾坤，匡扶世运者，靡不于文武二柄为兢兢。《书》赞帝尧乃武乃文，盖全德兼焉。而舜曰文明，禹曰文命，汤曰圣武，周之文谟武烈，各标其一。之数圣人岂于持世导民有偏指^②邪，毋其于中有交相为用者欤？夫阴阳、柔刚、仁义，自有天地而来，至于今不可废也。

洪惟我太祖高皇帝首辟区夏，成祖文皇帝载奠邦家，并提一剑驭军，而文治光昭于云汉，揭六经训俗，而灵爽^③震叠^④于雷霆。文由武张，武因文靖，于都哉，洵^⑤追踪帝尧而与虞夏殷周媲烈矣！奕叶^⑥相承，绍天阐绎，虽强隅小警，不无震惊，然金瓯^⑦卒以不摇，万世永赖。则列圣之威灵实式宁之，芳躅^⑧具在，亦可得扬历其概欤？

朕以冲龄，嗣大历服，托于天下臣民之上，日夜思所为觐扬光烈，惟是讲学勤政，亲贤爱民，简将治兵为大务。盖干羽舞阶，鼓鼙思士，实并图维执事焉。而蠢兹丑裔，逆我颜行，二年于兹，竟未有能制其命者，何也？岂政教隳而文德阙，抑声容盛而武功弛与？

夫禁旅之环萃自若也，卫屯之棋置自若也，班操之更番自若也，盟

---

① 搏挽：此处意为扭转，扭转乾坤，谓根本改变局面。
② 偏指：偏私的意愿。指，同"旨"。
③ 灵爽：鬼神的精气。
④ 震叠：震动，恐惧。
⑤ 洵：诚然，实在。
⑥ 奕叶：累世，代代。
⑦ 金瓯（ōu）：比喻疆土完整。
⑧ 芳躅（zhú）：前贤的遗迹。

带砺①者列第而居，绾②组符③者专阃④而控。乃动云无将，动云乏兵，不获已议调发，而列镇苦虚伍矣。又不获已议顾募，而乌合驱市人矣。客兵散如抟沙⑤，土著聚亦儿戏。总帅藉之勋胄⑥，既由礼之惟艰；训练寄之戚臣，又典兵之有戒，戈戈唇吻⑦，迄无成功。说者以为承平日久，左武右文，故其弊至此。然闻有文事者必有武备，古六军之帅即天子六卿，用以内修外攘，非歧途也。即如先朝殪⑧阿台，驯也先，羁顺义，芟⑨逆藩，创倭奴，以及迩年东征西讨之役，咏《车攻》⑩而歌《杕杜》⑪者，讵异人任，毋亦惟是择人而专责之可欤？夫武之德七，文之德十有一，季世⑫犹能道之，矧⑬在帝王！兹欲省繁言以核实，审操柄以图机，赫然收顺治威严之效用，恢弘祖宗鸿业，何施而可？

尔多士学古通今，怀并用之术旧矣。尚根极体要，明著于篇，毋泛毋略，朕将采焉。

---

① 带砺：亦作"带厉"，比喻久长。

② 绾（wǎn）：盘结。

③ 符：古代朝廷传达命令或征调兵将用的凭证，用金、玉、铜、竹、木制成，双方各执一半，合之以验真假。

④ 专阃（kǔn）：阃，门槛，这里指京城的门。谓在京城以外专主军事，后因称统兵在外为"专阃"。

⑤ 抟（tuán）沙：沙无黏力，抟之不聚。喻易散。

⑥ 胄（zhòu）：指帝王或贵族的后裔。

⑦ 唇吻：指议论，口才。

⑧ 殪（yì）：杀死。

⑨ 芟（shān）：除去。

⑩ 《车攻》：《诗经·小雅》篇名。叙述了周宣王在东都与诸侯会猎的情形，以见军容之盛。

⑪ 《杕（dì）杜》：《诗经·小雅》篇名。诗中描写了戍役者的家人盼望其归还的心情。

⑫ 季世：末世，衰微的时代。

⑬ 矧（shěn）：况。

状元殿试卷 文震孟

臣对：臣闻帝王之临御天下也，必有光昭之文德，而后声教诞敷，可以建久安长治之规。必有震叠之武功，而后神气丕振①，可以握顺治威严之本。文德何以光昭？经之以仁，纬之以义，浚发之以心源，融融焉敷贲②于袭庆蒙休之日，而愈益昌炽者是已。武功何以震叠？运之以谋，振之以略，折冲之以精神，赫赫焉提挈③于户牗藩篱④之外，而无不鼓舞者是已。有文德以植武功，故绸缪⑤必谨，条画必周，而中外之奉灵爽以修宪度者自有所慑服⑥，而无废弛颓窳⑦之虞。有武功以鬯⑧文德，故靡思不服，无人不怀，而遐迩⑨之承德意以布纲维者，自有所奋发而无委靡衰弱之弊。古帝王所以大宝凝旒而宇宙日新，妙操纵而神其用，穆清端拱而朝廷常肃，总伦类⑩而握其枢，由此道尔。藉令声灵虽播，根本先疏，则出言不足以副⑪情，发号不足以明旨，凝注其何基焉，而势必溃败而莫挽，又或粉饰虽具，振刷全弛，纲纽⑫积而欲解，法制习而不灵，

① 丕振：大力振兴。
② 敷贲：犹敷文，敷布。
③ 提挈：揭示。
④ 藩篱：用竹木编成的篱笆或围栅，引申为屏障。
⑤ 绸缪（móu）：紧密缠缚，后用以比喻事先做好准备工作。
⑥ 慑服：亦作"慑伏"，因畏惧而屈服。
⑦ 颓窳：衰败羸弱。
⑧ 鬯（chàng）：通"畅"，通达。
⑨ 遐迩：遥远。
⑩ 伦类：事物的条理。
⑪ 副：符合。
⑫ 纲纽：犹纲纪，法度。

张弛其何秉焉，而机且扞格①而难操。此德衰于宥密之荒宁，功隳于庙堂之燕豫②，而淳熙景烁之休所以寥寥罕睹也。开明光之长运，收安攘之洪猷③，正有望于今日矣。

钦惟皇帝陛下，秉聪明睿智之资，备圣神英毅之略。继离方始，运符五百载之昌期，出震维新，历绍亿万年之正统。轸④时艰而内帑屡发，德意渗漉⑤于垓埏⑥；疑国宝而众正汇征⑦，贤材布满于中外。垂裳而贞百度，心知血气，咸霑天覆地载之规；锡命以怀万邦，南北东西，共惕雷厉风行之象。一怒安民，虽边徼⑧多虞，恬熙⑨自遍于率土。七旬振旅，即干戈未靖，神武行奏乎肤功。追踪唐虞，媲美夏商，在此日矣。乃犹进臣等于廷，诹⑩以文事武备，内修外攘，隲前王之得失，慨当世之凌夷，而究及于文德之所以阙，武功之所以弛，思以振积衰而操长胜，制六合以威四夷，即帝之畴咨⑪，王之访落，不是过也。臣窃伏蓬藿，志愿输忠，非一日矣，方欲乘交泰之会，献倾否⑫之谋，以补升平于万一，矧清问谆谆，敢不披沥以对。

臣闻之，世治用文，世乱用武，此千古之雅言也。兵戈日炽，则

---

① 扞（hàn）格：亦作"捍格"，互相抵触，格格不入。
② 燕豫：宴饮娱乐。
③ 洪猷：宏大的计划。
④ 轸：通"纾"，扭转，弯曲。
⑤ 渗漉：比喻恩泽下施。
⑥ 垓埏（gāi shān）：天地的边际，指极远的地区。
⑦ 汇征：引申指进用贤者。
⑧ 边徼：犹边境。
⑨ 恬熙：安乐。
⑩ 诹（zōu）：咨询，询问。
⑪ 畴咨：访问，访求。
⑫ 倾否：丧乱，危殆。

马上之治自篾弃①乎《诗》《书》；承平既久，则衣冠②之流必轻藐乎钤弁③：此亦千古之陋习也。圣王知其然，是以抢攘倥偬④而讲求治理，使天下日涵濡养育于德教之中者，无敢一日之懈。故黎民于变而万国咸宁，臣庶协中⑤而四方风动，则皆文德之为效也。清宁燕暇而克诘⑥戎兵，使天下日戒惧震悚于太平之世者，无或片念之媮⑦。故百辟惟怀而侵凌不作，四方顺轨而悖畔⑧不生，则皆武功之为力也。然文以经武，则忠君亲上之念，即寓于入孝出弟之民。武以济文，则除残去暴之雄，宁越于戡众安民之略。文与武又皆交际而互为用也，自汉以降，言文者只为治具之繁文，而终不出于心精之流注，于是时方无事，则君臣拱手，以貌相承，而倅遇倾危，则平日之所施设者，遂无一之可恃。言武者亦仅声容之末技，而终不出于元神之鼓荡，于是时际偷安，则上下相蒙，以几侥幸，而一当险阻，则平时之所布置者，总无一之足凭。盖器大者不可以小道理，势重者不可以争竞扰，故毁誉⑨乱于善恶之实，情慝⑩奔于货欲之涂，而干纪作乱之事起，元帅之威不行于偏裨⑪，偏裨之令不行于卒伍，而河决鱼烂之形成。以雍容为太平，以议论为能事，而兽奔鸟窜之祸伏。凡此皆文德之漓⑫，武功之弛，三季之积弊而千载之永鉴也。

---

① 篾（miè）弃：抛弃，轻视。
② 衣冠：古代士以上戴冠，衣冠连称，指士以上的服装。后引申指世族、士绅。
③ 钤弁（qián biàn）：钳制武官。弁，旧时称武官，后专指管杂务的武职。
④ 倥偬（kǒng zǒng）：多而急迫，急迫匆忙。
⑤ 协中：符合中庸之道。
⑥ 克诘：谓能治理。
⑦ 媮：轻视。
⑧ 悖畔：违抗，不顺从。
⑨ 毁誉：诋毁和称赞。
⑩ 慝（tè）：邪恶，恶念。
⑪ 偏裨：偏将与裨将，古时将佐的通称。
⑫ 漓（lí）：薄。

我太祖高皇帝驱异类于中原，复文明之土宇，乾坤再造，月月重光。成祖文皇帝益绍述而光大之，岂惟剑威所指，足以混一区夏，实惟文告所被，足以永致綦①隆。文绥武张，武绥文靖，所以奠磐石之安，而开泰宁之治，贻厥之谋，规模宏远矣。列圣相承，世守勿替，河清海晏②，固多康平宁谧之朝，而外患内忧，间有震动劻勷③之会。然而削平底定，不旋踵而宅于安宁，即前代所视为极厄之运，无前之烈，皆不动声色而坐收之。时钦哉，有以占祖德入人之深，而皇灵之旁罔，即百千世未有替也。

陛下冲龄④御宇，缵承⑤鸿业，薄海内外，无不喁喁⑥，仰德化之普被，慑神武之不杀，乃蠢尔小丑，逆我颜行，破军蹙⑦地，曾无宁岁，征兵则兵穷，选将则将乏，禁旅之环萃，卫屯之棋置，宁异于曩时，而实而核之，不啻土羹尘饭之不可用也。国家岁蠲数百万金钱以养若辈，而临事竟不得其丝毫之用，则亦安取此林林⑧者为乎？带砺之列第，符组之分阃，亦宁有异于盛时，而委而任之，不啻乳臭⑨贾人之不可仗也。国家优世数十百金紫以荣若辈，而遍观曾莫收其一二之用，则又安取此桓桓⑩者乎？宜圣心之怒⑪焉以思，而慨然有意于省繁言以核实，审操柄以图机也。臣则以繁言之省，莫若先定是非之衡。盖今之所谓是非者，皆毁誉

① 綦（qí）：极，甚。
② 河清海晏：亦作"海晏河清"。黄河水清，沧海波平，用以形容天下太平。
③ 劻勷（kuāng ráng）：亦作"恇儴"，惶遽不安貌。
④ 冲龄：谓年龄幼小，多用于帝王。
⑤ 缵（zuǎn）承：继承。
⑥ 喁（yóng）喁：形容众人向慕之状。
⑦ 蹙（cù）：同"蹴"，踢，踩。
⑧ 林林：众多貌。
⑨ 乳臭（xiù）：奶腥气，常用以形容年幼无知。
⑩ 桓桓：威武貌。
⑪ 怒（nì）：忧思，伤痛。

也，毁誉之极，至于周公、新莽不能定，而千秋定评，竟无有是新莽而非周公者，惟其实焉耳。事必有据，据必有见闻，见闻既确，而镂空刻影之谈自知其不售矣。故核实正所以省繁言也。臣又以为操柄之审，莫若先断刑赏之平，以舜之哲惠知人，既曰何畏于骧兜有苗，而卒不贷刑于四凶，惟其当焉耳。天下固有刑一人而亿万人劝，赏一人而亿万人服者，此正事机之窍系。若服于不果，终于不信，遂至不公，而激扬天下之柄于是乎穷矣。故图机正所以操柄也。繁言既省，而有位者咸思举实以自效，募兵则实有其兵，遴①将则实有其将，何至有乌合之虑，而厘②鼓鼙之思。操柄既审，而当事者咸思乘机以自奋，庙堂则有庙堂之机，疆场则有疆场之机，何至有儿戏之虞，而深纨绔③之戒。主恩固结，一时之情面悉化为肝胆；皇威振耀，而百司之顾盼尽转为担当。局内无猜，共效同舟之济；师中奏吉，坐收仗钺之勋。此信可旋至而立效者矣。

抑臣尤有进焉。陛下之尊犹天也，天未尝不借四序④五行以成其穆穆，而穹昊⑤之森严不专在四序五行也。天亦未尝不借霜雪雷霆以彰其赫赫，而明盛之彰瘅⑥亦不专在霜雪雷霆也。陛下亲贤使能，济济充庭矣，而孰可为相，孰可为将，孰可治民，孰可理财，圣心其有区别乎！讲学勤政，时时励精矣，临朝祗⑦奏引之文，讲幄少献替之实，中旨有斜封⑧之渐，外庭鲜伏蒲之功，圣虑亦尝猛省乎？此皆文经武纬之原，而

---

① 遴（lín）：审慎选择。

② 厘：同"厘"，勤劳，殷勤。

③ 纨绔：亦作"纨袴"。古代富家子弟所穿洁白光亮的绸裤，借指富家子弟。

④ 四序：四季。

⑤ 穹昊：苍天。

⑥ 彰瘅（dàn）：表彰和憎恨。

⑦ 祗："只"的异体字。

⑧ 斜封：谓非朝廷正命封授（官爵）。

光昭震叠之本也。臣未敢胪举①先朝盛事，即神祖四十余年，西平哮，东靖倭，北市虏，南灭播，此亦皆劲敌，宁易剪乎？而渡师祖席之上，奏功设笑之间，同此生齿，何尝忧无兵，同此人材，何尝忧无将！此无异故，神祖乘积强之绪，人心国是，当振肃之余。而陛下继久安之祚②，法制政令，正颓靡之候也。严以持之，断以决之，精明以运之，刚毅以操之，文德诞敷，武功丕显，天下引领望之矣。

草莽愚臣，不识忌讳，干冒宸严，不胜战慄陨越之至。臣谨对。

文学常识

金紫：金印紫绶的简称。秦汉时相国、丞相、太尉、大司空、太傅、列侯等皆金印紫绶。见《汉书·百官公卿表上》。魏、晋以后，光禄大夫被授予金章紫绶，因此亦称"金紫光禄大夫"。

银青：汉代制度，光禄大夫使用银印青绶。魏、晋以后，因有特加金印紫绶者，遂有"金紫光禄大夫""银青光禄大夫"之别。直至金、元，仍用作高级阶官名号。

黄绶：黄色印绶。《汉书·百官公卿表上》："凡吏秩……比二百石以上，皆铜印黄绶。"

艾绶：古时系印纽的绿色丝带。《后汉书·酷吏列传》："以宣尝为二千石，赐艾绶，葬以大夫礼。"

伏蒲：汉元帝欲废太子，史丹候帝独寝时，直入卧室，伏青蒲

---

① 胪举：列举。
② 祚（zuò）：皇位，国统。

上泣谏。事见《汉书·史丹传》。后因以"伏蒲"为犯颜直谏的典故。

唐韩愈《答张彻》诗:"峨豸忝备列,伏蒲愧分泾。"

清钱谦益《王奉尝烟客七十寿序》:"公以孤忠赤诚,揩拄宫府,上欲泯伏蒲廷诤之迹,而下不欲暴羽翼保护之心。"

史大成

清顺治十二年（1655）乙未科

史大成（1621—1682），字及超，号立庵，浙江鄞县（今宁波）人。顺治十二年（1655）汉榜状元，为清朝时期浙江第一位状元。殿试时，其考卷被主考官拟为第三（探花），顺治帝御览时，推崇其行文雅正，书法端庄秀丽，推其人品，于是钦定他为状元。授翰林院修撰，官至礼部左侍郎。著有《八行堂诗文》。咸丰十年（1860）浙江所出的最后一个状元名叫钟骏声，故浙江民间就有了"始于史，终于钟"的说法。

状元文章

汉人殿试策问　清世祖福临

　　奉天承运皇帝制曰：朕惟古法之隆，政教彰明于上，六府孔修，黎民于变，四岳九官十二牧，协恭和衷，股肱良而庶事康，猗①欤盛哉！朕今夙夜图治，与大小臣工讲学议政，冀登上理，而纪纲犹有未振，法度犹有未张。赋税考成②非不屡加申饬③，而官吏之耗蠹④尚滋。盗贼剿抚⑤，未尽合乎机宜，而小民之安枕无日。其故何欤？

　　揆厥所由，良以百凡，有位偏私难化，瞻仰情面者多，实心担当者少。兹欲重新整顿，大破积习，俾各兴事慎宪，共矢公忠，何道而可？

　　从来有治人无治法，岂非人存则政举，而用人为理财之本，知人尤安民之要欤？

　　尔诸士怀家修而际廷献，其详切敷陈，以真学问，为真经济，毋事袭浮，朕将采择而施行焉。

汉人状元殿试卷　史大成

　　臣对：臣闻帝王之驭宇也，用人为先。而帝王之用人也，知人为要。知其人足以理财，而用之以理财，财源开而财流节，司农可无会计

---

① 猗（yī）：亦作"敊"，叹美之辞。
② 考成：在一定期限内考核官吏的政绩。
③ 申饬：斥责，多用于对下属或晚辈。
④ 耗蠹：耗费损害。
⑤ 剿抚：征剿和招抚。

之虞矣。知其人足以安民，而用之以安民，民生厚而民德正，百姓可无仳离①之叹矣。知其人而不爽其鉴，用其人而不违其才。古者纲纪修明，法度厘饬，赋税定纳秸②纳采之制，而国用充足。箕斗之制③不兴，草野乐耒耜举趾之休，而民生悦康，烽火之惊不作，得此道也。大抵知人不爽其鉴，则凡入其鉴者，贤能毕辨，故大小罔不和衷以尽职。用人不违其才，则凡抱其才者，短长毕试，故内外罔不协恭以称位设也。知人而爽其鉴，恐师师者未必尽贤，济济者未必尽能也，而何以冀庶事无丛脞之忧设也。用人而违其才，恐服体者未必尽长，服采者未必尽短也，而何以望天工奏熙亮之绩。然则明察独昭，选举因人而当，权衡无颇，论辨随器而施。端有赖于今日矣。

钦惟皇帝陛下，亶④聪明而作，勤学问而神。纳谏如流，览数万言于宵衣旰食之际，爱民若子，抡二千石于颍川渤海之间。右御书，左御图，论道进三公，惟取半部能安天下。朝谋纲，夕谋纪，经邦分百执，欲求三策可致太平。此诚至德深心，莫罄口扬笔述。乃犹望道未见，视民如伤，进臣等于朝廷而谘⑤之，力洗目前之弊，希登隆古之风，此虽帝之有咨，王之有访，无以过也。臣自维新进，敢任臆⑥识以议大政，然承问而对，臣之分也，不欺所学，臣之志也，敢不披心露胆，悉陈以献乎？

---

① 仳离：别离。
② 纳秸：古代的田赋交纳方式。缴纳去茎之禾也，《尚书·禹贡》中所述三百里以内之田赋。
③ 箕斗之制：古代官府或军队中为防备罪犯或士卒逃亡的一种登记制度。人手指纹作螺旋形者曰斗，不然者曰箕。军队中有箕斗册，将兵卒左右手各指箕斗，验明登记，以备逃亡时有所稽查。旧时解配重犯，亦由起解官署验明箕斗，申报到达官署查验。
④ 亶：诚然，信然。
⑤ 谘：同"咨"，商量，咨询。
⑥ 任臆：任随心意。

臣闻之，君犹天也，天无为而为四时之宰，雨旸①寒燠②，各式其叙而不乱，则岁功以成。君犹心也，心无动而为五官之主，肃乂哲谋，各守其官而不乱，则人事以理。今夫内之有沃心③谋道之佐，外之有理烦治剧④之臣，是天之有四时也，心之有五官也。而迩之而六府三事未协，远之而五行八政未谐，是四时不若其序，五官不奉其司也。岂知人之道未尽得欤？抑用人之法未尽详欤？臣请一一言之。

伏读制策有曰：夙夜图治，与大小臣工讲学议政，冀登上理，而纪纲犹有未振，法度犹有未张。从来帝王之兴，纲纪不一，法度亦殊。而要之纲纪之所以克振者，振之以公；法度之所以克张者，张之以一。无狥⑤己之欲，则好恶审，而举废无偏。无狥人之私，则喜怒平，而黜陟皆当。无朝质而暮文，则政令可以久。无此严而彼怒，则刑罚可以威。昔者晋文之创业也，伐原以示信。齐桓之集统也，释楚以昭公。子产铸书，国人谤之而弗恤；商鞅立法，贵近行之而罔宽。彼区区霸者之治，纪纲法度，且以公服天下之心，以一定天下之志，而况齐唐虞而驾三代者乎！故臣谓今日者，不必忧纪纲之不振，而当思振之以公；不必忧法度之不张，而当思张之以一也。如什一既有制矣，丰歉⑥无增，即为《禹贡》则□之法。三等既自辨矣，亲疏无易，即为《周礼》计弊之文。五刑既有颁矣，满汉无殊，即为虞典明允之训。凡行之为一代之政，必垂之为万代之规，何患损益之不宜，因革之不当哉！讲学议政，莫先于此。

---

① 旸：出太阳，天晴。
② 燠（yù）：暖。
③ 沃心：谓使内心受启发，旧多指以治国之道开导帝王。
④ 治剧：谓处理繁重难办的事务。
⑤ 狥（xùn）：曲从，偏私。
⑥ 丰歉：丰收或歉收，指农作物收成的好坏。

伏读制策有曰：赋税考成，非不屡加申饬，而官吏之耗蠹尚滋。夫官吏何以耗蠹也？大凡吏视官，故吏之耗蠹多由于官。官之小者视官之大者，故官之小者之耗蠹未必不由于官之大者也。臣见州县之有司，有催科①甚猛而索派②甚烦者，其赋税未必尽能以威迫而完也，然抚绥之法少，弥缝之法多，藩臬③之臣称之曰有才。其有缓催科之条，革索派之例者，其赋税往往能以情感而速完也。然而抚字之术工，逢迎之术拙，藩臬之臣名之曰不及。然则以廉而得不及之愆，孰若以贪而博有才之誉乎！蠹耗之滋所由来矣。臣谓欲清蠹耗之弊，当兴廉耻之风。考成之时，官之贪者虽有才，而必严其律。官之廉者虽不及，而必录其功。夫然后重己之名誉，则重民之脂膏，官之耗蠹不饬而自化，而吏又何所容其奸哉！此正所谓治其本而清其源者也。

伏读制策有曰：盗贼剿抚，未尽合乎机宜，而小民之安枕无日。此真爱民之心至无已也。盖盗贼亦小民也，岂无父母妻子之乐，岂无庐室④坟墓之情。何以不安耕田凿井，共习于剥枣烹葵，而反好执锐披坚⑤，相逐于栉风沐雨⑥？原其始，非困于饥寒，则迫于徭役也；非追呼以驱之，则苛政以逐之也。此罪则难逭⑦，而情有可悯者也。今使大兵一至，歼其人，籍其家，甚而系累其亲戚邻里。嗟此小民，非不悔为盗贼，奈欲不为盗贼而有所不可也！非剿之不得其道，而抚之不得其道也！臣请于剿之之中，即寓抚之之意。当命一剿之之将，即设一抚之之官，置诸军

---

① 催科：催收租税。租税有科条法规，故称。

② 派：分摊。

③ 藩臬：藩司和臬司，明清两代的布政使和按察使的并称。

④ 庐室：房舍，引申为生存。

⑤ 执锐披坚：亦作“被坚执锐”。被，亦作“披”。披坚甲，执利兵，谓投身战斗。

⑥ 栉风沐雨：以风梳发，以雨洗头，形容旅途奔波的辛劳。

⑦ 逭（huàn）：免除。

中，如监军例，其事实为相济，而权则不许相侵，然后逆命者死于剿之之将而不怨，投诚者生于抚之之将而如归，民岂有不涕泣投戈者乎！不然，剿贼者意在于尽敌乃止，而有司远而难控，抚臣又远而难控，民虽望抚，畴其抚之！凡若此者，非有治法之可拘，而有治人之堪择也。盖得治人，则纪纲可振，法度可张，赋税之蠹耗可清，剿抚之机宜悉合。何也？为其人能寔心抚也。不得治人，则纪纲愈纷而愈不振，法度愈废而愈不张，惩赋税之耗蠹而墨吏①日闻，详剿抚之机宜而用书时告。何也？为其人多以情面徇也。宜睿虑谆谆及之也。不思得人之道无他，惟知之明而用之当耳。燕石亦可混玉，鱼目亦能类珠，身言书判四者恐不足遽以为明也。尚其采舆论以合之，骐骥②不可逐鼠，骀驽③不可骖乘④，上中下三者忍不足遽以为当也。尚其历久任以试之，于是保举之典必严，切罪与共之条，僚友之班援申朋党相通之禁将见。同力为实心，皋、夔、稷、契互相推赞而不以为阿矣。持议不徇情，韩、范、富、欧各自敷陈而不以为背矣。谁不矢公矢慎也哉！抑臣更有道焉，惟读书则能明理，惟明理则能知人，尤其本与。

臣草茅无知，罔识忌讳，干冒宸严，不胜战慄陨越之至。

---

① 墨吏：贪污的官吏。
② 骐骥（qí jì）：良马。
③ 骀驽（tái nú）：劣马。
④ 骖（cān）乘：亦作"参乘"，在车右陪乘，也指陪乘的人。

晋文公（前697或前671—前628）： 春秋时晋国国君。献公之子，前636—前628年在位，名重耳。因献公立幼子奚齐为太子，曾出奔在外十九年。晋惠公死后，晋怀公即位，不得人心。重耳在秦国的帮助下回晋，杀晋怀公后即位。在位时改革内政，整军经武，使国力渐强。又平定周王室内乱，迎接周襄王复位，以"尊王"相号召。城濮之战，大破楚军，并在践土（今河南原阳西南）大会诸侯，成为霸主。

商鞅（约前390—前338）： 战国时期政治家。卫国人，公孙氏，名鞅，亦称卫鞅。初为魏相公叔痤家臣，后入秦说服秦孝公变法图强。秦孝公六年（前356年，一说在三年）任左庶长，实行变法。旋升大良造。秦孝公十二年（前350）进一步变法。后十年（前340）因战功封商（今陕西丹凤西北）、於（今河南西峡境）十五邑，号商君，因称商鞅。认为追求名利是人的本性，采取"利出于地""名出于战"的"利出一空（途径）"原则，推动人们积极投身于农战。以农为"本"，以奢侈品生产、销售和游食为"末"，主张"事本而禁末"。秦孝公死后，被贵族诬害，死后被车裂。《汉书·艺文志》有《商君》二十九篇，今存二十四篇；又有《公孙鞅》二十七篇，今佚。

状元文章

韩菼

清康熙十二年（1673）癸丑科

韩菼（1637—1704），字元少，一字慕庐，长洲（今江苏苏州）人。清朝状元、政治人物，官至礼部尚书。

顺天乡试时，尚书徐乾学取之遗卷中。康熙十一年（1672）成为国子监生。康熙十二年（1673）连中会元、状元，授翰林院修撰，修《考经衍义》百卷，历官日讲起居注官、右赞善、侍读、侍讲学士、内阁学士，升礼部侍郎兼翰林院掌院学士，深得皇帝信任，赐"笃志经学，润色鸿业"匾。康熙三十九年（1700）充经筵讲官，授礼部尚书，教习庶吉士。康熙四十三年（1704）卒。乾隆年间追谥"文懿"，《清史稿》有传。

殿试策问 清圣祖玄烨

奉天承运皇帝制曰：朕惟自古帝王，以仁心行仁政，无不以万物得所为己任。其时丰亨克奏，教化覃①敷，人无狙诈②之心，户洽敦庞③之盛。驯至遐荒向化，顽梗率俾④，讼狱息而兵革销，风雨时而休征应，何风之隆也？

朕缵承祖宗鸿绪，抚御万方，凤兴夜寐，冀登上理。乃府事未尽修和，治道未臻醇备。尚德缓刑之令时颁，而仁让未兴；发帑蠲租之诏屡下，而休养未遂。意者审几度务⑤，设诚制行之源，尚有未究者欤？

夫治狱之吏，以刻为明，古人之所戒也。近见引律多烦，驳察诬良，时见参奏，出入轻重之间，率多未协于中。何以使民气无冤？而谳法克当欤？

积贮乃天下之大命，乃常平之设，多属虚文。一遇荒歉，即需赈济，而奉行不实，致使朝廷之德意不能遍及闾阎。其何以使利兴弊革欤？

古者耕九余三，即有灾祲⑥，民无饥色，其道有可讲求者欤？夫有治人始有治法，行实政必有实心。今欲疏禁网以昭惇大⑦，缓催科以裕盖

---

① 覃（tán）：蔓延，延及。
② 狙诈：狡猾奸诈。
③ 敦庞：丰厚，富足。
④ 顽梗率俾：愚妄顽固的人全部顺从。
⑤ 审几度务：省察事机，揣度形势。
⑥ 灾祲（jìn）：犹灾异。
⑦ 惇（dūn）大：敦厚宽大。

藏①。务使物阜民安，政成化洽，以庶几于古帝王协和风动之治，抑何道之从也？

尔多士蓄积有素，其各摅②所见，详切敷陈。毋泛毋隐，朕将亲览焉。

状元殿试卷③ 韩菼

臣对：臣闻帝王欲举治天下之大法，必先有以倡天下之人心。夫心者，万事之权舆④，至治之根柢⑤也。世有百年必敝之法，而有万世可以无敝之心。为政而不本之以心，虽举唐虞三代之法施之，而无一可。古之圣王不能以身劳天下，而惟以心劳天下。其分猷布化，则寄之百官有司；其兼总条贯，则付之纪纲法度。而其子爱元元、忠厚恻怛⑥之实心，必有余于用人立政之外者，以劝其群臣之递相倡也，以率其下，渐磨陶冶，淬厉⑦鼓舞，务尽出其精白不欺之心，以为天子拊循斯民之具。何者当兴，何者当革，若何而可，若何而否，张弛宽猛，休养生息，君臣相与，早作夜思，无往而不得其当。由是衣食足而积贮充，教化行而狱讼息，暴民不作，兵革不试，即有水旱不时之虞，无改乎闾阎乐利之旧。

---

① 盖藏：积蓄。

② 摅（shū）：抒发。

③ 此篇为文渊阁《四库全书》版本。

④ 权舆：权柄，关键。

⑤ 根柢：根底，根本。

⑥ 恻怛（cè dá）：同情，哀怜。

⑦ 淬厉：同"淬砺"，磨炼兵刃，引申为刻苦进修之意。

驯至四方从欲，协和风动。人事修于下，天休应于上，阴阳以和，风雨以时，则惟圣王能帅其臣以实心行实事之所致，而非徒法严令具，一切随事补救，润饰吏治之所可几也。

钦惟皇帝陛下，得一居贞①，兼三出震。定黜陟而澄吏治，远媲云师②龙纪③之遗；因燠旸而念民依，务协毕雨箕风之好。覃敷文教，而益讲于道德仁艺，常使史诵诗、士献箴；底定④武功，而不忘乎狝狩蒐苗，共美右驺虞、左狸首⑤。淑问既已扬于疆外，湛恩既已普于群生，庶绩既已受成，百神⑥既已顺职，乃犹进臣等亲策之，以府事未尽修和，治道未臻醇备，而欲究于仁让之化，休养之泽，审几度务，设诚致行之源，此真公听并观、悬鞀设铎⑦之盛心也。臣请得而备陈之。

臣惟狱者，天下之大命，和气之所由致，灾沴⑧之所由生也。我皇上深矜庶民之不辜，时沛更始之恩，屡下停刑之令，而且宽失出之罚，重矜疑⑨之典，戒惨酷之刑，所以戒枉滥者至矣。而民犹或多冤者，何也？制策曰："引律多烦，驳察诬良，时见参奏。"臣以为今日刑狱之刻，正在于驳察苛于前，而参奏随其后也。古之治狱者，盖使之议论轻重，慎测浅深，宽然得尽其心焉。今自臬司上谳，毋论或重或轻，而必以驳察

---

① 居贞：遵守正道。贞，通"正"。
② 云师：神话中的云神。庾信《刀铭》："风伯吹炉，云师炼冶。"黄帝时的官名。黄帝以云纪事，百官师长皆以云为名号。
③ 龙纪：古太皞伏羲氏时，有龙瑞，故以龙命官，称龙官。
④ 底定：奠定。
⑤ 狝狩蒐苗，共美右驺虞、左狸首：狝狩蒐苗，指边疆少数民族。共美右驺虞、左狸首，指民族团结。
⑥ 百神：这里指百官。
⑦ 悬鞀设铎：指宣布政教或征讨四方。
⑧ 灾沴（lì）：灾害。
⑨ 矜疑：谓罪犯可悯，案情有疑点。明清时，朝廷每年派员会审死刑重犯，对可疑案情中令人怜悯的案犯，一般酌情减刑。

为例。有司苦于其上之苛刻缴绕①也，乃逆窥意指之所向，而文致罪人之辞，以求一当。究之出于罪人之供者，实非出诸其人之口者也。而上下文移，公名为妥招。夫招而曰妥，是徒幸免驳察，而不顾生民之命者矣。臣谓宜少宽假②臬司之参驳，而第慎择其人焉，以寄一方之民命，则庶乎其可也。而臣尤有请者，在减例③而一从律。古者律一成而不可变，而复有疑有比，是律之中，已不胜其权衡变化，而不必增例以预拟之也。今常例之外，条例日增，徒使轻重上下得易以为奸而已矣。且夫法，亦顾用之若何耳？劓、刖、椓、黥④，蚩尤之刑，而唐虞仍之，不闻其或滥。五刑三千，法莫详焉，而周之中叶，不闻其名。祥刑⑤之当否，果不在法之详略也。又况今之律，所谓以准，皆各其及，即若八字之义已尽乎？小大之比，岂犹不足，而复议例乎？

恭惟制策，念积贮之当务，而洞悉夫常平之设，多属虚文，赈济之恩，奉行不实。臣以为，今日欲行古者遗人委积⑥之法则迂，如近者频下赈济之令，亦难为继。欲仿古者平籴⑦之制，又恐有结籴、俵⑧籴、括籴之弊。若欲一恃于常平，则出纳敛散之不时，蓄积之不实，今亦既见之类。而臣窃以为，今日惟社仓之法，犹可行也。诚各委一方之守令，俾

---

① 缴绕：纠缠。

② 宽假：宽容，宽纵。

③ 例：中国古代专指审判案件的成例。经朝廷批准，可作为审判案件的法律依据。

④ 劓、刖、椓（zhuó）、黥（qíng）：古代的四种刑罚。劓，中国古代割掉犯人鼻子的刑罚。刖，断足，古代酷刑之一。椓，古代一种酷刑，即宫刑。黥，中国古代"墨"刑的异称，在犯人面部或额上刺刻后涂以黑色颜料的刑罚，早期五刑中最轻的一种。

⑤ 祥刑：同"详刑"，慎刑，决狱审慎。

⑥ 委积：以国用的余财储蓄备荒。

⑦ 平籴：由国家在丰年收购食粮储存，备荒年发售，以稳定粮价的措施。平价购进称平籴；平价出售称平粜。始于春秋战国时。

⑧ 俵：散发。

请其乡之耆宿①有才德者，劝民量输其粟，而时敛之，而时出之，少加其息，以偿腐耗。其行之也，以鄹鄙②而不以县；其主之也，以乡人士君子，而不以官；其劝之也，以忠厚憯怛③，而不以督责苛急。于以御凶荒也，其庶几乎？

若夫制策所云：耕九余三，即有灾祲而民不饥者。此则足民之本计也。臣谓今日足民之道有三，曰减赋，曰缓征，曰减饷。今赋税既有定额，似不可复减。然古者十而税一，又或十五税一，三十税一，则今他省之额最轻者，犹为重也。而江南一省之入至六百余万，欠厘毫以上，辄罪之，及上计簿而欠者，亦数百万也。此数百万者，民不敢欠而官不能有也，则安归乎？夫征发急则奸欺易生，条目多则侵蚀难诘，势不得不议停，亦不得不议蠲。则曷若少留有余于民之为利乎？臣请即一省以例其余，权其轻重，苟有可少宽减者，减之。藏富于民，即余富于官，此时务也。缓征之说，诸臣请之数矣，言之切矣，皇上亦欲行之再三矣。而格而不遽行者，以协饷之故。则臣请言减饷之说。古者一州之入，必足当一州之出。姑以战国时言之，养兵百万，而不仰给于他国。今天下大定，而馈饷不绝，如岁岁用兵，竭中原民力之供输，输于岭海之滨，绝远不毛之地④，而所在雄藩大镇，外挟一二窜伏山澨⑤之余孽以自重，而内以邀于朝廷，日耗司农不生不息之财，以厌其子女玉帛无穷之欲，此岂可为继，而辄因循而不变乎？臣请于兵之可撤者撤之，其必不可撤者则留屯田。古者常且战且屯，今正当养兵不用之时，其力尤可

① 耆宿：亦作"耆夙"，年高而有道德学问的人。
② 鄹鄙：鄹，周代地方组织单位之一，百家为鄹。鄙，周代地方组织单位之一，五百家为鄙。
③ 憯（cǎn）怛：忧伤，痛悼。
④ 不毛之地：指偏远的边疆地区。
⑤ 澨（shì）：水涯。

234

用。且往者，兵在湟中①则屯湟中，在淮则屯淮，在许②则屯许，在振武则屯振武，在乌孙③伊吾④则屯乌孙伊吾，安得藉口无可耕之田乎？或犹有不足，则妨以近省之饷量给之，俟行之数年，佃作盛而军实充，乃尽举协饷而罢之。协饷停而征可缓，赋可减矣。缓征减赋而民有余财，则可以耕九余三，遇灾祲而无菜色⑤矣。

凡此数条，臣敢因圣策而尽其愚。虽然，为政有本，致治有要，则臣以为必先于倡天下之人心，以实心行实政，而后可也。宋儒朱熹有言："世有二敝，有法敝，有时敝。法敝当救之以法，时敝必变之以心。"今虽百僚师师，庶事具举，然诸臣或畏罪之念重，而踊跃之意轻；功名之虑深，而忠爱之谊薄；推委瞻狗⑥之情多，而公忠任事之气少。则或者御臣之道，亦有未至也。臣谓宜推忠信以结之，宽文法以优之，破资格以异之，丰禄饩⑦以劝之。崇尚圣贤之实学，以砥其礼义廉耻之防；试以当世之要务，以观其经理才干之实。渐磨陶冶，淬厉鼓舞，而向之数条者，可以付之其人有余矣。然其本要在皇上之一心。诚夙夜讲学，一本于戒谨畏惧之至意，则德业益充矣。恭己出治，而一将以吁咈⑧咨儆之实心，则万几益敕矣。侧身修省，斋居渊默，而一出于敬天之诚，则嘉祥致矣。冬寒夏暑，祈福请命，而实格以爱民之实，则生养遂矣。此所谓以仁心行仁政，而政成化洽，无一物不得其所，以进于古帝王协和风动之治者也。

---

① 湟中：今青海省西宁市湟中区。

② 许：许昌，今属河南省。

③ 乌孙：指古代乌孙族生活的敦煌地区。

④ 伊吾：今哈密市。

⑤ 菜色：指饥民的脸色。

⑥ 瞻狗：亦作"瞻徇"，徇顾私情。

⑦ 禄饩（xì）：犹禄米，古代每月供给官员的廪食。

⑧ 吁咈：指君臣和洽。

臣草茅新进，罔识忌讳，干冒宸严，不胜战慄陨越之至。臣谨对。

文学常识

常平（常平仓）： 汉朝以后为调节粮价而设置的粮仓。西汉五凤四年（前54）从耿寿昌建议，在边郡设常平仓，谷贱时收进，贵时卖出。西晋泰始四年（268）也置常平仓。唐初置常平仓，元和中期改称"常平义仓"。宋初除边郡外，各地设常平仓和惠民仓。王安石行青苗法，用两仓钱谷作为贷本。金、元有常平仓。清朝时规定州县设常平仓，所储米谷既用作平粜，也用作赈贷。

社仓： 隋朝以后为备荒而设置的粮仓。北齐征"义租"，在州县设仓存储。隋朝开皇五年（585）始设义仓，向民户征粮积储，备荒年放赈。因设在里社，故名"社仓"。唐初置义仓。南宋朱熹因义仓设在州县，往往不能起救荒作用，又另设社仓于福建崇安（今武夷山市）开耀乡，由"乡人士君子"管理。后在一些地区推广。明朝时有预备仓，有时有义仓和社仓。清朝时规定乡村设社仓，市镇设义仓。实际上两者并无区别，仓粮主要用于赈贷。

戴衢亨

清乾隆四十三年（1778）戊戌科

戴衢亨（1755—1811），字荷之，号莲士，江西大庾（今大余）人。乾隆四十三年（1778）参加殿试考试，一举夺魁，以内阁中书充军机章京。嘉庆二年（1797）以侍读学士加三品卿衔兼军机大臣，颇为仁宗所信任。主张政府应节约开支，不加赋税；专任将帅，镇压农民起义。累官至体仁阁大学士，卒谥"文端"。

殿试策问　清高宗弘历

奉天承运皇帝制曰：朕祗承鸿绪，兢兢业业，不遑康宁，深维元后之责，思所以会归皇极，敷锡黎庶，以承天庥^①，夙夜寅畏，日慎一日，四十三年于兹矣。凛兹保泰，仔尔嘉谟，其敬聆谘问。

治法莫盛于唐虞，史叙尧勋时雍于变，舜命司徒敬敷五教。夫教民以实不以名，惟在督抚大吏，董率属员，实力化导，使百姓迁善远罪，以无忝父母斯民之任。今欲使士敦廉让，民知礼教，愚蒙者咸识纲常，顽悍者潜消犷戾^②，以庶几一道同风之盛。其何道之从欤？

且士者民之望也，化民者先训士。士之学问纰缪，学臣得以文黜之；行止颇僻^③，有司得以法纠之。至于聚徒讲学，渐成门户，始于骛^④虚名，终于受实害。如东汉唐宋党禁^⑤，以及明之东林，其已事也。今将使学者笃潜修而杜私党，其何以劝迪之欤？今政治昌明，士风丕变，自爱者未必至此，然杜弊者先于未萌，识微者防其渐致。其又何以预绝之欤？

前言往行，悉载于书。自周有柱下史^⑥，汉魏有石渠、东观^⑦。以至甲乙丙丁之部，《七略》《七录》之遗，代有藏书。孰轶孰传，孰优孰

---

① 天庥（xiū）：上天的庇祐。庥，同"休"，树荫，引申为荫庇。
② 犷（guǎng）戾：凶暴而乖张。
③ 颇僻：邪僻不正。
④ 骛：追求。
⑤ 党禁：谓禁止列名党籍的人出任官职。
⑥ 柱下史：官名，一说即"御史"。常立殿柱之下，故名。周代置，秦沿置。
⑦ 东观：汉代宫中藏书的地方。

劣，可约略指数欤？乃者命儒臣辑《四库全书》，搜访校雠^①，亦云勤矣。而网罗犹有放失，鲁鱼^②犹有讹舛^③，何欤？

国家重熙累洽，都邑蕃昌^④，人民和乐，由俭入奢，势固然也。会典通礼，所以别贵贱，辨等威，防奢僭。顾服舍之违制，得以法绳之，人工物力之糜费^⑤，不能以法绳也。宾祭之过侈，得以礼节之，饮食器用之琐屑，不能以礼节也。使事事为之厉禁则扰，听其纷华以耗本业，又岂藏富之道乎？其何以还淳返朴，用有节而民不烦，事有制而法可久欤？

尔多士稽古力学，于学问之要、政治之本讲求熟矣。其筹之策之，引之伸之，推之古昔，证之当今。悉言无隐，朕将亲览焉。

状元殿试卷 戴衢亨

臣对：臣闻圣人所以法天者，纯也。所以事天者，敬也。所以格天者，诚也。道原于自强不息，化极于悠久无疆。是故允升大猷^⑥，会归皇极，文治焕乎明备，习俗进于淳庞，久道所以化成也。德教已周而不忘

---

① 校雠：亦称"校勘"。对同一作品用不同来源的资料（包括该作品的不同版本以及上下文）相互核对，比勘其文字篇章的异同，以订正错误。

② 鲁鱼："鲁"和"鱼"的篆文字形相似，容易写错，后因谓字形相近，在传写或刊印后的文字错误为"鲁鱼"。

③ 讹舛：错误，差违。

④ 蕃昌：繁荣昌盛。蕃，通"繁"。

⑤ 糜费：今多作"靡费"，耗费过度，浪费。

⑥ 大猷：大道。《诗经·小雅·巧言》："秩秩大猷，圣人莫之。"郑玄笺："猷，道也。大道，治国之礼法。"

董劝①，风声已树而益励防维，不以稽古既精而弛绍闻之念，不以厚生②既溥③而纾樽节④之怀，圣心所以恒久不已也。盖人主继天出治，则必本心法为治法，故治积累而弥光，心虔巩而益懋。举凡庶类之从风，群才之就范，与夫考订之何以详，乐利之何以永，莫不统于朝乾夕惕⑤无逸作所之深衷。《书》曰："率作兴事，慎乃宪。"言大君率臣下，以振起事功，而必谨兹法度也。《易》曰："中正以观天下。"言圣人在上，斯能举中正之德，以垂示天下也。夫当已治已安之时，而夙夜不遑，几康交敕，所由化导。握其原训，行昭其则，载籍征夫考信，生计保夫常赢。自昔圣王，奉若天道，而日慎一日，不敢荒宁者，胥是意也。

钦惟皇帝陛下，体元法健，履泰持盈，际极盛之隆规，廑⑥思艰于上理，固已酿化覃洽，淳风茂扬。式观前古，无以逾斯。乃圣德渊冲，咨询弥切，复进臣等于廷，而策之以明教化，端士习，稽往训，崇俭德之至计。臣至庸极陋，蠡测管窥，乌足以知体要？然刍荛之言，敷奏所不废。矧对扬伊始，拜献攸资，敬承清问，谨就平日诵习所及，勉竭愚忱⑦以对。

伏读制策有曰：治法莫盛于唐虞，因缅于变之休风，师敬敷之遗意，而欲使教民者以实不以名。此诚致治保邦之要也。臣惟德盛者化神，故训俗型方，必本于道德齐礼。古昔盛时，法制修明，纲纪具饬。其民皆有迁善远罪之思，而上之视其民，皆必有父母斯民之责，故教化

---

① 董劝：督导劝勉。
② 厚生：使人民生活充裕。
③ 溥：通"敷"，分布。
④ 樽（zūn）节：节省。樽，通"撙"。
⑤ 朝乾夕惕：谓终日勤奋谨慎，不敢懈怠。
⑥ 廑：通"仅"，才，只。
⑦ 忱：真诚的情意。

之权操之自上也。然或条教号令视为具文，而诚意弗属，则虽悬书屡示，读法频闻，窃恐无当于风行草偃之观，而潜移默运之功不数数觏^①也。《周礼》以乡三物教万民而宾兴之，而旌别^②淑慝^③，彰善瘅恶，于《周书》三致意焉。凡以使愚蒙者知所劝，而顽戾者知所惩也。夫守令者亲民之官，大吏者群有司之表。苟身膺民牧者，兴化善俗，大远于俗吏之所为，而耻以簿书^④期会^⑤为尽职；督抚大吏复以是定其殿最^⑥，慎其考稽，将所称日计不足岁计有余者，诚操乎化民成俗之原也。圣天子整饬官常，勤求治理，凡封疆重臣必尽心民事者，始邀简擢^⑦。正本清源^⑧之道，莫切于此。犹虑董率有未周，化迪有未至，训谕周详，推诚共见，是在有教化之寄者，心体而力行之，将以一道德，同风俗，而士敦廉让，民知礼教，悉由于此。

制策又以士者民之望，而因及于潜修之宜笃，私党之务除。臣愚以为，圣人之世无党非无党也，人主识微知著^⑨，有以预绝其党也。夫士之学问纰缪，行止颇僻，诚不难以文绌之，以法纠之。至若假聚徒讲学之名成党，援门户之势，如东汉窦武、陈蕃^⑩诸人，自命名流，互相标榜，

---

① 觏（gòu）：遇见。

② 旌别：表彰善良，抉剔恶逆。

③ 淑慝：善恶。

④ 簿书：官署中的文书簿册。

⑤ 期会：在规定的期限内实施政令，多指有关朝廷或官府的财物出入。

⑥ 殿最：古代考核政绩或军功，上等的称"最"，下等的称"殿"。

⑦ 简擢：选拔任用。

⑧ 正本清源：从根本上加以整顿清理。

⑨ 识微知著：看到事物的一点迹象，即可推知其实质和发展结果。

⑩ 陈蕃（？—168）：东汉大臣。字仲举，汝南平舆（今河南平舆北）人。历任乐安、豫章太守，尚书令，光禄勋等。汉桓帝时，任太尉，与李膺等反对宦官专权，为太学生所敬重，被称为"不畏强御陈仲举"，被诬免官。汉灵帝立，他为太傅，与大将军窦武谋诛宦官，事泄，率官属及太学生八十余人，攻入宫门，兵败入狱被害，年七十余。其家属被徙，门生故吏皆被禁锢。

遂有八顾、八俊、八及、八厨之目。唐之牛、李构衅①，数世相延。宋则有洛党、蜀党各为排击。夫以程颐、苏轼诸儒而犹不免于此，则知不党之学诚未易言也。明之季世，东林党盛，顾宪成②、高攀龙③倡于前，钱一本④、孙丕扬⑤、赵南星⑥诸人继于后，至于潜藉声援，隐挠国是。所谓生心害政者，将靡所止，不待党禁已成，而始知其败也。然则，欲杜朋党之萌，而示儒术之正，亦惟化其偏私，袪⑦其浮骛，使力崇实学而已。我皇上本大公至正之心，操用人行政之准，荡平正直，中外率由。生斯世者，敢不争自濯磨，以慎厥步趋，端其志虑哉！

制策又曰：前言往行悉载于书，而虑网罗之有未尽，雠校之有未精。臣谨案周有柱下史，汉魏有石渠、东观。自《七略》昉⑧于刘歆，

① 构衅：构成衅隙，结怨。
② 顾宪成（1550—1612）：无锡（今属江苏）人，字叔时，号泾阳，世称东林先生。万历二十二年（1594）被革职还乡，与弟允成和高攀龙等重建东林书院，讲学议政，裁量人物，得到部分士大夫的支持，后被魏忠贤指为东林党。
③ 高攀龙（1562—1626）：字云从，又字存之，号景逸，无锡（今属江苏）人。因反对魏忠贤，被革职；又矫旨逮问，投池死。崇初追谥"忠宪"。以在无锡东林书院讲学著称，其学出入朱、陆之间，与顾宪成齐名，时称"高顾"。
④ 钱一本（1539—1610）：武进（今江苏常州）人，字国瑞，号启新。上《论相》《建储》二疏，言最戆直，明神宗衔之，因斥为民。既归，潜心学问，与顾宪成等分主东林讲席，学者称启新先生。
⑤ 孙丕扬（1531—1614）：富平（今陕西渭南）人，字叔孝。历按畿辅、淮、扬，有风裁。选人称为无私，然选法为之一变。以不甚受帝委信，辞官去。后再起任原职，寻复归。
⑥ 赵南星（1550—1628）：明朝文学家。高邑（今属河北）人，万历年间进士，官至吏部尚书。天启中期，为魏忠贤矫旨削籍，戍代州而卒。崇祯初追谥"忠毅"。
⑦ 袪：除去。
⑧ 昉：曙光初现，引申为开始。

"四部"起于荀勖①。其后有从勖例者，如任昉②、谢灵运③之分部是也。有从歆例者，如王俭④之《七志》，阮孝绪⑤之《七录》是也。前史所载，藏书之富莫盛于之嘉则殿，唐开元时分经史子集为四库，宋初始建三馆，后又有秘阁、崇文书院。其书籍之可考者，如唐之《开元书目》，宋之《秘阁书目》《崇文总目》，以及《中兴书目》《续中兴书目》是也。夫书缺有间，则搜采宜殷。字体沿讹，则对勘宜审。国家文治昌明，超越往代，因前明《永乐大典》依韵分编，未为允当，爰⑥易其割裂，归于完善，复访求遗籍，不下千百万卷，命儒臣辑为《四库全书》，分为应刻、应钞或仅存篇目，又掇书中要旨别为《提要》。鸿文秘简，盖云赅备⑦矣。乃校订诸书，时勤乙览，犹间有舛讹，则校对之功尚多未尽。有编摩之责者，所宜殚心悉力，期尽免夫鱼鲁之误，而不敢倭诸扫叶⑧之难者也。矧在事诸臣，近以五年期届，恩予简注。誊录⑨

---

① 荀勖（xù）（？—289）：三国至西晋时期律学家。字公曾，颍阴（今河南许昌）人。

② 任昉（460—508）：南朝梁文学家。字彦昇，乐安博昌（今山东寿光北）人，"竟陵八友"之一。

③ 谢灵运（385—433）：南朝宋诗人。陈郡阳夏（今河南太康）人，移籍会稽（今浙江绍兴）。与颜延之齐名，世称"颜谢"。其诗大都描写会稽、永嘉、庐山等地的山水名胜，善以精丽之语刻画自然景物，开文学史上的山水诗一派。

④ 王俭（452—489）：南朝齐文学家。字仲宝，琅邪临沂（今属山东）人。好读书，校勘古籍，依刘歆《七略》例，作《七志》，又撰定《宋元徽元年四部书目》。

⑤ 阮孝绪（479—536）：陈留尉氏（今属河南）人，字士宗。隐居不仕，亲友呼为"居士"。普通四年（523），动笔撰书，总结前人目录学成就，集为《七录》一书。

⑥ 爰：改易，更换。

⑦ 赅（gāi）备：齐备，完备。

⑧ 扫叶：喻校勘书籍。

⑨ 誊（téng）录：防止科场作弊的措施，北宋始行。大中祥符八年（1015）礼部试，行誊录之法。举人纳卷后，由封弥院密封卷首，送誊录院，由书手抄录副本，以副本送考官评阅。其后，殿试及各类解试皆行此法。金、元、明、清皆因之。明、清规定，考生试卷用墨笔，誊录手一律用红笔，且不得携墨笔入誊录所。

诸生，亦仰邀优叙，斯诚千载一时之遇，而躬逢盛际者，宜何如勤勉将事，以快睹同文之盛欤？

制策又以民俗由俭入奢，因筹及于制事节用之要旨。此藏富于民之道，所宜亟①讲也。臣窃惟国之本计在民，而民俗之淳漓②关乎世运之升降。古圣人辅相财成，虽升平日久之余，而不忘制节谨度之思者，诚以民计期于饶裕，而其失则在奢靡也。夫服舍之逾制，宾祭之过侈，此礼法之所得限者也。人工物力之糜费，饮食器用之琐屑，此礼法之所不得限者也。顾去奢从俭，不在乎虑禁之多端，而在乎风示之有本。诚使士大夫相尚以纷华③，而民俗有不趋于敝者鲜矣。诚使士大夫相高以俭约，而民俗有不归于朴者鲜矣。昔明季荐绅④竞为豪侈，靡惜物力，百姓互相效法，以至凋敝。则知民生之厚，未有不以崇俭为首务也。圣主勤恤民隐，轸念民依，当重熙累洽之时，不存豫大丰亨之见。此年屡奉恩旨，蠲免租赋，古者藏富于民之道，何以加兹。顾养欲给求者，上之心也。端本善则者，民之训也。诚当隆盛之休，而不忘节俭之旨，将生计以之足，本俗以之敦，而蕃昌和乐之象，益永于无穷矣。

凡此者，德化期于周洽，学术戒夫拘偏，考古要在折衷，励俗贵臻淳固。伏愿皇上，治益求治，安益求安，本至诚无息之心，懋纯一不已之学，群黎遍德而愈广教思，髦士⑤攸宜⑥而愈严趋向，博搜往籍而愈切参稽，利济生民而愈昭节制。于以导扬圣化，敬迓⑦休和，我国家万年保

---

① 亟：迫切。

② 淳漓：风气的敦厚与浮薄。

③ 纷华：亦作"芬华"，繁华富丽，荣耀。

④ 荐绅：插笏于绅带，旧时官宦或儒者的装束，代指官员。

⑤ 髦（máo）士：英俊之士。

⑥ 攸宜：攸，作语助，无义。宜，合适，相称。

⑦ 敬迓：恭敬地迎接。

泰之规基诸此矣。

臣草茅新进，罔识忌讳，干冒宸严，不胜战慄陨越之至。臣谨对。

文学常识

《七略》：西汉经学家刘歆所撰。刘歆承其父刘向遗业，整理宫廷藏书，编成辑略、六艺略、诸子略、诗赋略、兵书略、术数略、方技略，为中国最早的图书分类目录，对目录学发展有深远影响。班固《汉书·艺文志》，即据此为蓝本。原书已失传，清代的洪颐煊、马国翰、姚振宗等各有辑本。

《七录》：南朝梁目录学家阮孝绪所撰。收录图书六千二百八十八种、四万四千五百二十六卷，分为经典、记传、子兵、文集、术伎、佛法、仙道七录，共五十五部。总结前代目录学的成果，为唐初编《隋书·经籍志》所依据。原书已失传，但序目完整保存于《广弘明集》卷三。

《四库全书》：丛书名，清乾隆三十八年（1773）开馆纂修，经十年完成。共收书三千四百六十余种、七万九千三百余卷（文渊阁本），分经、史、子、集四部，故名四库。内容丰富，具有保存和整理乾隆以前文献的作用。全书缮写七部，分藏文渊、文源、文津、文宗、文汇、文溯、文澜七阁。文汇、文宗阁后毁于战火，文源阁被英法联军焚毁，文澜阁所藏亦多散失，经补抄得全。1934年，商务印书馆选印文渊阁本二百三十二种，名《四库全书珍本初集》。1983年后，台湾商务印书馆和上海古籍出版社先后影印了文渊阁本《四库全书》。2005年，商务印书馆又影印了文津阁本《四库全书》。

东林（东林党）：晚明以江南士大夫为主的政治集团。明神宗后期，政治日益腐败，社会矛盾激化。万历二十二年（1594），无锡人顾宪成被革职还乡，与高攀龙、钱一本等讽议朝政，评论人物，得到部分士大夫的支持。他们与在朝的李三才、赵南星等人深相交结，反对矿监、税监的掠夺，主张开放言路，实行改良，遭权贵嫉恨。明熹宗时，宦官魏忠贤专政，杨涟、左光斗等因弹劾魏忠贤被捕，与黄尊素、周顺昌等都遭杀害。魏忠贤使人编《三朝要典》，借"梃击案""红丸案""移宫案"为题，称他们为"东林党"，更嗾使其党羽造作《东林点将录》等文件，想把正直之士一网打尽。天启七年（1627）明思宗即位后，逮治魏忠贤；对大批阉党，定为逆案，分别治罪。东林党人所受迫害才告终止。

八顾：东汉士大夫互相标榜，称郭林宗、宗慈、巴肃、夏馥、范滂、尹勋、蔡衍、羊陟等八人为八顾（旧题陶潜的《圣贤群辅录》中有刘儒，无范滂）。

八俊：称同一时代有才望的八人。（1）指东汉的周举、杜乔、周栩、冯羡、栾巴、张纲、郭遵、刘班八人。见《后汉书·周举传》。（2）指东汉的李膺、荀昱、杜密、王畅、刘祐、魏朗、赵典、朱宇八人。（3）指东汉的张俭、檀彬、褚凤、张肃、薛兰、冯禧、魏玄、徐干八人。并见《后汉书·党锢传序》。

八及：东汉士大夫互相标榜，称有贤德、有影响的八人为"八及"。及，谓能引导他人追随众所宗仰之贤人。说有二：（1）指张俭、岑晊、刘表、陈翔、孔昱、苑康、檀敷、翟超八人。陶潜的《圣贤群辅录》及王应麟的《小学绀珠》中有范滂，无翟超。

（2）指朱楷、田槃、疏耽、薛敦、宋布、唐龙、嬴咨、宣褒八人。并见《后汉书·党锢传序》。

八厨：东汉度尚等八人的统称。《后汉书·党锢传序》："度尚、张邈、王考、刘儒、胡毋班、秦周、蕃向、王章为'八厨'。厨者，言能以财救人也。"旧题陶潜的《圣贤群辅录》中刘儒作刘翊，王考作王孝，王章作王商。

《七志》：南朝齐文学家王俭所撰。分经典、诸子、文翰、军书、阴阳、术艺、图谱七志，附佛经、道经两类。其中立图谱一志，突破刘歆《七略》旧例。原书三十卷（一说四十卷），已失传。

《永乐大典》：明成祖命解缙等人所辑的一部类书。初名《文献大成》，后更广收各类图书七八千种，辑成二万二千八百七十七卷，凡例、目录六十卷，定名《永乐大典》。始辑于永乐元年（1403），成于永乐六年（1408）。全书按韵目分列单字，按单字依次辑入相关联的文史记载。嘉靖、隆庆间，又依永乐时所缮正本另摹副本一份。正本约毁于明亡之际，副本至清咸丰时也渐散失。1960年，中华书局据历年征集所得，影印出版七百三十卷。1986年再次影印，增至七百九十七卷。2003年后，北京图书馆出版社（今国家图书馆出版社）又出版仿真影印本。

钱 棨

清乾隆四十六年（1781）辛丑科

　　钱棨（1743-1799），字振威，号湘舲（有曰一字湘舲），江苏长洲（今江苏苏州）人。无锡钱氏后裔，善书法，官至从二品的内阁学士兼礼部侍郎衔。嘉庆帝亲政，他在一年之间就升任了从二品的内阁学士，但他在云南不幸受瘴湿成蛊疾，不久病逝。钱棨是中国历史上罕见的"六元状元"，即县试、府试、院试、乡试（解元）、会试（会元）、殿试（状元）均为第一名。消息传出，朝野上下无不惊叹不已，那些士子们更是羡慕至极。乾隆皇帝龙颜大悦，御笔一挥，作《御制三元诗》一首：

龙虎传胪唱，太和晓日暾。

国朝经百载，春榜得三元。

文运风云壮，清时礼乐蕃。

载咨申四义，敷奏近千言。

讵止求端楷，所期进谠论。

王曾如何继，违弼我心存。

殿试策问 清高宗弘历

　　奉天承运皇帝制曰：朕缵膺鸿业，严恭寅畏，夙寤晨兴，殚心万几，兢兢翼翼，弗敢康宁，四十六年于兹矣。思所以仰承天庥，持盈保泰，咸庶事之熙，遍群黎之德。进兹多士，咨尔嘉言，其敬听朕命。

　　人君所敬惟天，帝尧钦若，文王昭事，帝王受命，先后合符。夫爱民所以承天，勤政所以事天。天视自我民视，天听自我民听，可不爱乎？无旷①庶官，天工人代，可不勤乎？民隐何以达之，庶事何以康之，人君集天下之耳目，合天下之智力，是以德泽下究，而情隐上闻。何以兼听并观，咸熙庶绩欤？

　　民生之康阜，系乎吏治之澄清，风俗淳漓由此判焉。《周官》六计弊吏，皆以廉为本。汉唐以来，条目滋多，要其惩贪奖廉，岂有异旨欤？夫正百官以正万民，转移化导之机，操之自上，《周礼·职方》所载，与《王制》所称，其土宜风气不可推移，果何道而使之还淳返朴，臻一道同风之盛欤？

　　学术首念真伪，士子读书敦行②，处为良士，出为良臣，原不藉文字为标榜。自欺世盗名之徒，托言讲学，谬窃虚声。如明季东林诸人，流而为门户，为朋党，甚至莠言③乱政，交易④是非，实于朝常国体，世教民风，所关甚大。其何以息邪说，距诐行⑤，使行坚言辨者不得逞其私

---

① 无旷：不空，此处意为不要空废。
② 敦行：切实履行，专心实行。
③ 莠（yǒu）言：坏话。
④ 交易：犹往来。
⑤ 诐（bì）行：偏邪不正的行为。

臆①，学术纯粹，毋误歧趋，以正人心而端风教欤？

明刑所以弼教②，或轻或重，一视其人之自取。议谳者必审宽严之当，持情法之平，本无容心于其间。夫不求其平固不可，而求其平之后，于己原无涉也。乃或曲意市恩，或有心避怨，以国家刑章宪典之公，为邀誉沽名之具，其心尚可问乎？将欲使矜慎庶狱，无枉无纵，以臻咸中之庆，其何道之从欤？

尔多士洽闻稽古，来自田间，政教之本原，民生之利弊，所习闻也，其审思之，详究之，悉意以陈，毋有所隐，朕将亲览焉。

状元殿试卷 钱棨

臣对：臣闻帝王钦崇天道，奉若天命，莫不本祗敬③之一心，为之经纶而丕冒④，故其以至明烛万几者，皆其以至公宰万物者也。夫单心基于宥密，而运量遍乎寰区⑤。莅政则业矢精勤，考绩则治臻熙皞⑥，劝学必归于正轨，明刑胥协乎王章。兢兢焉日慎一日，即至天人合德，民物咸和，道隆而化普，业举一世而跻之太平仁寿之域，犹不敢自暇逸者，何也？盖王者宪天出治，肃政本而振民风，正人心而申国禁，夙凛明威

---

① 私臆：个人的主观猜测。
② 明刑所以弼教：《尚书·大禹谟》："明于五刑，以弼五教，期于予治。"谓以刑律晓谕民众，使大家都知法、畏法而守法，以辅助教化之所不及。
③ 祗敬：格外恭敬。
④ 丕冒：犹言广被，意为遍及。
⑤ 寰（huán）区：天下。
⑥ 熙皞：和乐，怡然自得。

以昭彰阐，惟其事天之诚，故能立人之极。明则无私照也，公则无私覆也。《易》曰："范围天地之化而不过，曲成万物而不遗。"《书》曰："达于上下，敬哉有土。"用能溥雍和之化，扩鸿远之模。主极克端，尚情殷于茂育；天工时亮，犹念切于敦庞。聿崇^①正学，畸邪之习全消，爰致祥刑，轻重之权悉当。是故智周道济，仁育义正，一人建极于上，而薄海内外，沐浴咏歌尊亲并戴于亿万斯年者，胥是道也。

钦惟皇帝陛下，德参天地，道贯古今，悬离照以有临，体乾行而不息，固已建中锡福，泽周于宜民宜人，崇实黜浮，法立于无偏无党矣。乃圣德渊冲，畴咨弥切，复进臣等于廷，而策之以勤政爱民之本，兴廉察吏之方，黜邪辨正之严，弼教协中之务。臣自田间来，至愚极陋，诸细流土壤，何稗山海。窃复自念身际升平极盛之时，欣逢寿考^②作人之化，仰承清问，下逮刍荛。敢不竭平日所知，以对扬于万一乎？

伏读制策有曰：人君所敬惟天，爱民所以承天，而勤政即所以事天。此诚抚辰凝绩之盛心，而熙载奋庸^③之要道也。臣惟天地万物，父母元后，作民父母。天生民而立之君，有体天行政之权，即有代天养民之贵。夫天行至健，风雨露雷，无非教也。王者本天之教以为教，则秩曰天秩，叙曰天叙。举凡民彝物^④则之常，何在不奉天以从事乎？天心仁爱，大生广生，无弗遍也。王者以天之心为心，则工曰天工，官曰天官。举凡体国经野之规，何在不顺天以布令？是故六合既同矣，而犹虞民隐之未由上达，则举时巡之典以周悉之；百度既贞矣，而犹虑庶事之未尽乂康，则广选举之途以群策之。古人君凝承帝眷，而御宇绥猷，所

---

① 聿崇：读书推崇。
② 寿考：高寿。
③ 奋庸：努力建立功业。
④ 彝物：常物。

谓集天下之耳目，合天下之智力，兼听并观，而日勤其宵旰者端在是乎？然则，勤政者无非爱民之实心，而爱民者皆为敬天之至意。尧之钦若昊天，文之昭事上帝，类皆载以小心，升兹大业。用是天庥呈于上，人和积于下，遂以鼓舞一世，敦尚廉隅①，以几一道同风之治也，岂不休哉！

制策又曰：民生之康阜系乎吏治之澄清，而风俗之淳漓由此判焉。臣谨按：《周官》以六计弊群吏，而统之曰廉。官箴②之本，其在是矣。汉以六条察二千石，唐有四善二十七最，差之以九等，要皆所以纠劾不廉也，其法令较周制为加密。夫法命虽操于大廷，而考察必严于各属。为大吏者，先正已率物，身示之坊③。斯为守令者，自不敢不砥励廉隅，肃清利弊。由是上行而下效，旋见俗易而风移矣。且夫五方之风气不齐，一时之俗尚各异，《周礼》职方氏掌天下之图，则有邦国、都鄙、侯甸④、男采之殊制。《王制》司空度地居民，则有山川、沮泽⑤、刚柔、轻重、迟速之异宜。然古者修六礼以节民性，明七教⑥以兴民德，齐八政以防民淫，一道德以同风俗，则不必易其俗而其教自行，不必易其宜而其政自举。为长吏者诚能洁己奉公，于以型方训俗，因势利导，所谓奢则示之以俭，俭则示之礼者，酌剂⑦焉而得其平，固无难黜诈伪，敦仁厚，以并底于正直荡平之路矣。皇上慎简群僚，懋敦醇俗，吏治民风固以蒸蒸日上，乃当省方之岁，每谘闾阎疾苦，周悉民情，则知勤政之衷，无

---

① 廉隅：棱角。后以喻人品行端方，有志节。

② 官箴：百官对帝王进行劝诫，亦指官员对帝王的规谏劝诫之言。

③ 坊：旧时标榜功德的建筑物，此处意为模范。

④ 侯甸：侯服与甸服，古代王畿外围千里以内的区域。

⑤ 沮泽：水草丛生之处。

⑥ 七教：古指敬老、尊齿、乐施、亲贤、好德、恶贪、廉让七种道德规范。

⑦ 酌剂：犹言酌盈剂虚。

时或释。县官州牧宜何如整饬，勉励官方，以仰副圣朝察吏维风之至训也。

制策又以学术首严真伪，士子读书敦行，毋误岐趋，以正人心而端风教。此诚睿虑周详，见微而知著也。夫学术真伪，固人心风俗所视为转移者。三代以上，无不正之学，故无伪学之名。然而勋华^①之时，间生金壬^②；孔子之世，亦有闻人。倘非四凶之屏，两观之诛，焉知清流朋党之患，不早炽于并生并育之世哉！东汉士林，品流杂出，李膺^③、郭泰^④首倡宗风，负人伦重望，而范滂^⑤、黄宪^⑥辈并束身祗行，以节义相高。其弊也，以各立门户致来清流之目。降而唐之牛、李，宋之蜀、洛，交树党援，互相倾轧矣。明季朋党之风益甚，顾宪成讲学东林，而高攀龙等从而附唱之，一时意气自矜，矫持过甚。其后，宵小协谋，挤排善类。藉令当李、赵、高、缪诸人不以独行自诩，稍为贬损，东林之患当不至是。夫朋党之说，其局起于激之太甚，其端实萌于防之不严。故凡

<hr>

① 勋华：谓放勋、重华，即尧、舜。
② 金壬（rén）：奸人，小人。
③ 李膺（110—169）：东汉名士。颍川襄城（今属河南）人，字元礼。与太学生首领郭泰等结交，反对宦官专权，士人以与之结交为荣，称"登龙门"，有"天下模楷李元礼"之誉。
④ 郭泰（128—169）：亦作"郭太"，系《后汉书》作者范晔避其父讳改。太原界休（今山西介休东南）人，字林宗。东汉末年为太学生首领，与李膺等人友善。不就官府征召，后归乡里。党锢之祸起，遂闭门教授，生徒以千数。以不为危言核论，得免于祸，卒于家，四方人士前来会葬者多达千余人。
⑤ 范滂（137—169）：东汉名士。汝南征羌（今河南漯河东南）人，字孟博。初为清诏使，迁光禄勋主事。后为汝南太守宗资属吏，得到信任时有歌谣称："汝南太守范孟博，南阳宗资主画诺。"他抑制豪强，并与太学生结交，反对宦官。延熹九年（166）被捕，次年被释放还乡。后党锢之狱再兴，遂自往投案，死于狱中。
⑥ 黄宪（109—156）：东汉隐士。汝南慎阳（今属河南）人，字叔度。十四岁时，颍川荀淑与语，比之为颜回。陈蕃、周举、郭泰与交接，皆叹服之。起初他被选拔为孝廉，后又被召到公府。朋友劝他到任，他没有拒绝，但到了京师后，马上就回来了。

学校之中，群萃州处，必使趋表正，经明行修，无涉欺世之见，无起盗名之心，俾学术一归于至正。而假道学以为伪君子者，何由而强托哉！我朝正学昌明，士林向化。而欲杜弊于未萌，察几微于未著，必将举君子小人之真伪，显别其迳途①，而争自树立者，宜知所自处矣。今夫信义行于君子，而刑戮施于小人，此必然之势也。

制策又曰：明刑所以弼教，或轻或重，一视其人之自取。臣惟以刑者，圣人不得已而用之，大要持其平而已矣。唐虞之世，刑期无刑，辟以止辟，一则曰惟刑之恤，再则曰惟明克允。善用刑之中，自具详慎之至意，初未尝有过枉过纵之失参其间也。《周礼》狱词之成也，司寇听之，三公参听之，而告于王。王三听然后制刑。《吕刑》之篇曰：上刑适轻，下服；下刑适重，上服。②轻重诸罚有权。此谓率乂于民，咸中有庆也。夫不求其平，固不可以臆为听断，既得其平，则国家宪典之昭垂无可幸逃，而操致治之原者，亦何尝有成见据乎其中哉！

若此者，敕几于在宥，而奉天即以勤民，端本于群僚，而察吏即以善俗，黜伪学以正人伦之趋向，明王章以肃当代之纲维，是皆继天出治者，宰世服物之大要也。伏愿皇上，帝德广运，悠久尤彊，醴化懋崇，夫庥滋至，我国家万年有道之长基诸此矣，

臣草茅新进，罔识忌讳，干冒宸严，不胜战慄陨越之至。臣谨对。

---

① 迳途：途径，门径。
② 上刑适轻，下服；下刑适重，上服：上刑宜于减轻，就减一等处治；下刑宜于加重，就加一等处治。

《王制》：《礼记》篇名。汉文帝命博士诸生杂采六经古制，较系统地记述有关封国、爵禄、朝觐、丧祭、巡狩、刑政、学校等方面的典章制度。内容同真实的商周礼制不尽相符，与《周礼》亦多不合，今文经学家每据以排诋古文经学。可考见中国古代政治制度和儒家政治思想。

九畿：先秦时理想中的一种行政区划。以王畿为中心，自内而外，每五百里为一畿，共有侯、甸、男、采、卫、蛮、夷、镇、藩九畿，为各级诸侯的领地及外族所居之地。

陈继昌

清嘉庆二十五年（1820）庚辰科

状元文章

陈继昌（1791—1849），字莲史，原名守睿，字哲臣，广西临桂（今桂林）人。曾祖父为乾隆朝东阁大学士兼工部尚书陈宏谋。嘉庆十八年（1813）中式广西乡试解元，嘉庆二十五年（1820）参加会试，中会元，同年抱病参加殿试，再中状元，声名大振，人称"三元及第"。嘉庆皇帝亲赋贺诗，群臣和咏。授翰林院修撰。道光年间出官山东兖州府知府，调保定府知府，升直隶通永道、江西按察使、布政使，历官山西、直隶、甘肃、江宁布政使，署江苏巡抚。

殿试策问 清仁宗颙琰

奉天承运皇帝制曰：朕寅承①大宝，抚御寰区，二十有五年。孜孜汲汲，罔敢一日暇逸。仰荷昊宰笃祜②，列圣贻庥，函夏③乂宁，民人乐业。冀与内外臣工早作夜思，由小康而跻上理。洪惟帝王治道之原，学校教人之法，儆群僚以励翼④，奠德水以安流。所为斟元阐绎，以保万世丕基者，爰广咨诹，用资启沃。尔多士其敬听之。

道莫高于唐虞，法莫备于成周。典谟官礼，万世之圭臬⑤也。皋陶之谟曰知人安民，而其文何以有详略？三公之职曰经邦论道，而其官何以独不传？人心、道心授受之要，而荀卿何以引为道经？乐德、乐语，教胄⑥之规，而窦公何独传其遗法。玑衡为测天之器，而浑天、周髀何以殊涂同归⑦？什一为取民之常，而乡遂都鄙何以因地异制？以至虞五服，周九服；虞十二州，周九州；服十二章，周九章；虞五载巡守，周十二年巡守；礼乐虞分为二，周合为一；兵刑虞合为一，周分为二。变通损益，其道安在？若夫《虞书》五篇，约之以一钦，《周礼》六官，统之以为民极。古帝王所以握万化之原，而端出治之本者，不更有心法在乎？

辟雍之名见于《诗》《礼》，郑氏笺注何以不同？或以辟雍为文王乐

---

① 寅承：敬承。

② 祜（hù）：福。《诗经·小雅·信南山》："受天之祜。"

③ 函夏：整个中国。

④ 励翼：勉力辅佐。

⑤ 圭臬：圭，测日影器；臬，测日影定方位的标杆。指事物的准则。

⑥ 教胄：谓教育国子。

⑦ 殊涂同归：涂，通"途"。比喻采取的方法虽然不同，但目的和效果却是一样。

名，其说何本？蔡邕、袁准①，其论何以互异？汉以明堂、灵台②、辟雍为三雍，何故？释奠、释菜，视学合语，其典若何？汉代圜桥③观听，称制临决，其时讲论于白虎观者谁氏？东汉魏周养老，为老更者何人？北面乞言，所对何辞？唐七学三馆，宋六学三舍，明六堂积分，其法若何？我朝辟雍肇建，聿举上仪④，石鼓石经，灿然昭列。诸生沐浴教泽，有能通经述古，扬挖⑤而言之者欤？

《书》曰：无教逸，欲有邦。又曰：天工，人其代之明乎？居官行政，不可以不勤也。为吏者苟能厉廉隅，循法度，其亦可矣。然或怠玩因循，燕燕居息，以废弛为安静，以颠顸⑥为老成，狱讼积而不问，职事惰而不修。国家安赖有是官为？至若曹参⑦之治齐宽而简，诸葛亮⑧之治蜀严而详，而二人皆以贤相称。龚、黄之治民以慈仁，张、赵之治民以明敏，而四人皆以贤守著。为道不同，同归于治，其故若何？恫愊之吏可以宁人，而缓急或不足恃；武健之才易以集事，而跅弛⑨或至逾闲。量才器使，其道何若？朕宵旰厉精，率作兴事。内而曹司，外而守令，实繁有徒，惟赖为大吏者躬亲倡导，以熙庶绩。而或徒以旅进旅退，谨身寡过为事，岂所谓靖共匪懈者乎？

江淮河济，古称四渎，何以河之为患独甚于今？《尔雅》河出昆仑。

---

① 袁准：陈郡阳夏（今属河南）人，字孝尼，袁涣之子。忠信公正，不耻下问，以儒学知名。恬退不求进，著书十余万言。官至给事中。

② 灵台：古时帝王观察天文星象、妖祥灾异的建筑。

③ 圜桥："圜桥教泽"是指辟雍四面环水，水周流不断，象征教化不息。

④ 上仪：隆重的礼节。

⑤ 挖：擦拭。

⑥ 颠顸：糊涂，不明事理。

⑦ 曹参（？—前190）：西汉初年大臣。字敬伯，沛县（今属江苏）人。

⑧ 诸葛亮（181—234）：三国时期蜀汉政治家、军事家。字孔明，琅邪阳都（今山东沂南）人。

⑨ 跅（tuò）弛：放纵不羁。

言河源者，汉张骞①，唐薛元鼎，元都实，孰得其真？周定王时河始南徙，迄今迁变凡几。古谓河不两行，禹何以播之为九？汉武帝之塞宣房，王景②之治汴渠，其事若何？贾让③一策，其议若何？潘季驯④之治河，主于束清刷黄，其切实可施行者何在？方今河道所关至巨，北决则虑穿运，而转漕⑤或碍：南溢则恐入淮，而高堰可虞。自桃汛以至秋汛，自兖、豫以至徐、扬，司事者昼夜巡防。培筑之法，疏浚之宜，坝堰之宣泄，薪料之储备，在在宜慎。朕不惜巨万帑金，为生民图安宅。欲使

---

① 张骞（qiān）（约前164—前114）：汉中城固（今陕西城固东）人。建元元年（前140）为郎官，次年，应募出使大月氏，相约共击匈奴。越过葱岭，亲历大宛、康居、大月氏、大夏等地。元朔三年（前126）方归汉，在外共十三年。途中被匈奴扣留，前后达十一年。元狩四年（前119），又奉命出使乌孙，并派副使出使大宛、康居、大夏、安息等地。元鼎二年（前115）归，拜为大行。两次出使，加强了中原和西域的联系，开辟了中国通往西方的"丝绸之路"。

② 王景（约30—85）：东汉水利专家。字仲通，原籍琅邪不其（今山东青岛）人。博览群书，通天文、术数，精于水利。永平十二年（69），受命主持治理黄河。反对恢复"禹河"故道，与助手王吴相度地势，开凿山阜，采取筑堤、修渠、建水门等措施，使"河汴分流"，收到防洪、航运和稳定河道等巨大效益。次年工毕。以功任河堤谒者。在这以前，他还与王吴修治过浚仪渠。后为庐江太守，兴修芍陂水利，提倡牛耕，推广养蚕织帛，推动了当地农业的发展。

③ 贾让：西汉末年水利家。汉哀帝时为待诏，因提出治理黄河的上、中、下三策而著名。当时黄河决溢频繁，灾患严重，朝廷征集治河方案。绥和二年（前7）应诏上书，提出系统的治河理论和措施，认为必须给河流和湖沼保留其应有的自然区域，主张"不与水争咫尺之地"，此为上策；主张将沿河两岸低洼地区留作洪水的缓冲地带（类似于今之滞洪区），并主张开渠引黄河水，达到分洪、淤灌治盐碱和通航"三利"，此为中策；反对战国以来不断修筑并加高加固堤防的做法，此为下策。《汉书·沟洫志》详细记载这一"治河上中下策"，史称"贾让三策"。虽然后世对其三策的评价分歧很大，但其观点对后世治河思想影响深远。

④ 潘季驯（1521—1595）：明朝水利学家。字时良，号印川，乌程（今浙江湖州）人，嘉靖年间进士。曾以御史巡按广东，行均平里甲法。官至刑部尚书、工部尚书。自嘉靖末年到万历年间，四任总理河道，前后达二十七年。他筑堤防溢，建坝减水，以堤束水，以水攻沙，河行旧道，借黄通运，治理黄河很有成效。

⑤ 转漕：水运为漕，车运为转。

绩底平成，民无垫溢①，万世永赖，计将安出？

凡此者，法古以立治，兴学以作人，廉法而庶政和，清晏而百川理。尔多士学古入官，先资拜献。今自陈之为谠论，异日施之则为嘉猷。毋泛毋隐，毋袭陈言，朕将亲第焉。

状元殿试卷 陈继昌

臣对：臣闻建极所以绥猷，兴贤所以致治，旌别严而鹓②联式序，荣光塞而龙叙呈图。此景铄③之上仪，郅隆之盛轨④也。稽诸载籍，《诗》征式命之符，《礼》重书升之典。克知灼见，百司慎简于《周书》：距浍浚⑤川，九功特详于《禹绩》。自古帝王，德迈鸿轩⑥，勋逾象纬，莫不建中以锡福，立教以凝禧⑦。储杞梓⑧而用协衡平，销竹简而休占河润。是以佩德则带铭恭寿，歌风则官奏昭华，朝殷亮采之咨，世献安澜⑨之颂。所为凝薰六幕⑩，陶铸二仪，永受鸿名而诞膺多祜者，用恃此也。

---

① 垫溢：因地面低下而浸在水中，水溢成灾。
② 鹓（yuān）：传说中与鸾凤同类的鸟，因飞行有序，喻百官朝见时秩序井然。
③ 景铄：盛明。
④ 盛轨：美好的典范。
⑤ 浍浚：冲刷。
⑥ 鸿轩：鸿雁高飞，比喻举止不凡。
⑦ 禧：幸福，吉祥。
⑧ 杞梓（qǐ zǐ）：杞和梓，两种优质木材，比喻优秀的人才。
⑨ 安澜：澜，水波。波浪平静，比喻时世太平。
⑩ 六幕：指天地四方。

钦惟皇帝陛下，道光泰寓，仁洽坤舆①。固已神枢合撰于山渊，荣镜腾辉于日月，饬六事而治昭廉法，宅四隩②而绩奏平成矣。乃圣怀冲挹③，深维长治久安之道，弥切持盈保泰之思，进臣等于廷，而策以敷政之本、誉士之经，与夫考察之隆规、宣防之要务。如臣梼昧④，奚补高深？顾当对扬伊始之辰，敬维拜献先资之义，敢不谨竭刍荛之一得，用效葵藿⑤之微忱乎？

伏读制策有曰：道莫高于唐虞，法莫备于成周，而因典谟官礼之垂，进溯宰化出治之本。臣惟帝王之治，因革损益，不必尽同，而其源则一。立纲陈纪，以有为者振其机，恭己垂裳，以无为者端其范。篇章具在，训诫如闻，溯厥心源，若合符节也。知人安民之旨，二帝犹励其难；经邦论道之原，三公独专其责。盖礼乐刑政，制治之具，而心法则有深焉者矣。精一危微，千古传心之要，而荀卿或引为道经；乐德乐语，一朝教胄之规，而窦公独传其遗法。夫治法，自唐虞而降，历代沿袭不同。周人修明兼用，亦惟参以变通之妙，酌以损益之施。《记》云：协诸义而协可，以义起者是也。是以玑衡之器，什一之征，画地之殊，分疆之别，莫不因地异制，因时制宜。他如虞服十二章，而周则用九，虞巡狩以五载，而周则行于十二年。其灿著于礼乐兵刑者，或分为二，或合为一。措施之际，识者于以观制作之精。盖其敬以作所，主善为师。絜矩⑥端好恶之原，修己立均平之准。所以虞廷之交儆曰钦，《周礼》之

---

① 坤舆：《周易·说卦》："坤为地……为大舆。"孔颖达疏："为大舆，取其能载万物也。"后以"坤舆"为地的代称。

② 四隩：指边疆地区。

③ 冲挹：谦虚自抑。

④ 梼（táo）昧：愚昧无知，多用作谦辞。

⑤ 葵藿：葵和豆的花叶倾向太阳，故常用为下对上的仰慕之辞。

⑥ 絜（xié）矩：絜，量度；矩，画方形的工具。象征道德上的示范作用。

以为民极。帝王圣不自圣，精益求精，端拱而坐致雍熙，太平而犹寅惕厉①者，诚以一人握万化之枢，惟恐因陋就简之意萌于幽独，急功计利之念扰其神明也。我皇上德符圜矩，化洽垓埏，端本则于亿万年，饬几康者一二日，奉三无以出治，遍九有以覆恩。唐哉皇哉！诚帝者之隆矣。

制策又以辟雍之名见于《诗》《礼》，而因考夫历代之创建。此诚敦崇实学之至意也。臣惟移风易俗，立教为先。古者旌俊造②以兴贤，尊彝典以立训，具有仪型，聿存矩范。是以博士之设始自汉宣，太学之规隆于光武。其后，三雍并建，经始永平，举视学③之典，修养老之文，称制以决五经之异同，亲幸以考诸儒之论说，肄业④者给舍，听讲者圜桥，盖一时称极盛焉。降及唐宋以来，莫不悉遵斯轨，故有七学三馆、六学三舍之制。夫褒显经术，尊礼师儒，治化所由昌明，文教所由光被也。顾昔之举是典者，或旷代始一见，或累朝始一行。拘于更叟之说，泥于巡狩之文，议礼则聚讼纷如，说经则折衷无主。求其昭示训行，范模天下，懋亘古之隆仪者，亦鲜矣。《洪范》云：皇极之敷言，是彝是训，于帝其训。盖必有聪明足以牖世，教训足以宜民者，始足以迪彼颛蒙⑤，光兹道化。故大昕之警众者特其文，主极之持源者乃其实也。圣天子体道敷言，本身立教，中外士民亦既沐浴膏泽矣。兹奉特诏，来岁举临雍之典，崇仪茂矩，炳焕⑥辉煌，谓非千古盛事哉！

制策又以天工人代，居官行政不可不勤，黜其怠玩因循，而期于靖共匪懈。臣考《周礼》以六计弊吏，而策之以廉善廉能；《洪范》以五福

① 惕厉：警惕忧惧。
② 俊造：指才智杰出的人。
③ 视学：中国古代天子视察学校的礼仪。
④ 肄（yì）业：修习其业。
⑤ 颛（zhuān）蒙：愚昧，蒙昧。
⑥ 炳焕：光洁鲜明。

锡民，而重之以有为有守。洵课吏之良规，立身之大节也。以废弛为安静，以颠顸为老成，狱讼积而不问，职事惰而不修，国政难与之振兴，即士品亦不堪自问矣。汉以六条察二千石，有田宅逾制之禁，侵渔聚敛之诛。训洁崇廉，至三至再，故汉之吏治犹为近古。然曹参与诸葛亮皆贤相也，而其为治，一则宽而简，一则严而详；黄霸与龚遂①皆贤守也，而其为治，一则以慈仁，一则以明敏。盖因人立政，因地制宜，惟本慈祥恺恻②之心，以副其励精图治之实。夫全材之得，自古为难。有体者不尽有用，有才者不尽有德。所以处常则有余，任重则不足。暂用之易以见功，久任之易以见过。国事所关，民命所属，职无巨细，所系匪轻。惟操其柄者，一本乎公正之心，以赏善而黜恶。而大吏复体此意，以相懋勉，不阿③所好，不徇所私。庶几贤能之士争自濯磨④，于以熙庶绩，贞百度，不徒以寡过为事矣。我朝用人立政，一秉大公，内外臣工，宜何如勤慎以襄盛治哉！

制策又以河之为患独甚于今，培筑疏浚之方在在宜慎。臣惟尧警九年，禹勤八载，河之为患，自古已然。盖南北之高下不同，而古今之迁徙无定。河自孟津而下，土性卑湿⑤，地势宽平，缓则停淤，急则涨溢。龙门⑥之巨限，汇伊洛漳沁之支流，北高南下，其地殊也。汉唐以来，宣

---

① 龚遂（？—前62）：西汉官员。山阳南平阳（今山东邹城）人，字少卿。初为昌邑王刘贺郎中令，敢谏诤。汉宣帝时，渤海和附近各郡饥荒，农民纷起反抗。他任渤海太守，在郡开仓借粮，奖励农桑，狱讼减少，农民归田。后官水衡都尉。后世将他与黄霸作为循吏的代表，并称"龚黄"。

② 恺恻：和乐恻隐。

③ 不阿：不曲从，不逢迎。

④ 濯磨：洗涤磨炼，比喻加强修养，以期有为。

⑤ 卑湿：低洼潮湿。

⑥ 龙门：亦名"伊阙"。在今河南洛阳市南，以有龙门山（西山）和香山（东山）隔伊河夹峙如门，故名。

房初筑，汴渠再修，始但东趋，继且南注。合济运束淮为一事，举兴利除害之两端，古易今难，其时异也，载稽往牒①，如贾让之三策，王景之八渠，季驯所书，至正所纪，具有成法，咸可施行。然而，时势互殊，情形各异，泥乎占而河不治，离乎古而河亦不治。是在司事者有精练之才，洞达之识，清廉之守，强固之身。察其高下分合，缓急节宣，不以仓卒淆其见，不以补苴②毕其功。工坚料实，滞导川疏，古之上策，何以加之？仰惟睿谟广运，德意旁敷，发千万之帑金，拯亿兆之民命。行且见夫金堤巩固，玑镜昭融，则翕河媲于周诗，酾渠同夫禹绩矣。

若此者，大猷允升则光昭玉烛焉，多士蔼吉则泽敷海圜焉，月要日成则法垂八柄焉，河清海晏则化被九垓焉。英规茂矩，昭古铄今。备哉灿烂，真神明之式也。抑闻荷帡幪③之化则仰天之弥高，感光大之恩则冀地之弥厚。臣伏愿皇上，至诚育物，稽古同天，政和而治益修，轨顺而防益豫，则我国家万年有道之隆基诸此矣。

臣末学新进，罔识忌讳，干冒宸严，不胜战栗陨越之至。臣谨对。

---

① 往牒（dié）：往昔的典籍。

② 补苴（jū）：补缀。语本《新序·刺奢》"今民衣敝不补，履决不苴"。苴，用草来垫鞋底，引申为弥缝。

③ 帡幪（píng méng）：帐幕。在旁的称"帡"，在上的称"幪"。引申为庇荫，庇护。

释奠： 古代学校的一种典礼，陈设酒食以祭奠先圣先师。

《礼记·文王世子》："凡学，春官释奠于其先师，秋冬亦如之。凡始立学者，必释奠于先圣先师。"郑玄注："释奠者，设荐馔酌奠而已。"

释菜： 亦作"舍采"，古代读书人入学时以蘋蘩之属祭祀先圣先师的一种典礼。

《礼记·月令》："（仲春之月）命乐正习舞，释菜。"

《尔雅》： 中国最早解释词义的专著。由学者缀辑周、汉诸书旧文，递相增益而成，今本十九篇。首三篇《释诂》《释言》《释训》所收为一般词语，将古书中同义词分别归并为各条，每条用一个通用词作解释。《释亲》《释宫》《释器》以下各篇是关于各种名物的解释。为考证词义和古代名物的重要资料，后世经学家常用以解说儒家经义，至唐宋时遂为《十三经》之一。

束清刷黄： 明末著名的治河专家潘季驯在束水攻沙的基础上，又提出在会淮地段"蓄清刷黄"治理河道的主张。他一方面主张修归仁堤阻止黄水南入洪泽湖，筑清浦以东至柳浦湾堤防不使黄水南侵；另一方面又主张大筑高家堰，蓄全淮之水于洪泽湖内，抬高水位，使淮水全出清口，以敌黄河之强，不使黄水倒灌入湖。

洪　钧

清同治七年（1868）戊辰科

　　洪钧（1839—1893），字陶士，号文卿，江苏吴县（今江苏苏州）人。同治年间进士。官至兵部左侍郎，曾任出使俄、德、奥、荷四国大臣。在国外接触到俄国人贝勒津所译波斯学者拉施特《史集》中的《部族志》《成吉思汗本纪》，及亚美尼亚人多桑等的蒙古史著作，因得用西方的资料补证《元史》，成《元史译文证补》三十卷（中有目无书的十卷），对元史研究颇有贡献。

殿试策问 清穆宗载淳

奉天承运皇帝制曰：朕以冲龄，诞膺昊眷，寅绍丕基。荷列圣之诒谋，承两宫之训迪，兢兢业业，夙夜不敢康。深惟典学传心之要，去奢崇俭之方，练兵讲武之经，弼教明刑之用，冀与中外臣民致上理于大同，臻郅隆之盛轨。兹值临轩发策，虚衷博采，广集嘉谟，尔多士其敬听朕命。

危微精一之旨，为帝王道统所开。尧曰执中，舜曰用中，汤曰建中。与《中庸》致中和之义有合否？朱子谓《大学》之格致诚正以至修齐治平，始终不外乎敬，《中庸》之圣神功化枢纽不外乎诚，心法、治法一以贯之，二书实括其全。能申明其义欤？《帝范》《帝学》《心经》《政经》，以及《大宝》《丹扆》之箴，其言亦有可采欤？真德秀《大学衍义》，仅及修齐，何为略治平而不言？邱濬《大学衍义补》，政典极为详备，抑尚有提挈大纲者在欤？《洪范》皇极，汉儒训为大中，宋儒又以为不然，其义何欤？

自古求治之主，罔不躬行节俭为天下先，然非徒务乎其名也。《书》曰："慎用俭德，惟怀永图。"左氏云："俭，德之共也。"俭以德名者，有清心寡欲之功，而后有制节谨度之事也。尧之土阶①，舜之土簋②，禹之菲食③，文之卑服④，尚已。汉文帝衣绨⑤履革，屏雕文之饰，

① 土阶：土台阶，指居室简陋。
② 土簋（guǐ）：盛饭的瓦器，指简陋的器具。
③ 菲食：简单粗劣的饮食。
④ 卑服：穿粗劣的衣服。
⑤ 绨：质地较绸厚实，表面较绸粗糙的丝织物。

惜中人之产，治犹近古焉。厥后，令辟焚翟裘①，毁筒布，却珠贡，非不节俭可风。然究不能跻一世于敦庞，以追踪隆古者，岂徒俭不足以示国欤？抑务其名而不求其实之过欤？今欲使天下黜华崇实，易俗移风，何道以致之？

武备之要，训练为先。蒐苗狝狩，四时教战，成周之制备已。汉有京师教试之法，有州郡教试之法，能详悉言之欤？唐设府兵，三时劝农，一时讲武，人思自奋，悉为精锐。果何为而得此？宋初收天下劲兵，列营京畿为禁兵，亲御近郊阅武，京师之兵称为强盛，而州郡率皆疲弱，意在惩前代藩镇之弊。其制果尽善欤？明戚继光②《练兵实纪》③一书，为谈兵家所称善。其六练之法，能备详之欤？国家整军纪武，兵制修明。近复练兵近畿，用备藩卫。果何以慎简军实，俾各营悉成劲旅也。

上古无司刑之官，虞命皋陶制刑，为五刑所由昉。《周官》五刑之属各五百，而《吕刑》④言五刑之属三千。所增减者何在？楚之《仆区》、郑之《刑书》、晋之刑鼎作于春秋时，而论者谓李悝⑤《法经》六篇，为

① 辟焚翟裘：指晋武帝焚雉头裘之事。《晋书·武帝纪》："太医司马程据献雉头裘，帝以奇技异服典礼所禁，焚之于殿前。"后用作称赞帝王抵制奢侈的典实。

② 戚继光（1528—1588）：明朝抗倭名将、军事家。字元敬，号南塘，晚号孟诸，卫籍山东登州（今蓬莱）。

③ 《练兵实纪》：中国古代兵书。明朝隆庆末年至万历初年，戚继光在北方军事重地蓟镇练兵期间所撰。全书分为正集九卷和杂集六卷两部分，涉及建军、训练和作战的各个方面。阐发了作者的练兵思想，如提出将卒分练，以练将为先；重视政治、后勤训练和学习兵法理论等。所记载的火器和冷兵器相结合的军队编成及战法，具有时代特点。现存有明、清刊本。

④ 《吕刑》：《尚书》篇名，记载周穆王时期有关刑罚的文告。由于吕侯的请命而颁，故名。因吕侯封国后改称为甫，故又称"甫刑"。近人有认为是春秋时吕国国君所制定的刑书。

⑤ 李悝（前455—前395）：战国初期魏国人。初为魏国上地守，后任魏文侯相，主持变法。他汇集当时各国法律编成《法经》，是中国古代第一部比较完整的法典，已佚。

后世律例所自始，其果然欤？汉初约法三章，厥后萧何定律令，于李悝《法经》凡益若干。叔孙通①复益者何律？唐之《律令》《格式》，宋之《刑统》，元之《至元新格》《大元通制》，明之《大明律令》，其轻重繁简之数可约举欤？朕欲本钦恤之心，行明允之法。司宪者宜如何持平协中，以臻刑期无刑之郅治也？

凡兹四端，懋修以建极，节用以阜财，训卒以诘戎②，明罚以救法。经邦体国，莫要于斯。尔多士其详明著于篇，毋泛毋隐，朕将亲览焉。

状元殿试卷 洪钧

臣对：臣闻治天下之道非以长驾远驭③为能，平天下之经非以苟且补苴为事。盖基之宵旰者有其本，而措之庙堂者有其具也。自古贤圣帝王致治之法，史不绝书。而求其要端，则不过懋修之实、节用之规、振旅之方、慎刑之意。其兢兢于夙夜者，将以勉主德于至纯，贻大猷于累世，而使天下力学崇俭，以驯至于兵刑不试之休也。至于敬怠之几、华朴之分、张弛之宜、宽严之用，尤必察之以圣知，而行之以实心，则唐虞三代之隆风，不难再见于今日也。

钦惟皇帝陛下，冲龄践阼，圣德亶聪④，宥密固已单心，冗费固已

---

① 叔孙通：秦汉时薛县（今山东滕州南）人。曾为秦博士。初跟从项羽反秦，楚汉战争中归刘邦，任博士，号"稷嗣君"。汉朝建立，与儒生共立朝仪，刘邦以为"今日始知为皇帝之贵"。后任太子太傅。汉代礼仪制度皆由其主持修订。
② 诘戎：整治军事。
③ 长驾远驭：比喻帝王用某种政策、手段羁縻边远地区。
④ 亶聪：借指天子。

悉汰，军威固已丕振，因典固已持平，法度典章秩然具备矣。乃圣怀冲挹，犹切咨询，欲公听以达聪，思迩言之是察，进臣等于廷，而策以典学、戒奢、诘戎、敕法诸大政。臣之愚昧，何足以备顾问？而不揣固陋，窃欲以壤流之细，仰补高深。兹复恭奉谕旨，勖[1]多士以毋泛毋隐。若惟摭拾浮辞，实已负惭夙夜。

伏读制策有曰：精一危微之旨，为帝王道统所开，而欲求审端致力之方，以心法为治法。此诚正位凝命之大本也。臣谨案：执中一语，肇自陶唐。其后舜曰用中，汤曰建中。无非于人心、道心之界，慎其闲存而究，则位天地育万物之功，皆不外乎此。《中庸》之致中和，圣神之学即帝王之功也。朱子《或问》，谓《大学》自格致诚正以至修齐治平，始终不外乎敬；《中庸》之圣神功化，枢纽不外乎诚。诚敬立，而天人感应可知也。唐太宗作《帝范》十二篇始君体建亲，终阅武崇文。宋范祖禹约三皇、五帝以迄宋代之君，为《帝学》八卷。真德秀著《心经》，又著《政经》。唐张蕴古[2]献《大宝箴》。李德裕[3]进《丹扆》六箴。皆足以为启沃资，而备观省之用。宋真德秀作《大学衍义》四十三卷，取经文二百五字，证以《尧典》《皋陶谟》《伊训》之书，《思齐》之诗，《家人》之卦，子思子、孟子、董仲舒、扬雄[4]之说，分为四大纲。意

---

① 勖：勉励。
② 张蕴古（？—631）：相州洹水（今河南安阳）人。性聪敏，晓时务，博学强记，善文章。唐太宗即位，上《大宝箴》，言民畏其威，未怀其德，词意剀切，擢大理丞。后坐事被杀。
③ 李德裕（787—850）：赵郡（今河北赵县）人，字文饶，初名缄。李吉甫之子。幼苦学，善为文。出身世家，主张大臣应用公卿子弟。历任浙西观察使、西川节度使等。武宗时居相位，时泽潞刘稹擅袭节帅，力主攻讨。后遭牛党打击，被贬为崖州司户，后病逝。著有《次柳氏旧闻》《会昌一品集》。
④ 扬雄（前53—18）：一作杨雄。西汉文学家、哲学家、语言学家。字子云，蜀郡成都（今四川）人。

在正本清源，揭明为学、致治之要，故于治平之略阙如。明邱濬补之，一则举其体，一则阐其用也。《洪范》皇极，汉儒训为大中。朱子谓皇者君也，极者至极之义。如《礼》所谓民极，《诗》所谓四方之极是也。是其说较汉儒为优矣。皇上以圣哲之资，荷艰大之业，亲师重道，逊志时敏，更审夫存诚之学、居敬之功，宫府内外，皆以一中为临驭，岂不懿欤？

制策又以自古求治之主，罔不躬行节俭为天下先，而欲以去奢示俭之意训迪臣民。臣惟《书》曰：慎乃俭德，惟怀永图。左氏曰：俭德之共也。俭而以德名者，非谓徒务乎其名也。有清心寡欲之功，而后有制节谨度之事。故自其末言之，则所以裕财而足国；而自其本言之，则必有不敢纵欲、不敢厉民之意，而后去声色，戒游畋，黜华崇实，息息以撙节①为心。尧不以土阶为陋，而化致时雍；舜不以土簋为嫌，而俗征风动；禹之卑宫，文之卑服，亦皆以身率下，不令而从。其后，如汉之文帝，衣绨履革，屏雕文之饰，惜中人之产，其时民安物阜，汉治称极盛焉。后之令辟非不焚翟袆、毁筒布、却珠贡，思以节俭之风昭示臣下，而终不能跻一世于敦庞，以追踪隆古，则务其名而不求其实之过也。然则，使天下回心向道，相与戒侈靡而事朴诚，亦视上之表率而已。圣朝俭德超越千古。近又裁繁冗之费，慎度支之经，体唐成俭，踔虞为朴。凡在臣工百姓，敢不敦《羔羊》之节、《蟋蟀》②之风哉？

制策又以文德诞敷，不忘武备，整军经武，所以辅化安民，因详询夫训练之方，营伍之制。此尤保邦之微意也。臣考成周之法：春蒐夏苗，秋狝冬狩；寓兵于农，分四时以教战。法至善已。汉有都试、都

---

① 撙节：节约，节省。
② 《蟋蟀》：《诗经·唐风》篇名。《诗序》说是"刺晋僖公也。俭不中礼"，"欲其及时以礼自虞乐也"。

肄、都讲、貙刘①之制。其京师都试之法，则以秋后郊礼毕会五营士。其州郡教试之法，则以八月会都试课殿最。其后，兵制浸失，而都试之法遂罢。府兵之制起自西魏后周，而备于隋，唐因之。析关中为十二道，每月番上以供宿卫②。三时务农，一时讲武，无坐食③也。籍藏将府，伍散田亩，无列屯也。有事则将之以出，事已则将之而归，无久戍也。三代以降，兵最强而制近古者，莫唐之府兵若也。宋惩④唐末藩镇之弊，思强干而弱枝。乃收天下劲兵，列营京畿为禁兵，而州郡率皆疲弱，曾不足以制盗，卒至兵不可用，而募勇以充伍籍。国威不振，职是之由。夫兵以训练为先。明戚继光《练兵实纪》一书，为谈兵家所称善。其论练士之法：一练伍法，二练胆气，三练耳目，四练手足，五练营阵，六练将。苟如其法而奉行之，何患兵之不精哉？我朝武功之盛，凌铄⑤往代。八旗、绿营，星罗棋布⑥。近年增兵近畿以固邦本，更勤其操演，精其简阅，淘安内攘外之大猷也。

制策又以刑罚之设，所以除莠安良，因询累朝损益之经，求持平协中之道。臣惟上古无司刑之官。唐命皋陶制刑，为五刑所由昉。《周官》之制属各五百，而《吕刑》言五刑之属三千。盖墨罚、劓罚皆以千计，而重刑则递减。而上所谓世轻世重也。春秋之时，楚作《仆区》，郑作《刑书》，晋铸刑鼎，而李悝《法经》六篇，又为后世律例所自始。汉萧何定律令，于李《法经》益以《事律》《擅兴》《厩户》三篇，合为九篇。叔孙通又益为《傍章》十八篇，名《汉律》。唐有《律令》《格

---

① 貙（chū）刘：古代天子于立秋日射牲以祭宗庙之礼。

② 宿卫：在宫禁中值宿警卫。

③ 坐食：不劳而食。

④ 惩：警戒。

⑤ 凌铄：欺压，压倒。

⑥ 星罗棋布：像星星那样罗列着，像棋子那样分布着。形容分布得多而密。

式》。太宗、玄宗之世，上务仁恕，故用法平允。后以残酷为治，而法纲遂繁。宋之《刑统》仍周之旧，而矫其太严，大概酌于唐之《律令》《格式》，随时损益。元初循用金律，世祖简除烦苛，更为《至元新格》。英宗时又立《大元通制》，皆以仁厚为本，而其失则在缓弛。明定律令，篇目皆准于唐时。矫元之失，用法过峻，刑狱因以滋繁。我国家深仁厚泽，仍前之律，而去其严刻，繁简得中，法尽善已。

夫主极虽端而宜防其息，侈心虽去而必杜其萌，兵制虽精而更忧其敝，刑章虽慎而或虑其繁。臣之至愚，尤伏愿皇上，勤览《诗》《书》，广延规谏，廑时艰而力求整顿，守成宪而量为变通。皋陶之《谟》曰：兢兢业业，一日二日万几。言敬畏之心为诸事之枢也。体此意以懋勉宸修，而更以朴素端民俗，以纪律肃戎行，以明允行国典，君德纯而庶事咸理，则我国家亿万年有道之长基此矣！

臣末学新进，罔识忌讳，干冒宸严，不胜战慄陨越之至。臣谨对。

文学常识

《法经》：战国魏相李悝编纂的法典，约于周威烈王十九年（前407）编成，分《盗法》《贼法》《囚（网）法》《捕法》《杂法》《具法》六篇。据《晋书·刑法志》《唐律疏议》记载，前四篇是惩办"盗""贼"和加以"囚""捕"的法律，《杂法》是处罚狡诈、越狱、赌博、贪污、淫乱的法律，《具法》是规定刑罚的加重和减轻的法律。《法经》综合当时各诸侯国法律，是中国第一部比较完整的成文法典，为后来秦汉法律所继承。原文已失传，清代黄奭《汉学堂丛书》中所辑《法经》系伪书。

八旗： 清代满族的军队组织和户口编制，分正黄、正白、正红、正蓝、镶黄、镶白、镶红、镶蓝八旗。

绿（lù）营： 清代由汉人编成的分驻在地方的武装力量，用绿旗做标志。绿营兵是清代军制，亦称"绿旗兵"。因使用绿旗，故名。清朝入关后将收编明朝降附官兵，另立为"绿营"。兵种分马兵、步兵，沿江海之地又设水师。在京师者为巡捕营，隶属步军统领。在各省者有督标（由总督统辖）、抚标（由巡抚统辖）、提标（由提督统辖）、镇标（由总兵统辖）、军标（由将军统辖）、河标（由河道总督统辖）、漕标（由漕运总督统转）。清末裁废。

 # 张 謇

清光绪二十年（1894）甲午恩科

状元文章

张謇（1853—1926），字季直，号啬庵，江苏南通人。中国近代实业家、教育家。光绪二年（1876）入淮军将领吴长庆幕。光绪十一年（1885）中举人，光绪二十年（1894）中状元，授翰林院修撰。一年后在南通创办大生纱厂。后陆续开办通海垦牧公司、大达轮船公司、复新面粉公司、资生铁冶公司、淮海实业银行投资苏省铁路公司、大生轮船公司、镇江大照电灯厂等，经营盐业，提倡盐务改革。创办通州师范学校、南通博物苑、盲哑学校、伶工学校、女红传习所等。认为实业、教育为"富强之大本"。著有《张季子九录》《啬翁自订年谱》等。

殿试策问 清德宗载湉

奉天承运皇帝制曰：朕寅绍丕基，仰昊苍眷佑，兢兢业业，今二十年，恭逢皇太后六旬万寿，上维《鲁颂》寿母之诗，俯思《大雅》作人之化，特开庆榜，策试多士。又尝恭读康熙戊戌科圣祖仁皇帝策问：天子以乂安海宇为孝，是以夙兴夜寐。勤求至理，政事之余，留意经术。圣训煌煌①，为万世法。兹举河渠之要，经籍之储，选举之方，盐铁之利。揆时度势，酌古衡今。尔多士其扬陈之。

治水肇于《禹贡》。畿辅之地，实惟冀州，水利与农事相表里。后汉张堪②为渔阳守，开田劝民。魏刘靖③开车箱渠，能备述欤？至营督亢渠，引卢沟水资灌溉，能各举其人欤？唐朱潭、卢晖④，宋何承矩⑤，浚渠引水，能指其地否？元郭守敬、虞集⑥议开河行漕，其言可采否？汪

---

① 煌煌：明亮貌。

② 张堪：南阳宛县（今河南南阳）人，字君游。光武初年拜郎中，跟从大司马吴汉讨公孙述，后担任蜀郡太守。进据成都，秋毫无私，吏民悦之。开稻田八千余顷，劝民耕种，百姓歌之。

③ 刘靖（？—254）：沛国相县（今安徽濉溪）人，刘馥之子。官至镇北将军，假节、都督河北诸军事。开拓边守，屯要据险，修渠溉田，百姓称便。卒谥"景"。

④ 卢晖：范阳（今河北保定）人。开元末年为易州刺史、瀛州刺史，引滹沱水东入淇水以通漕，溉田五百余顷。迁魏州刺史。开通济渠，自石灰窠引流至州城而西却注魏桥，以通江淮之货。

⑤ 何承矩（946—1006）：河南人，字正则，治理河南府、潭州。淳化年间为制置河北缘边屯田使，发诸州镇兵垦数百里稻田。习谙戎事，有方略，御契丹有功。官终齐州团练使。

⑥ 虞集（1272—1348）：元代文学家。字伯生，号道园，祖籍仁寿（今属四川），迁崇仁（今属江西）。

应蛟①之议设坝建闸，申用懋②之议相地察源，可否见之施行，能详陈利弊欤？

汉世藏书，中秘最善。刘向所校，仅名《别录》。至其子歆，始总群书而奏《七略》。《传》《注》所引，秩然可征。班志《艺文》，与刘略出入者何篇？魏晋以后，郑默③《中经》，荀勖《新簿》，体例若何？梁华林园，兼五部以并录；隋修文殿分三品以收藏。唐承砥柱④之厄，始付写官；宋籍建业之余，尽送史馆。此皆册府遗文，可资掌录。明《永乐大典》所收之书，今不存者见于何目？能备举以资考证欤？

选举为人才所自出。翰林以备顾问，六曹以观政事，县令以司赏罚，三者皆要职也。翰林始重于唐，其时学士出入侍从，参谋议，知制诰，能详其品秩欤？宋儒馆有四，地望清切，非名流不得处。其选用之制若何？六曹昉自《周官》，秦汉隋唐互有沿革。能陈其异同欤？晋制，不经宰县，不得入为台郎。而后世或缙绅耻居其位，或科甲无不宰邑，岂轻重各因其时欤？抑增重激劝，或得或失欤？

盐铁之征，始于《管子》。论者谓其尽取民利，而行之效千百年，卒不能废。至汉武帝用孔、桑之法⑤，与《管子》异矣。其时所置盐官二十八郡，铁官四十郡，能指其地欤？终汉之世，屡罢屡复，其年代

---

① 汪应蛟（1550—1628）：徽州府婺源人，字潜夫。万历二年（1574）进士。初授南京兵部主事，历任南京礼部郎中、济南参政、工部右侍郎。

② 申用懋（1560—1638）：苏州府长洲（今属江苏）人，字敬中，号元渚。申时行之子。万历十一年（1583）进士。任刑部主事，累官兵部职方郎中，擢太仆少卿。

③ 郑默（213—280）：荥阳开封（今河南开封）人，字思元。为人廉洁敦重。累迁大司农、光禄勋。卒谥"成"。

④ 砥柱：比喻能担当重任、支撑危局者。

⑤ 孔、桑之法：西汉大臣孔仅、桑弘羊提出的盐铁官营办法，此法与管子的盐铁专卖之法不同，一主于官，一主于商。

皆可考欤？唐贞元中，检校盐铁之利，其议发于何人？若第五琦①、刘晏②、裴休之论，固无足采欤？请引采盐而商擅利权，禁民贸铁而官多侵蚀。其流弊能指述欤？

凡此皆御世之隆谟，经国之盛业也。夫朕以菲躬③，加于臣庶之上。受祖宗付托之重，惟思恪遵慈训，周知民隐，旁求俊义，孜孜为治，以跻斯世于仁寿之域。尔多士各抒说论，毋泛毋隐，朕将亲览焉。

状元殿试卷 张謇

臣对：臣闻善言天者尊斗极，善方治者定统宗。民生国计之利弊，不可节节④喻也；学术人才之兴替，非必屑屑究也，要在道法而已。孔子之道，集群圣而开百王。其世所诵法，大义微言，后千六百余年而复集成于朱子。宋臣真德秀尝本朱子之意辑为《大学衍义》，自帝王治学至于格致、诚正、修齐、得失之鉴，炳然⑤赅备。是则三代、两汉以来，所为力沟洫、宏文章、兴贤能、裕食货者，必折衷于朱子之言而后是非可观也，必权衡以朱子之意而后会通可得也。

钦惟皇帝陛下，躬上圣之资，勤又新之德，而又开通言路，振饬纪纲。凡所谓《大学》之明训，前古之事迹，固已切究而施行矣。而圣

---

① 第五琦（约712—约782）：京兆长安（今陕西西安）人，字禹珪。有吏才，以富国强兵术自任。累至须江丞。
② 刘晏（716—780）：唐代理财家。字士安，曹州南华（今山东菏泽西北）人。
③ 菲躬：孱弱的躯体。
④ 节节：逐一，逐次。
⑤ 炳然：光明、显著的样子。

怀冲挹，犹孜孜焉举河渠、经籍、选举、盐铁诸大端，进臣等于廷而策之。臣愚，何足以承大对？然臣尝诵习朱子之言矣。朱子之言之具于其书，与真德秀所称引者，无一而非人君为治之法，人臣责难之资也。其敢不竭献纳之忱乎？

伏读制策有曰：治水肇于《禹贡》，畿辅之地实惟冀州。而因求水利与农事相表里之故。此诚今日之先务也。臣惟禹所治河，自雍经冀。冀当下流，故施功最先，非直以为帝都而已。自汉时河改由千乘①入海，而冀州之故道堙。今畿辅之水，永定、子牙、南北运河、清河，其尤大者。东南水多而收水之利，西北水少而受水之害，岂必地势使然，亦人事之未至也。汉郡渔阳②当今密云，而张堪之为守，营稻田八千余顷。继是而往，魏刘靖开车箱渠，修戾陵堰。后魏裴延俊、齐稽华辈亦先后营督冗渠，引卢沟水以资灌溉。迹虽陵谷，而事皆较然。宋何承矩、唐朱潭、卢晖之辈，于雄莫霸州、平永顺安诸军，筑堤六百里，置斗门引淀水，既巩边围③，亦利民焉。元世郭守敬、虞集并讲求水利。郭之所议，今之通惠河也。虞议则至正中脱脱④尝行之。而明汪应蛟之议设坝建闸，申用懋之议相地察源，其所规画与郭、虞相发明，当时固行之而皆利矣。夫天下之水随在有利害，必害去而利乃兴。而天津则古渤海逆河之会，百川之尾闾也。朱子曰：治水先从低处下手。又曰：汉人之策，留地与水，不与争。然则朝廷所欲疏瀹⑤而利导之者，其必先于津沽岔口加之意已。

---

① 千乘：郡名。西汉元狩六年（前117）置。治千乘（今山东高青高城镇北）。辖境相当于今山东滨州市和博兴、高青等县地。东汉改为乐安国。
② 渔阳：郡名。战国燕昭王时期置。秦、汉治渔阳（今北京密云西南）。
③ 边围（yǔ）：边疆。
④ 脱脱（1314—1356）：元朝大臣。蔑里乞氏，字大用。
⑤ 疏瀹（yuè）：疏浚，疏通。

制策又以汉世藏书，中秘最善，而因考证自汉至明册府遗文可资掌录者。臣惟成周外史坟典，藏史简册，虽经秦而煨烬①，而兰台、东观秘籍填委②，固道术之奥而得失之林也。刘向校书，条篇奏录。子歆《七略》，疏而不滥。而班志《艺文》，书、礼、小学、儒、兵、诗、赋诸篇，时有出入。虽不尽无当，而总扬雄三书为一序，郑樵③嗤其踬④焉。魏晋代兴，采撷⑤残阙，则有郑默《中经》，荀勖《新簿》，编分四部，总括群书。而梁之《华林园目录》，五部并列；隋之修文殿副本，三品分藏。盛矣！逮唐之初，砥柱之厄；迄宋开宝，建业再征。由是而写本易为摹印，史馆益便其搜罗。明《永乐大典》散失所存，犹二万余卷，其中佚文秘典世无传本，见于《文渊阁书目》者，今皆裒辑⑥成编矣。朱子云：不求于博，何以考证其约。又谓：古今者时，得失者事，传之者书，读之者人，而能有以贯古今之得失者仁也。皇上留心典籍，以为政本，岂与夫词臣学子，务泛览为淹通哉？

　　制策又以选举为人材所自出，因考累朝翰林、六曹、县令之轻重。臣惟今世所称清班⑦美授⑧者，翰林之官也。翰林之置始唐开元，学士只取文学之人。自诸曹尚书至校书郎，皆得与选。延觐之际各超本班，内宴则居宰相之下，一品之上，无定秩、无定员。宋凡昭文馆、史馆、集贤院、秘阁各置直官，与其选者为修撰、校理、校勘、检讨，非名流不

---

① 煨烬：灰烬，燃烧后剩下的残余。

② 填委：纷集，堆积。

③ 郑樵（1104—1162）：南宋史学家。字渔仲，学者称夹漈先生，兴化军莆田（今属福建）人。不应科举，居夹漈山上，为学三十年。

④ 踬（zhì）：被绊倒，引申为不足、缺陷。

⑤ 采撷（xié）：采集。

⑥ 裒（póu）辑：搜集编辑。

⑦ 清班：旧时以文学侍从之臣清高华贵，因称其官班为"清班"。

⑧ 美授：授予美职。

预焉。迨用为恩除，而参谋议、纳谏诤、知制诰之本意失矣。且不精其选，而苟焉以试。除官亦朱子所谓上以科目、词艺为得人，下以规绳、课试为尽职而已。六曹昉自《周官》。秦不分曹，而置尚书四人。汉有五曹，后更为六。隋唐因之，置侍郎、郎中、员外郎，分掌曹事，沿以至今。固天下庶政之橐籥①也。官多而事棼，又不如朱子所论三参政兼六曹，而长官自择其僚之为当矣。县令为最亲民之官。晋制，不经宰县，不得为台郎。后魏之季，用人猥杂，而缙绅士流耻居其位。宋初或以京朝官为之，积久更弊，乃议所以增重激劝之法。至庆元朝重邑令，而科甲咸宰邑焉。朱子曰：监司不如郡，郡不如县。以其仁爱之心无所隔而易及民也，真治天下之本也。国家设官求贤，傥②宜咨访于无事之时，参量于始用之日乎？

制策又以盐铁之征，始于《管子》，行之数千百年卒不能废，而因切究其流弊。臣惟盐铁之弊，若准诸古而穷其阴夺民利之术，虽管子不免为圣王之罪人。而沿之今而犹为取诸山泽之藏，则孔、桑且可从计臣之未减。汉武帝所以入孔桑之说，而置河东、太原等盐官二十八郡，置左冯翊、右扶风、颍川等铁官四十郡者，方张边功、急军旅之费也。利窦③一启，更无可塞。虽始元、地节之议减，初元、永元之议罢，而永光、永平旋踵即复焉。唐贞元初，刘彤④请检校海内盐铁，而第五琦、刘晏、裴休继之，当时军镇赖以赡给。晏所为出盐乡。因旧监置吏亭户，粜商人，纵其所之。与朱子论广西盐法随其所向则价自平者有合，愈于

① 橐（tuó）籥：古代冶炼用的鼓风器具，喻指本源。
② 傥：犹"倘"，或许。
③ 窦：孔，洞。
④ 刘彤：莱州东莱（今属山东）人。开元元年（713），官左拾遗，建言置盐铁之官，收利以供国用，免重赋贫人，诏从之。后历殿中侍御史、仓部员外郎。

琦、休之为议矣。夫受引盐者商，而夹私居奇①者即商也；禁贸铁者官，而侵蚀贿纵者即官也。流弊不胜穷，况征有出于盐铁之外者耶？皇上轸恤②民艰，其必从朱子罢去冗费，悉除无名之赋之说始。

且夫民生至重也，学术至博也，人才至难也，国计至剧也。朱子谓四海之广，善为治者乃能总摄③而整齐之。而壬午、戊申封事④，则要之于格物致知，以极夫事物之变，推之至谏诤师保，而归本于人主之心，其言尤恳切详尽焉。臣伏愿皇上万几余暇，留心于《大学衍义》，而益致力于朱子之《全书》，以求握乎明理之原，而止于至善之极。将见川浍⑤治而农政修，图书集而法训备，广选造之路而壹平内外轻重之畸，权征榷之方而必祛旦夕补苴之计。斯治日进于古，而我国家亿万年有道之长基此矣。

臣末学新进，罔识忌讳，干冒宸严，不胜战栗陨越之至。臣谨对。

文学常识

《管子》：战国时齐稷下学者托名管仲所作。其中也有汉代附益部分，共二十四卷。原本八十六篇，今存七十六篇，分为八类。内容庞杂，包含有道、名、法等家的思想，以及天文、历数、舆地、经济和农业等知识。注释有唐房玄龄注（今皆认为尹知章

---

① 居奇：视为奇货留之以待善价。
② 轸恤：深切顾念。
③ 总摄：主宰，主持。
④ 壬午、戊申封事：指朱意在壬午、戊申时向皇帝所提的建议。
⑤ 浍（kuài）：田间水沟。

注）、清戴望《管子校正》和今人郭沫若等《管子集校》等。

科甲： 汉、唐取士有甲、乙等科，《汉书·萧望之传》谓望之于宣帝时射策甲科为郎。又同书《儒林传》谓平帝时岁课博士弟子，甲科者为郎中，乙科者为太子舍人，丙科者补文学掌故。唐制，进士有甲乙科，以所试时务策与帖经多少为别，而实际上仅有乙科。后世因称科举为"科甲"，经科举考试录取者称为"科甲出身"。

六曹： 官署合称。（1）东汉尚书分六曹治事，据《续汉书·百官志三》为三公曹、吏部曹、民曹、南北两主客曹、二千石曹。《晋书·职官志》则以三公曹、吏曹、民曹、客曹、二千石曹、中都官曹为六曹。魏、晋以后屡有改革，至、唐方定为吏、户、礼、兵、刑、工六部。（2）唐代各州佐治之官分六曹，即功曹、仓曹、户曹、兵曹、法曹、士曹，亦称"六司"。（3）唐代南诏执掌中央政务的六个部门，相当于唐代六部。（4）明朝永乐年间北京行部属下吏、户、礼、兵、刑、工六曹清吏司省称。

刘春霖

清光绪三十年(1904)甲辰恩科

刘春霖（1872—1944），字润琴。直隶河间府肃宁县（今河北肃宁）人。近代书法家，其字迹恭谨严正，神韵潇洒，受到慈禧太后的赏识。

光绪三十年（1904），正值慈禧太后七十寿辰，朝廷举行恩科考试，刘春霖在这次殿试中表现突出，一举夺得状元桂冠。自此以后，科举遂废。故刘春霖成了中国历史上最后一名状元，用他自己的话说，是"第一人中最后人"。

状元文章

殿试策问 清德宗载湉

　　制曰：朕诞膺大宝，今三十年，仰承列圣之诒谋，恪秉慈闱①之懿训，宵旰忧勤，无时不以民事艰难为念。本年恭值皇太后七旬万寿，庆榜特开，冀求时彦集思广益，以沃朕心。尔多士其扬榷②陈之。

　　君人之道，子育为心，虽深居九重，而虑周亿兆。民间疾苦，惟守令知之最真。汉以六条察二千石，而以察令之权寄之于守。此与今制用意无殊，而循良之绩，今不如古，粉饰欺蔽之习，何以杜之？世局日变，任事需才，学堂、警察、交涉、工艺诸政，皆非不学之人所能董理。特欲任以繁剧，必先扩其闻见。陶成③之责，在长官。故各省设馆课吏，多属具文。上以诚求，下以伪应，宜筹良法以振策之。汉制，县邑丞尉多以本郡人为之，犹有《周官》遗意，其法尚可行否？

　　三代之制，寓兵于农。自井田沟洫之法废，遂专用征兵。盖因时而变，各得其宜欤？汉高祖设轻车骑士、材官楼船，常以秋后讲肄课试。三者各随其地之所宜，盍析言之。唐初置府兵，中叶府兵制坏，专用征兵，能详陈其得失利弊欤？宋韩琦之议养兵，苏轼之言定军制、练军实，最为深切著明。能以今日情势互证之欤？兵强于学，为兴于教，环球列邦，多以尚武立国。知兵之选遍于士夫，体育之规基诸童稚④，师人长技，可不深究其原欤？

---

① 慈闱：母亲的代称。
② 扬榷：约略，举其大概。
③ 陶成：陶冶使成就，此处指培养，教诲。
④ 童稚：儿童，小孩子。

《周礼·太宰》以九式均节财用，注云：式谓用财之节度，职内掌邦之赋入，职岁掌邦之赋出。此与各国之豫算①、决算，有异同否？苏轼之策理财，谓天下之费，有去之甚易而无损，存之甚难而无益。曾巩之议经费，谓浮者必求其所以浮之自而杜之，约者必本其所以约之由而从之。皆扼要之论，能引申其旨欤？节流不外省冗费、裁冗官，施行之序，能筹其轻重缓急欤？开源之法，以农工商该之。今特设专部，悉心区画，整齐利导之方，能缕陈欤？

　　士习之邪正，视乎教育之得失。古者，司徒修明礼教，以选士、俊士、造士为任官之法。汉重明经，复设孝廉、贤良诸科，其时贾、董之徒最称渊茂。东汉之士以节义相高，论者或病其清议②标榜。果定评欤？唐初文学最盛，中叶而后，干进者至有求知己与温卷之名。隆替盛衰之故，试探其原。宋世名儒毕出，各有师承，至于崇廉耻，敦气节，流风③所被，迄有明而未衰。果人能自树立欤？抑师道立而善人多欤？今欲使四海之内，邪慝不兴，正学日著，其何道之从？

　　凡此皆体国之宏纲，济时之要政也。多士博览古今，通经致用，其各真言无隐，朕将亲览焉。

---

① 豫算：国家机关、团体和事业单位等事先制订年度或季度收支计划。
② 清议：公正的评论，舆论。古时指乡里或学校中对官吏的批评。
③ 流风：遗风，指前代流传下来的良好风尚习惯。

状元殿试卷 刘春霖

应殿试举人，臣刘春霖，年三十岁，直隶河间府肃宁县人。由拔贡生应光绪二十八年顺天乡试中式，由举人应光绪三十年会试中式，恭应殿试。谨将三代脚色开具于后：

曾祖永生，未仕，故。祖昆仪，未仕，故。父魁书，未仕，故。

臣对：臣闻王者不吝改过，故盛世有直言极谏之科；学者义取匡时，故贞士有尽忠竭愚之志。昔汉文帝除诽谤之法，而后贾山、贾谊争致其忠说之谟；武帝崇尚儒术，诏举贤良，而后董仲舒、严安[1]、徐乐[2]之徒群集于阙下[3]；宋仁宗复制举诸科，除越职言事之禁，而后苏轼、苏辙对策极言时政阙失。其于任官治兵之要，裕财正俗之方，类能指陈利害，上广人主聪听，下系四海安危，非仅在词章之末也。夫殷忧所以启圣，多难所以兴邦，势有必然，理无或爽。

钦惟皇帝陛下，践阼以来，勤求治道，惟日孜孜者，三十年矣。然而，治效未彰，外患日亟，意者因时制宜之道或有未尽欤？乃者临轩试士，冀得嘉谟，举察吏、治军、理财、励士诸大政，进臣等于廷而策之。臣愚陋，何能与此。顾自幼学以来，亦尝究心于治忽之原，考求乎中外之故，怀欲陈之而未有路，兹承大对，谕旨勉以直方无隐，何敢饰辞颂美而不竭其款款之愚？

---

① 严安（约前156—约前87）：西汉官员。汉武帝时，以故丞相史上书，引亡秦为教训，言用兵开边非长策。帝召见，拜为郎中。官至骑马令。
② 徐乐（约前156—约前87）：西汉官员。汉武帝时，与严安、主父偃俱上书言世务。帝召见，拜郎中。曾上书劝汉武帝以秦为鉴，注重民生。
③ 阙下：宫阙之下。谓帝王所居之处，借指朝廷。

伏读制策有曰：君人之道，子育为心，而因求简贤辅治之法。此诚安民之急务也。臣惟民间疾苦，惟守令知之最真，故欲平治天下，必自重守令始，昔汉以六条察二千石，而以察令之权寄之于守，此与今制用意相同。然汉代循良之吏，后先相望，而今治效不古若者，岂非粉饰欺蔽之习有所未除乎？欲杜粉饰欺蔽之习，在通上下之情。长官勤求民隐，不敢自尊，则属吏清慎自持，不敢作伪，自然之理也。且夫今之守令，其任较前世为尤重，其事较古时为更繁，何也？世局日变，万政待兴，举凡学堂、警察、交涉、工艺诸政，皆非不学之人所能董理。将欲任以繁剧，必先扩其见闻，是在长官加意陶成，俾咸具溥通之知识，而后委之以任而不惑，责之以事而不迷，纲举目张，不劳而理。今各省虽设馆课吏，多属具文，岁月一试，不过较文字之工而已。政绩何由而成，循声何由而著耶？汉制，县邑丞尉多以本郡人为之，利弊其所夙悉，故治效易彰，此《周官》遗意，其法似可仿行。果能博采公论，慎选贤绅，于治必有裨补，不必过为疑也。皇上澄清吏治，必先通上下之情，此不得不因时制宜者一也。

制策又以三代之制，寓兵于农，因详究历代兵制之得失。臣谨案：井田沟洫之法废，遂专用征兵。汉高祖设轻车骑士、材官楼船，常以秋后讲肄课试，各随其地之所宜。唐初置府兵，中叶以后，专用征兵。宋韩琦之议养兵，苏轼之言定军制，练军实，皆深切著明。今日环球列邦，多以尚武立国，知兵之选遍于士夫，体育之规基诸童稚。夫兵凶战危，自古为戒。故孔子以军旅未学辞；卫灵公诚以穷兵不已，终至于乱。左氏亦言："兵犹火也，不戢自焚。"然自有国家以来，必不可一日去兵，此非第羽翼爪牙之说也。如人身然，血肉既具，必有气力以贯注之，而后足以发挥其精神，以生存于万类竞争之世。人身之气力不足，

288

则血肉有壅滞溃败之忧，而精神亦无所附丽①。是以，由唐虞三代以至于宋明数千年来，无不以兵制为急务。乃世之论者，动是古而非今，辄谓人民岁输数千万之资财，以养此坐食骄惰之兵，固不如古者寓兵于农之善。不知天下之事，皆日趋于变。况以今日群雄角逐，战术之变幻，器械之精利，虽日召其兵而教练之，犹未必胜人，而谓集氓隶于行间，驱之以临战阵，庸有幸乎！然则，兵者固必教之于平时，而又既精且多，然后可并立于群雄之间，所谓气力充而精神焕矣。皇上整军经武，士卒以知学为先，此不得不因时制宜者二也。

制策又曰：《周礼·太宰》以九式均节财用，而因求节流之法。臣谨案：职内掌邦之赋入，职岁掌邦之赋出，此即近世各国所谓豫算、决算也。昔苏轼之策理财，谓天下之费，有去之甚易而无损，存之甚难而无益。曾巩之议经费，谓浮者，必求其所以浮之自而杜之；约者，必本其所以约之由而从之。皆扼要之论。然臣谓理财于今日，节流不如开源之尤要。盖自通商以来，利源外溢，虽百计节省，而无救于贫。开源之道，在振兴实业。中国神皋②沃壤，幅员纵横寥廓，且地处温带之下，百物皆宜，则当讲求农事。人民四百兆，善耐劳苦，而且心思聪敏，中外交通以后，闽粤濒海之人，类能仿造洋货，果其加意提倡，不难日出新制，则宜振兴工艺。欧西以商业之胜衰为国力之强弱，轮帆交错，以争海外利权。中国商业不兴，漏卮日钜，欲图抵制之道，则宜扩充商务。如此则野无旷土，市无游民，精华日呈，然后利权可挽。皇上慎乃俭德，而尤必广辟利源，此不得不因时制宜者三也。

制策又以士习之邪正，视乎教育之得失，因欲范围多士，使四海之内邪慝不兴。此今日学界之要图也。臣惟古者司徒修明理教，以选士、

---

① 附丽：亦作"附离"，附着，依附。
② 神皋：肥沃的土地。

俊士、造士为任官之法。汉重明经，复设孝廉、贤良诸科，其时贾、董之徒最称渊茂。东汉之士以节义相高，而不免清议标榜之病。唐初文字最盛，中叶而后，干进者至有求知己与温卷之名，而士习大坏。宋世名儒辈出，各有师承，至于崇廉耻，敦气节，流风所被，迄有明而未衰。虽其人能自树立，亦以教学相勉，师道立而善人多也。夫大道载于六经，而伦理先乎百行。今日浮荡之士未窥西学，已先有毁裂名教之心，故欲正人心，端士习，必以明伦为先。欲明伦理，必以尊经为首。此即国粹保存之义。皇上倡明文教，必以经学正其趋，此不得不因时制宜者四也。

凡此四者，皆保世之闳规①，救时之要务。荀子曰："法后王。"董仲舒曰："为政不调，甚者更张。"乃可为理，夫使时移势异，而犹拘守成法，此《吕氏春秋》所讥"病变而药不变者也"。自古有治人无治法，故孔子曰："为政在人，取人以身。"臣尤伏愿皇上，懋学修身，以为出治之原，然后用人行政，天下可以安坐而理也。故有汤武而后有伊吕之臣，有尧舜而后有勋华之业。由是以课官，而官无不职；以治兵，而兵无不精；以理财，而度支无匮乏之忧；以励学，而士林作忠贞之气，则我国家亿万年有道之长基此矣。

臣末学新进，罔识忌讳，干冒宸严，不胜战慄陨越之至。臣谨对。

----

① 闳规：同"宏规"，远大的规划，深远的谋略。